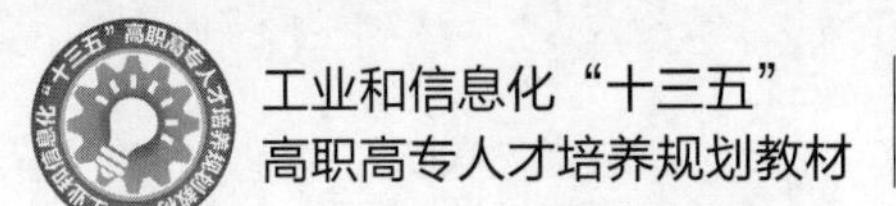

工业和信息化“十三五”
高职高专人才培养规划教材

高等职业教育
财经类“十三五”规划教材

会计综合实训

支持管理会计转型

冯素平 ◆ 著

人民邮电出版社
北京

图书在版编目（CIP）数据

会计综合实训 ： 支持管理会计转型 / 冯素平著. --
北京 ： 人民邮电出版社, 2020.4
高等职业教育财经类“十三五”规划教材
ISBN 978-7-115-51887-3

Ⅰ. ①会… Ⅱ. ①冯… Ⅲ. ①会计学－高等职业教育
－教材 Ⅳ. ①F230

中国版本图书馆CIP数据核字(2019)第235471号

内 容 提 要

本书按照最新高职会计课程标准，介绍了传统会计综合实训需要掌握的操作技能和要点，同时将管理会计内容融入综合实训中。

本书以一个一般纳税人企业一个月的真实业务为例，分为 8 个项目进行训练。其中，项目一为模拟企业的基本情况及实训要求，项目二至项目七按照期初建账、编制记账凭证、登记账簿、编制会计报表、纳税申报表到会计档案的建立及保管的整个会计流程进行介绍。同时，各个项目内按照会计工作岗位进行划分，对一个月内的多笔业务加以详细分析。项目八属于管理会计部分，包括成本报表的编制与分析、会计报表分析及下一会计年度的年度预算。附件为企业一个月业务的原始凭证，这些原始凭证高度仿真，涵盖了企业的大部分典型业务。

本书可作为高等职业院校会计相关专业的教材，也可作为企业财务人员岗位培训或自学用书。

◆ 著　　　　冯素平
责任编辑　刘　尉
责任印制　王　郁　马振武
◆ 人民邮电出版社出版发行　　北京市丰台区成寿寺路 11 号
邮编　100164　　电子邮件　315@ptpress.com.cn
网址　http://www.ptpress.com.cn
北京鑫正大印刷有限公司印刷
◆ 开本：787×1092　1/16
印张：21.5　　　　2020 年 4 月第 1 版
字数：488 千字　　　　2020 年 4 月北京第 1 次印刷

定价：59.80 元

读者服务热线：(010)81055256　印装质量热线：(010)81055316
反盗版热线：(010)81055315
广告经营许可证：京东工商广登字 20170147 号

前言

“会计综合实训”是高等职业院校财经类专业的重要课程，综合应用了“会计基础”“成本会计”“税务会计”等各门专业课程的相关知识，是会计专业人才走上工作岗位之前的必修课。本书中的会计岗位是按照企业真实会计岗位来划分的，以便让学生在实训中体会岗位分工；同时，书中根据企业的实际情况，对每一笔业务制作了大量仿真的原始单据，使学生在实训中认识各种业务的原始单据，并进行会计处理。

本书具有以下特点。

（1）按照最新会计发展趋势，将“管理会计”知识融入实训中。本书不仅涵盖读者需掌握的“会计基础”“财务会计”“成本会计”“税法”等知识，还贯穿了“管理会计”的知识，如预算管理、成本控制与分析等。

（2）使用最新税率及保险费率。本书根据最新政策，增值税税率分别使用 13%、9%等，个人所得税以 5 000 元为起征点扣除，五险一金也按照最新扣除比例扣除。

（3）分岗位实训。本书按照企业岗位设置模块。具体实训时，首先将一个班的学生分为若干小组，每个小组按照会计主管、出纳、制单会计、成本会计、税务会计、记账会计 6 个岗位，或根据内部控制原则一人身兼数职进行分工，每个小组根据附表中的原始单据，编制 12 月模拟企业的记账凭证并登记账簿，编制会计报表及纳税申报表。在此基础上，对会计报表、成本报表进行分析，并进行下一年度预算，从而能够将“财务会计”“成本会计”“税务会计”“管理会计”“会计报表分析”等多门课程知识融会贯通。

（4）全面指导。本书对从各岗位如何分工、如何建账、各岗位之间工作如何交接，到会计如何登账、期末如何结账、会计报表如何编制、如何报税、会计档案如何装订和保管等的一系列过程，都做了全面的指导。

本书在编写过程中汲取了山东深川变频科技股份有限公司、中材高新股份有限公司等多家企业财会专家的宝贵实践经验，采纳了他们的专业建议，也参考了许多相关文献，在此向相关人员表示感谢！

本书适合已经学习了“出纳实务”“会计基础”“财务会计”“纳税实务”“成本会计”等课程，需要将各门课程的知识融会贯通或即将走上会计工作岗位的学生阅读，也可作为相关企业的会计从业人员的参考书。由于编者水平有限，书中难免存在疏漏之处，恳请读者批评指正，以便今后修改、补充。

编者

2019 年 7 月

目录

项目一 企业基本情况及实训要求

学习目标：

① 能够将全班合理分组，根据各位学生的特长合理分工，根据所学“会计基础”“会计实务”“成本会计”“纳税实务”等多门课程的知识，掌握模拟企业的基本情况并明确实训要求。

② 认识会计岗位设置及职责，了解手工会计实训的要求及所需的实训材料，了解企业应用的主要会计政策及核算方法。

应完成的工作任务：

① 为实训做好准备工作，包括桌椅的摆放、实训材料的领用与发放等。

② 将全班分成若干组并确定组长。

③ 明确各组成员的工作任务及团队成员间的合作方式。

④ 下发实训所需材料。

完成工作任务应提交的标志性成果：

○ 分好小组，明确各人任务，实训材料下发到各人手中。

模块一　手工会计实训要求及所需材料

业务描述：

将实训教室桌椅按照小组摆放整齐，并摆放好工牌，将全班学生按每6人1组分为若干组，每组指定1名组长。组长负责领导、协调全组实训，将实训材料分发给每个小组成员，最后对小组成员的实训情况做出评价。

一、手工会计实训设施

为了让学生对会计操作流程有更深入的理解，本会计综合实训采用纯手工操作，包括记账凭证的编制、各种账簿的登记、会计报表的编制等。

（1）多媒体教学设备。为了便于教师讲解演示，最好配备多媒体教学设备，主要包括指导教师计算机 1 台、液晶投影仪 1 台。如果学校条件有限，也可制作一些挂图，将教学内容清晰、直观地反映给学生。

（2）实训桌椅。学生实训学习中的桌椅按照小组摆放，便于小组成员的分工协作与交流。桌子台面要尽量大些，便于实训材料的归类整理与摆放。

（3）岗位工牌。每个实训小组根据岗位放置 6 个岗位工牌，分别为会计主管（兼会计稽核、总账报表会计）、出纳、制单会计（兼会计档案保管）、成本核算员、记账会计、税务会计。

二、手工会计实训所需记账材料

每个实训小组 1 套实训用品，用品主要包括收纳盒 1 个、计算器 6 个、印台 1 盒、海绵缸 1 套、大头针 1 盒、曲别针 1 盒、剪刀 1 把、直尺 1 把、胶水 1 瓶（或胶棒 1 个）、装订线 1 卷、大文件夹 2 个、资料夹 2 个、档案袋 1 个、订书机 1 个、装订机 1 台、黑色记账专用笔 6 支、红色记账专用笔 6 支、铅笔 1 支、橡皮 1 块、口取纸 50 张，以及模拟企业的公章、财务专用章、发票专用章、企业预留开户行印鉴、模拟企业有关人名章。除此以外，还需要下列记账材料，如表 1-1 所示。

表 1-1　　实训需用账证表数量

材料名称	每组参考数量（页/张）	材料名称	每组参考数量（页/张）
通用记账凭证	120/120	账簿启用表	3
现金日记账	1/1	科目汇总表	6/6
银行存款日记账	4/2	总账	46/23
三栏式明细账	76/38	凭证封面	4
数量金额式明细账	14/7		
小多栏式明细账	4/2		
大多栏式明细账	8/4		

说明：（1）表中的数量已经包含少量多余页，供学生作废修改；
（2）账簿启用表分别为日记账、明细账、总账各 1 张；
（3）资产负债表和利润表见本书附表。

三、实训方法

会计综合实训主要采用任务教学法和角色扮演法进行教学。

(一)小组教学

将全班同学分成多个小组，每个小组由6名学生组成，模拟构成企业财务部门。指定其中1名学生为小组长，该组长不仅会计业务知识要扎实，而且要具有较强的领导能力，能够领导本小组在规定的时间内顺利完成本次实训。

(二)角色扮演，任务明确

学生扮演的角色和承担的任务如表1-2所示。

表1-2　角色与任务表

学生	扮演角色	任务岗位	实训任务
组长	蔡祝明	会计主管、会计稽核员、总账报表会计、管理会计	实训任务详见项目一任务三会计岗位
组员1	王明光	出纳	
组员2	张丽环	制单会计、会计档案管理	
组员3	李文秀	成本核算、成本报表的编制与分析	
组员4	赵书燕	记账会计	
组员5	冯洁	税务会计	

在小组中，6名学生分别扮演企业财务部门的不同角色。小组长扮演蔡祝明，担任财务部的会计主管，同时兼任会计稽核员、总账报表会计和管理会计。第2名学生扮演王明光，担任企业的出纳员，行使出纳职责。第3名学生扮演张丽环，担任制单会计，任务是根据所有会计凭证编制除成本核算、税务相关业务以外的记账凭证；同时，行使会计档案管理的职责。第4名学生扮演李文秀，担任成本核算员，编制有关企业成本核算的原始凭证，进行成本核算，并编制成本相关记账凭证；期末，编制成本报表并进行成本分析后向会计主管报告。第5名学生扮演赵书燕，担任企业的记账会计，填制账簿启用表；期初建立明细账，并进行试算平衡，与总账期初余额对账；计算并登记各明细账本期发生额并结账。第6名学生扮演税务会计冯洁，计算本月应缴纳的税金，并填制纳税申报表。在明确任务的同时，小组长将所领取的材料分发给各小组成员。具体发放明细如表1-3所示。

表1-3　各岗位需用实训用品表

会计人员	岗位	实训用品
蔡祝明	会计主管兼会计稽核员、总账报表会计和管理会计	(1)计算器1台、黑色签字笔1支 (2)账表：科目汇总表、总账、资产负债表、利润表、现金流量表 (3)财务专用章、蔡祝明个人名章
王明光	出纳	(1)计算器1台、黑色签字笔1支 (2)日记账：现金日记账、银行存款日记账 (3)原始凭证：空白支票、空白进账单等出纳相关凭证 (4)印章：现金收讫章、现金付讫章、个人名章 (5)银行存款余额调节表

续表

会计人员	岗位	实训用品
张丽环	制单会计兼会计档案管理	（1）计算器 1 台、黑色签字笔 1 支 （2）记账凭证 （3）纳税申报表 （4）记账凭证封皮 2 页、打孔机 1 台、装订线 1 团、剪刀 1 把、胶水 1 瓶（或胶棒 1 个）、大文件夹 2 个、装订机 1 台 （5）个人名章 （6）档案袋 1 个
李文秀	成本会计	（1）计算器 1 台、黑色签字笔 1 支 （2）涉及成本核算的原始凭证 （3）会计人员个人名章
赵书燕	记账会计	（1）计算器 1 台、黑色签字笔 1 支 （2）账簿启用表、各种明细账 （3）口取纸 （4）会计人员个人名章
冯洁	税务会计	（1）计算器 1 台、黑色签字笔 1 支 （2）涉及税务计算的原始凭证 （3）增值税纳税申报表 （4）企业所得税纳税申报表 （5）地方税（费）综合申报表 （6）会计人员个人名章
小组共用物品		收纳盒 1 个、印台 1 盒、海绵缸 1 套、大头针 1 盒、曲别针 1 盒、直尺 1 把、资料夹 2 个、订书机 1 个、红色记账专用笔 1 支、铅笔 1 支、橡皮 1 块，模拟企业的公章、发票专用章、模拟企业有关人名章、口取纸、复写纸 2 张

（三）岗位轮换

为了达到实训目的，使每个学生熟悉财务部的所有工作，为下一步顶岗实习做好准备，在条件允许的情况下，实行轮岗制度，小组中的每名学生依次扮演不同的角色，经过轮岗，每个学生都能将实训内容亲自操作一遍。

四、学习评价

建议最终成绩由小组成绩和个人成绩组成。各小组间展开竞赛，以小组团体成绩为一个考核指标；同时，个人成绩也是一个考核指标。以出勤、实训态度、准确性、规范性为评价依据。

模块二　企业概况

业务描述：

全班同学在教师的带领下共同了解企业概况，教师强调需要注意的事项。企业概况包括公司名称、企业类型等基本情况，公司组织结构、产品生产流程，企业往来的客户及供应商档案，在银行开立的账户，企业拥有的存货等。

本书以昊天陶瓷公司为主体企业，该公司是一家生产瓷球和瓷砖的企业，营业执照规定的营业范围为产品生产、加工和销售，公司内部通过局域网连接。该企业为一般纳税人，于2011年2月成立，投资人2人，其中李建强出资900万元，占60%股份，李明达出资600万元，占40%股份。本书以昊天陶瓷公司2019年12月份发生的全部经济业务为资料，介绍如何通过手工进行全面的会计核算工作。现将有关情况介绍如下。

一、公司基本情况介绍

成立日期：2011年2月1日
单位名称：昊天陶瓷公司
纳税人识别号：210108200711018
单位地址：山东省淄博市联通路53号
法人代表：李建强
邮政编码：255000
联系电话及传真：0533-6140452
电子邮件：SD@YYC.COM
纳税人登记号：210108200711018
企业类型：工业

预留银行印鉴及公司公章如图1-1～图1-3所示。

图1-1　财务专用章

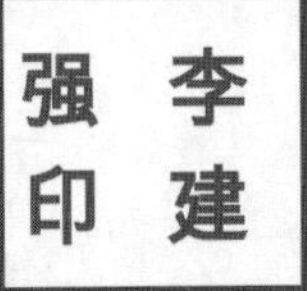

图1-2　法人章

图1-3　公司公章

二、公司组织结构

公司的组织结构及编码如表1-4所示。

表 1-4　　公司组织结构及编码表

部门编码	部门名称
1	办公室
2	财务部
3	销售部
4	采购部
5	生产车间
501	原料车间
502	成型车间
6	机修车间
7	仓储部
8	人力资源部
9	质检部

三、产品生产流程

该公司生产瓷球和瓷砖，原材料和辅助材料均在生产开始时一次性投入，包装材料只在产成品阶段领用。半成品不入库直接进入下一生产流程。

根据生产工艺的特点，产品生产过程依次经过原料车间（一车间）、成型车间（二车间）。由车间统计员对各工段、各班组产量记录表数据等进行归集汇总，编制车间生产统计报表，财务部依据统计报表中的数据进行成本核算。

第一阶段，在原料车间，生产开始时将主要材料氧化铝粉投入，同时加入辅助材料铬粉和辅助材料锰粉，以燃料天然气作为动力进行生产。第二阶段，产品由原料车间不入库直接转入成型车间，在此车间，不再加入原材料或辅助材料，只是耗用天然气作为燃料将材料烧成半成品，生产完工，用包装材料包装后转入仓库。机修车间为辅助生产车间，为两个基本生产车间提供维修服务。

具体流程如图 1-4 所示。

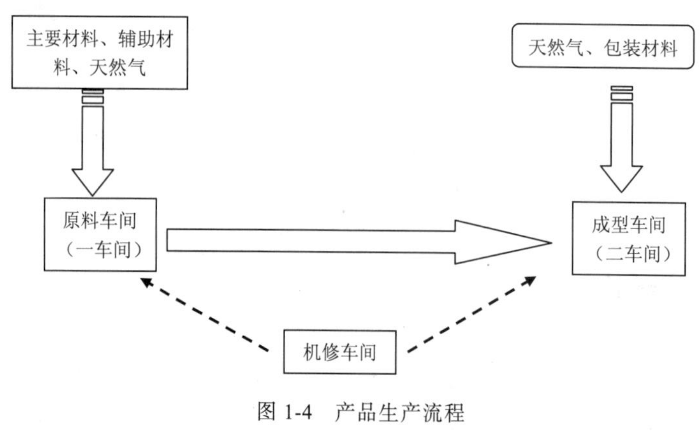

图 1-4　产品生产流程

四、公司职员介绍

为了更加简洁明了，本书只列出公司各部门与实训相关的部分人员信息。公司职员档案如表 1-5 所示。

表 1-5　　公司职员档案

职员名称	所属部门	职员属性
宗大利	办公室	总经理
赵阳	办公室	科员
蔡祝明	财务部	会计主管、管理会计、会计稽核员、总账报表会计
王明光	财务部	出纳
张丽环	财务部	制单会计、会计档案管理
李文秀	财务部	成本核算
赵书燕	财务部	记账会计
冯洁	财务部	税务会计
肖文秀	销售部	销售主管
刘志伟	销售部	销售员
柴新新	采购部	采购主管
苏丽	采购部	采购员
车强	原料车间	车间主任
张港	原料车间	生产工人
朱晓伟	成型车间	车间主任
张大刚	成型车间	生产工人
李民秀	机修车间	车间主任
朱力伟	机修车间	生产工人
陈亚群	仓储部	仓库主管

五、客户档案

12 月公司涉及的客户有 5 家，详细档案如表 1-6 所示。

表 1-6　　客户档案表

客户名称	客户简称	纳税人识别号	开户银行	银行账号	邮编	电话	地址
淄博蓝天公司	蓝天学校	125670943938561	中国工商银行淄博分行	83853654-X	255000	0533-2345861	淄博市太平路 1 号
天津海信公司	海信公司	120008456732310	中国银行南开支行	29325581	300000	022-12345678	天津市南开区华苑路 10 号

续表

客户名称	客户简称	纳税人识别号	开户银行	银行账号	邮编	电话	地址
上海琅邦公司	上海琅邦	310106548765432	中国银行徐汇支行	36542234	200011	021-98760589	上海市徐汇区天平路18号
大连智慧公司	智慧公司	108369856623251	中国银行平房支行	438105487	150001	0411-1987656	哈尔滨市平房区和平路25号
淄博博信公司	博信公司	178906734690234	中国银行联通路支行	49879087	255000	0533-9878909	淄博市联通路5号

六、供应商档案

12月公司涉及的主要供应商有4家，具体档案如表1-7所示。

表1-7　　供应商档案表

供应商名称	纳税人识别号	开户银行	银行账号	邮编	电话	地址
郑州万科有限公司	110567453698462	中国银行郑州分行紫金山支行	58726367	100025	0371-11879856	郑州市紫金山区十里堡10号
重庆联大公司	210479865267583	中国银行重庆市分行	86473294	200036	023-90907654	重庆市渝成区开拓路308号
天津陶瓷公司	320888465372657	中国工商银行天津湖北路支行	6586129	230187	022-76590789	天津市湖北路10号
南京信贸公司	410103695431013	中国工商银行中山支行	6511508	200232	025-44567876	南京市中山路51号

七、银行账户

企业有3个银行账户：2个中国银行账户和1个中国工商银行账户。中国银行账户一个为基本存款账户，用于现金收付、工资发放、提取现金、缴纳税款、往来结算、借款等业务，另一个账户为住房公积金账户，用于住房公积金的缴存；中国工商银行账户为一般存款账户，用于转账、往来结算、借款等。账户信息如表1-8所示。

表1-8　　企业开户银行账户表

编号	银行名称	银行行号	账号	用途
01	中国银行联通路支行	010001	010001212133	基本存款账户
02	中国工商银行西山支行	020002	020002213456	一般存款账户
03	中国银行联通路支行	010001	010001212156	住房公积金账户

八、有关存货

公司存货包括原材料和库存商品两大类，原材料又有主要材料、辅助材料、燃料和动力及包装材料 4 种，如表 1-9 所示。

表 1-9　　存货分类表

存货名称	所属类别
氧化铝粉	原材料——主要材料
铬粉	原材料——辅助材料
锰粉	原材料——辅助材料
天然气	原材料——燃料和动力
包装袋	原材料——包装材料
纸箱	原材料——包装材料
瓷球	库存商品
瓷砖	库存商品

模块三　会计岗位

业务描述：

各小组成员根据其自身特长扮演相应的岗位角色，由组长下达实训任务，明确各人的岗位职责。组员明确自己的实训任务及如何与其他团队成员合作，以便顺利完成实训任务。

本次实训中，每个小组由 6 人组成，他们分别扮演下列各岗位的工作人员（也可由同一人担任成本核算会计和税务会计），其职责分工及实训任务如下。

一、会计主管岗

在本次会计综合实训中，会计主管、会计稽核员、总账报表会计、管理会计由一人担任，该人为小组负责人，应完成以下任务：

（1）对学习小组中各岗位人员的职责进行划分，下达任务；

（2）保管财务专用章，在需要签章的地方审核并签章；

（3）负责审核原始凭证；

（4）审核记账凭证的正确性并在记账凭证上签字；

（5）审核各明细账；

（6）编制科目汇总表；

（7）编制各总分类账，并将其与日记账、明细账核对；

（8）审核纳税申报表；

（9）编制资产负债表、利润表、现金流量表；

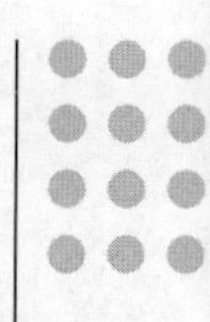

（10）会计报表分析；

（11）下一会计年度预算；

（12）对本小组学习人员的工作情况进行考核；

（13）上交本小组实训材料。

二、出纳岗

出纳岗应完成以下任务：

（1）审核报销单据；

（2）保管库存现金、有价证券及法人代表名章；

（3）负责办理库存现金及银行存款的收、付款业务；

（4）填制库存现金、银行存款有关原始凭证，并正确签章；

（5）审核涉及出纳业务的凭证并签字；

（6）配合清查人员进行库存现金、银行存款清查等；

（7）正确登记现金日记账、银行存款日记账，并将其与总账进行核对；

（8）将日记账与银行对账单核对，并编制银行存款余额调节表。

三、制单会计

制单会计应完成以下任务：

（1）审核整理原始凭证；

（2）编制除产品成本业务及税收计算与缴纳之外的记账凭证；

（3）收集、整理会计凭证，正确填写会计凭证封皮，并采用侧订法将会计凭证装订成册。

四、成本核算会计

成本核算会计应完成以下任务：

（1）负责产品成本核算，填制成本计算原始凭证；

（2）编制成本业务记账凭证；

（3）编制成本报表；

（4）分析成本报表。

五、记账会计

记账会计应完成以下任务：

（1）填制账簿启用表；

（2）期初建立明细账，并进行试算平衡，将其与总账期初余额对账；

（3）计算并登记各明细账本期发生额；

（4）正确对各明细账结账，并将其与记账凭证、总账核对，达到账账相符。

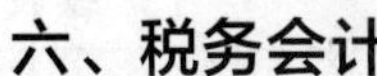

六、税务会计

税务会计应完成以下任务：

（1）负责与税金相关的计算及记账凭证的编制；

（2）根据原始凭证及业务说明，编制增值税、所得税和相关地方税费的纳税申报表。

模块四　企业主要会计政策及核算方法

业务描述：

了解企业主要会计政策及核算方法。了解企业的存货核算方法、职工薪酬中五险一金的计提比例、公司采用科目汇总表的账务处理程序。主要会计政策及核算方法如下。

一、存货核算

（1）原材料、周转材料、库存商品的成本核算。原材料包括主要材料氧化铝粉、辅助材料铬粉、辅助材料锰粉、包装材料包装袋和纸箱，按实际成本计价。月底，仓库将本月“领料单”发给财务部，由财务部成本核算员编制“主要材料、辅助材料发料汇总表”，计算产品成本，单位产品成本保留 4 位小数。所有材料的发出均采用加权平均法，材料单价保留 4 位小数。

（2）产成品发出的核算。日常产品出库时，由仓库及时提供“产品出库单”。月底，财务部成本核算员编制“产品出库汇总表”，计算入库产品总成本、单位成本、已销商品成本。已销商品成本采用月末一次加权平均法，加权平均单价保留小数点后 4 位，成本计算结果保留小数点后 2 位。

（3）盘存制度。公司采用永续盘存制。每年年末由仓库、财务部、办公室等部门派出人员成立存货清查小组，对存货进行盘点，并提供“存货盘点报告表”，财务部据以编制记账凭证。

二、职工薪酬

职工薪酬包括工资、福利费、五险一金、职工教育经费。其中，职工教育经费按照当月工资的 1.5%计提；五险一金按照应付职工薪酬的一定比例计提，分别由企业和个人各承担一部分，计提比例如表 1-10 所示。

表 1-10　五险一金计提比例

五险一金 / 负担主体	养老保险	医疗保险	失业保险	工伤保险	生育保险	住房公积金
企业负担	16%	10%	1%	0.3%	0.8%	12%

续表

负担主体＼五险一金	养老保险	医疗保险	失业保险	工伤保险	生育保险	住房公积金
职工个人负担	8%	2%	0.2%			12%
合计	24%	12%	1.2%	0.3%	0.8%	24%

三、成本与费用

（1）采用综合结转分步法与品种法相结合的方法计算成本。

（2）基本生产车间薪酬分配方法：根据生产数据及以往经验，车间生产工人的薪酬按照表 1-11 所示的比例分配到各产品成本中。

表 1-11　　　　基本生产车间职工薪酬比例分配表

产品＼部门	一车间	二车间
瓷球	65%	65%
瓷砖	35%	35%
合计	100%	100%

（3）半成品、产成品的入库。半成品不入仓库，由上一工序生产车间直接转入下一工序生产车间，二车间将其加工成产成品后交到仓库。月底，由各基本生产车间提供“基本生产车间产量统计报表”给财务部，由仓库提供“产品入库汇总表”。

（4）材料在生产开始时一次性投入，其他生产费用在完工产品成本和在产品之间的分配采用“约当产量法”。财务部根据基本生产车间提供的“基本生产车间月统计报表”中投入数量和期末结存数量，分别计算在产品和产成品成本。分配率保留 4 位小数，尾差计入月末在产品成本。

（5）机修车间是辅助生产车间，为两个基本生产车间提供维修服务。月底，由辅助生产车间根据统计资料提供“辅助生产车间劳务量统计表”，由财务部成本核算员根据该表及机修车间发生的其他费用计算辅助生产成本。根据发生的费用，辅助生产成本下设薪酬、办公费、电费、水费、工资、福利费、五险一金、折旧费等专栏。辅助生产成本分配结转至制造费用各明细账时，按照各车间耗费工时分配结转。

（6）制造费用按照基本生产车间设置明细，各明细涉及的专栏包括办公费、电费、水费、福利费、工资、五险一金、折旧费、机修费，将各车间发生的制造费用分配到各产品时，按照各产品产量比例分配。

成本计算结转程序如图 1-5 所示。

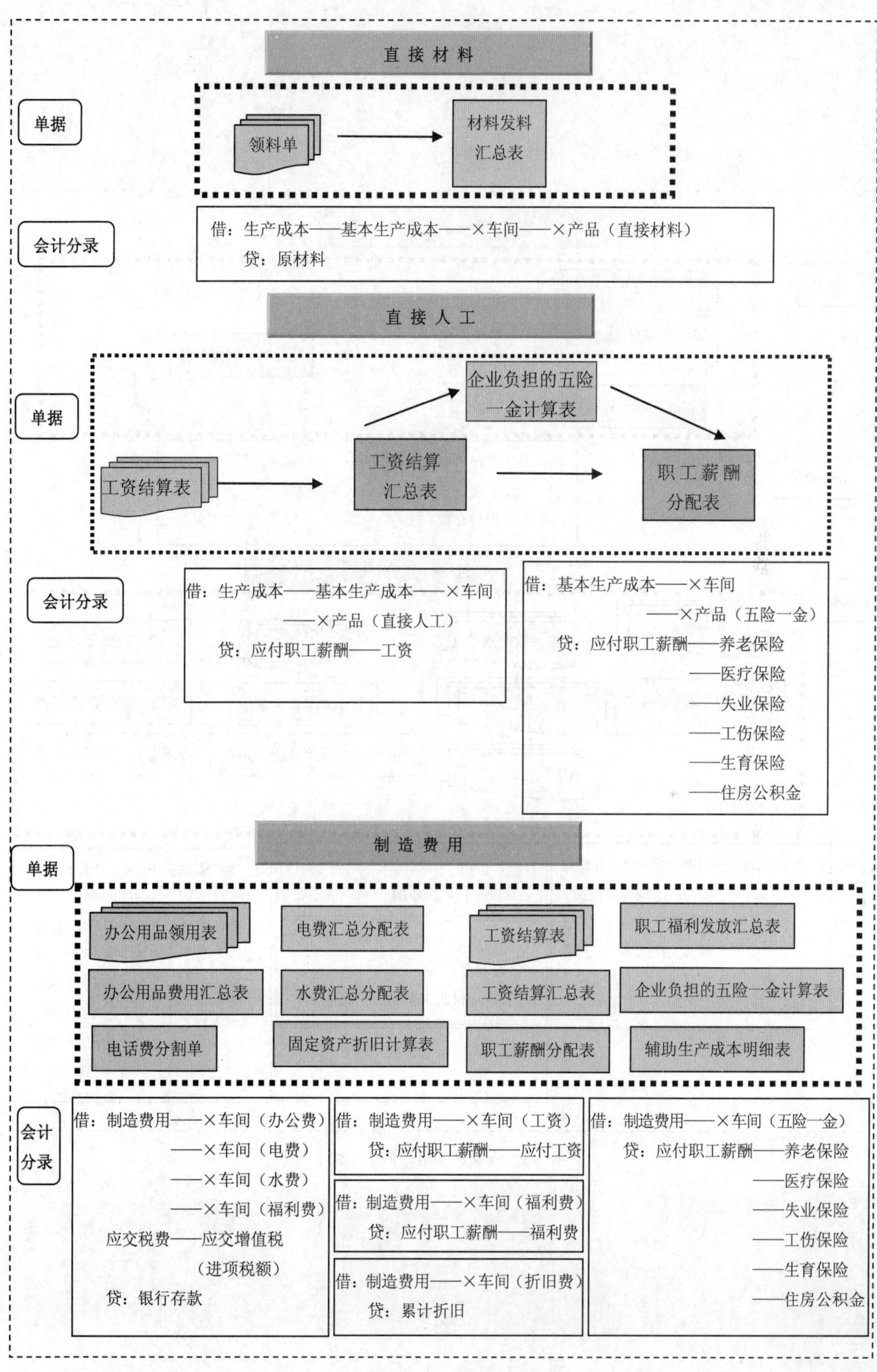

图 1-5　成本计算结转程序

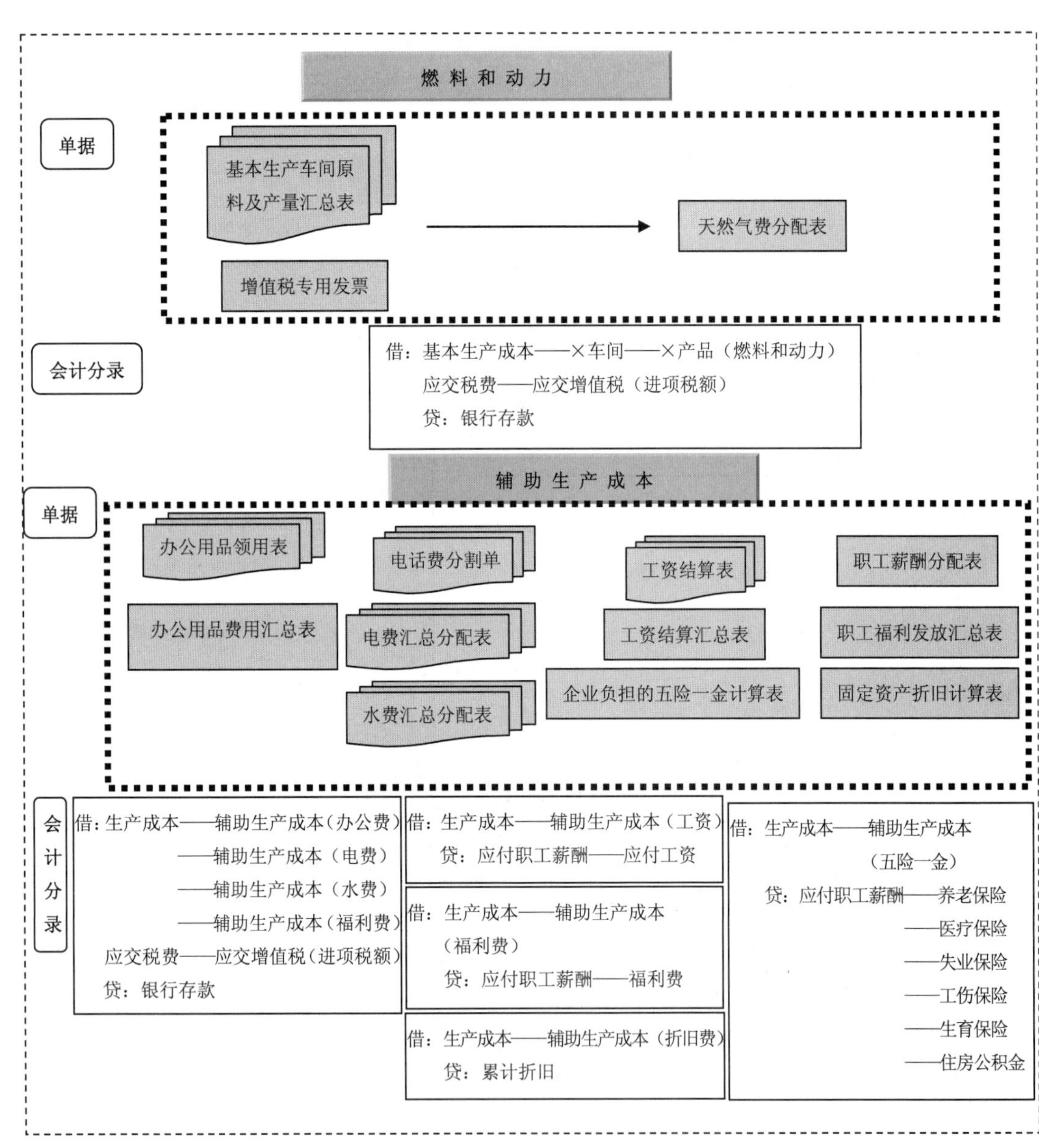

图 1-5　成本计算结转程序（续）

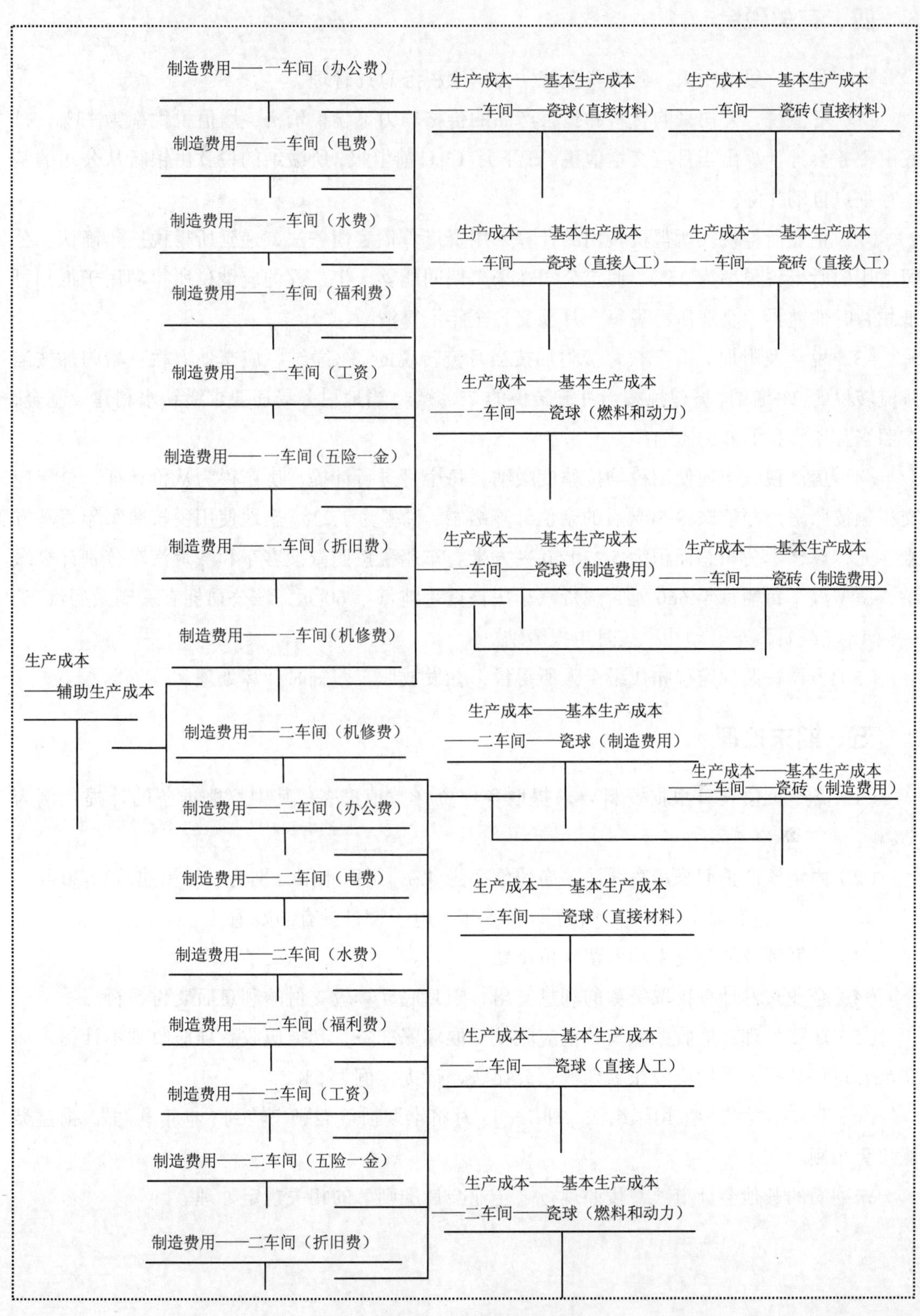

图 1-5　成本计算结转程序（续）

四、有关税金

本公司为一般纳税人，各类税金统一由国家税务总局管理。

（1）增值税。公司采购材料和销售产品的价格均为不含税价格，增值税税率为13%，月底由税务会计计算出当月应交增值税，于下月15日前上报，所缴纳的税款由银行从公司的基本存款户自动扣除。

（2）企业所得税。所得税费用的计算采用资产负债表债务法，递延所得税按年确认。公司适用的所得税税率为25%，假定公司在未来期间能够产生足够的应纳税所得额用于抵扣可抵扣暂时性差异。企业所得税每个月预交，全年汇算清缴。

（3）税金及附加。应交教育费附加按当月流转税的 3%缴纳，应交地方教育费附加按当月流转税的2%缴纳，城建税按当月流转税的7%缴纳，当地税务局还要求缴纳水利建设基金，按照当月流转税的0.5%缴纳。

（4）房产税、土地使用税均按季度缴纳，每个月进行计提。房产税为从价计征，全年应交税额按照房产原值减除30%后的余值计算缴纳，税率为1.2%。土地使用税按照每年每平方米7元计算，本公司总面积为5 220.50平方米。车船税按照微型客车和载货汽车分别计算缴纳，微型汽车每辆每年660元，载货汽车按自重每吨每年60元，该公司拥有一辆微型汽车、一辆15吨载货汽车。印花税按月申报缴纳。

（5）公司按照规定代扣代缴个人所得税，在发放职工薪酬时计算处理。

五、期末处理

（1）资产负债表日根据资料要求提取各项资产减值准备，其中坏账准备的计提比例为5%。

（2）固定资产折旧采用直线法，净残值率为4%，折旧年限分别为：房屋建筑物20年，机器设备10年，运输工具4年，电子设备5年，电子设备没有净残值。

（3）计算涉及的分配率均保留4位小数。

（4）企业按月计算提取贷款的利息支出，于月底计算应支付的利息后支付银行。

（5）坏账处理：应收账款及其他应收款提取坏账准备，其他应收款项应收款不计提。坏账准备按年计提，采用应收账款余额百分比法，计提比例为5%。

（6）期末损益结转采用账结法，即1—11月将本期损益类账户转到“本年利润”，损益类账户无余额。

未列明的其他会计事项，按照现行《企业会计准则》的相关规定处理。

项目二 期初建账

学习目标：

学会正确选择应用各种账簿，正确登记期初余额，并将总账与明细账、日记账核对相符。

应完成的工作任务：

1. **选择合适的账簿并正确开账，包括总账、明细账、日记账。**
2. **完成期初对账，保证总账与日记账、总账与明细账核对相符。**

完成工作任务应提交的标志性成果：

登记好期初余额及核对无误的总账、明细账、日记账。

模块一 开设账簿

业务描述：

根据模拟企业各账户的期初余额，准备好相关实训工具及总账、明细账、日记账，总账由总账会计准备，日记账由出纳准备，明细账由记账会计准备。由总账会计、出纳、记账会计人员登记相应账簿的封面及扉页。

一、开设账簿

（一）总账

根据项目一中的资料，由总账会计蔡祝明开设总账，总账为订本式账簿，格式一般为三栏式。在本次实训中，根据期初资料及本期发生的经济业务，共需要开设37个账户，需要注意不能有空白账页，在账页的反面也要开设账户。

（二）日记账

出纳王明光开设现金日记账和银行存款日记账。日记账为订本式，在本次模拟实训中，可以将订本式账簿分开，准备现金日记账 1 张，银行存款日记账 2 张。

（三）明细账

明细账由记账会计赵书燕开设，实训开始时涉及的明细账根据期初资料开设，实训过程中，遇到尚未开设的明细账时再根据经济业务开设，实训中涉及的账页及其格式如表 2-1 所示。

表 2-1　所需明细账及其格式

一般三栏式账页			
其他货币资金——银行汇票存款	固定资产——运输设备	预收账款——上海郎邦	盈余公积——法定盈余公积
其他货币资金——存出投资款	固定资产——管理用具	应交税费——未交增值税	本年利润
应收票据——上海琅邦	累计折旧——生产设备	应交税费——应交教育费附加	利润分配——未分配利润
应收票据——淄博蓝天	累计折旧——房屋建筑物	应交税费——应交地方教育费附加	利润分配——提取法定盈余公积
应收账款——天津陶瓷	累计折旧——运输设备	应交税费——应交城建税	利润分配——应付利润
应收账款——上海琅邦	累计折旧——管理用具	应交税费——水利建设基金	主营业务收入——瓷球
应收账款——淄博蓝天	无形资产——专利权	应交税费——应交所得税	主营业务收入——瓷砖
应收账款——淄博博信	累计摊销——专利权	应交税费——应交个人所得税	其他业务收入——材料销售收入
其他应收款——柴新新	递延所得税资产——坏账准备	应交税费——应交房产税	主营业务成本——瓷球
其他应收款——王明光	短期借款——中行借款	应交税费——应交车船税	主营业务成本——瓷砖
其他应收款——苏丽	应付票据——天津陶瓷	应交税费——应交印花税	其他业务成本——销售材料
其他应收款——陈亚群	应付票据——广州生产设备公司	应交税费——应交土地使用税	营业外收入——罚没收入
坏账准备——应收账款	应付账款——天津陶瓷	应付利润——李建强	营业外支出——捐赠支出
坏账准备——其他应收款	应付账款——郑州万科	应付利润——李明达	资产处置损益
预付账款——郑州万科	应付账款——南京信贸	长期借款——工行借款	所得税费用
预付账款——重庆联大	应付利息——中行	实收资本——李建强	固定资产清理
固定资产——生产设备	应付利息——工行	实收资本——李明达	信用减值损失
固定资产——房屋建筑物	预收账款——大连智慧公司	资本公积	待处理财产损溢——待处理流动资产损溢
数量金额式账页			
原材料——氧化铝粉	原材料——包装袋	库存商品——瓷球	在途物资——氧化铝粉
原材料——锰粉	原材料——纸箱	库存商品——瓷砖	在途物资——铬粉
原材料——铬粉	库存商品——生活用品		在途物资——锰粉

续表

<table>
<tr><th colspan="4">多栏式账页（小多栏）</th></tr>
<tr><td>生产成本——基本生产成本——一车间——瓷球</td><td colspan="2">生产成本——基本生产成本——二车间——瓷球</td><td>财务费用</td></tr>
<tr><td>生产成本——基本生产成本——一车间——瓷砖</td><td colspan="2">生产成本——基本生产成本——二车间——瓷砖</td><td></td></tr>
<tr><th colspan="4">多栏式账页（大多栏）</th></tr>
<tr><td>生产成本——辅助生产成本</td><td>制造费用——二车间</td><td>管理费用</td><td>应付职工薪酬</td></tr>
<tr><td>制造费用——一车间</td><td>税金及附加</td><td>销售费用</td><td>应交税费——应交增值税（2页）</td></tr>
</table>

友情提示

多栏式账页栏目的设置

（1）应付职工薪酬可以将应付工资、应付福利费等作为二级账户，使用一般三栏式明细账簿登记；也可以使用大多栏式账簿，本实训中使用大多栏式账簿。在应付职工薪酬明细账中，设置应付工资、福利费、养老保险、医疗保险、失业保险、工伤保险、生育保险、住房公积金、职工教育经费等专栏。

（2）生产成本明细账中，包括基本生产成本和辅助生产成本二级账户，基本生产成本又下设一车间、二车间三级账户，一车间和二车间下再分别设置瓷球、瓷砖四级账户，瓷球、瓷砖账户中，分别设置直接材料、直接人工、制造费用、燃料和动力等专栏。

（3）辅助生产成本二级明细账中，设置办公费、电费、水费、福利费、工资、五险一金、折旧费等专栏。

（4）制造费用按照基本生产车间设置明细账，有一车间、二车间 2 个二级账户，这 2 个二级账户中分别设置办公费、电费、水费、福利费、工资、五险一金、折旧费、机修费等专栏。

（5）管理费用采用借方多栏式账页。栏目各单位可根据自身情况设置，昊天陶瓷公司设置的栏目包括办公费、水费、电费、福利费、差旅费、工资、五险一金、无形资产摊销、折旧费、税金、其他。

（6）财务费用采用借方多栏式账页。昊天陶瓷公司设置的栏目包括折扣、手续费、利息。

（7）销售费用采用借方多栏式账页。昊天陶瓷公司设置的栏目包括办公费、运杂保险费、展览费、汽油费、电费、水费、福利费、工资、五险一金、折旧费。

（8）税金及附加采用借方多栏式账页。昊天陶瓷公司设置的栏目包括城建税、资源税、教育费附加、地方教育费附加、房产税、土地使用税、车船税、印花税。

（9）应交税费——应交增值税采用借贷多栏式明细账。其中，借方设置进项税额、转出未交增值税专栏，贷方设置销项税额和进项税额转出专栏。

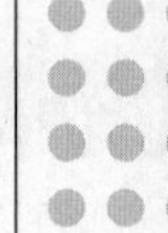

二、累计发生额及上月月末余额

2019 年 12 月 1 日，昊天陶瓷公司的月初余额及 1—11 月累计发生额如表 2-2 所示。

表 2-2 昊天陶瓷公司 2019 年期初数据 单位：元

账户名称		年初余额		1—11 月累计发生额		11 月月末余额	
总账科目	明细科目	借方金额	贷方金额	借方金额	贷方金额	借方金额	贷方金额
库存现金		5 000.00		325 000.00	327 000.00	3 000.00	
银行存款	中行基本户	700 000.00		401 088 000.00	393 104 155.00	8 683 845.00	
	工行一般存款户	135 025.00		29 875 843.00	28 182 868.00	1 828 000.00	
	住房公积金账户			151 960.00	101 380.96	50 579.04	
其他货币资金	银行汇票存款	100 000.00		120 000.00	100 000.00	120 000.00	
	存出投资款	69 188.14		593 900.00	53 434.51	609 653.63	
应收票据	上海琅邦			835 000.00		835 000.00	
应收账款	淄博蓝天	31 500.00		3 804 000.00	3 435 500.00	400 000.00	
	淄博博信	160 000.00		280 000.00	340 000.00	100 000.00	
其他应收款	苏丽	2 000.00			0.00	2 000.00	
坏账准备	应收账款		19 575.00		20 425.00		40 000.00
	其他应收款		100.00				100.00
预付账款	郑州万科			303 900.00	270 000.00	33 900.00	
在途物资	氧化铝粉			2 100 000.00	1 893 000.00	207 000.00	
原材料	氧化铝粉	700 000.00		8 000 000.00	7 900 000.00	800 000.00	
	铬粉	50 000.00		580 000.00	550 000.00	80 000.00	
	锰粉	40 000.00		400 000.00	390 000.00	50 000.00	
	包装袋	60 000.00		660 000.00	675 400.00	44 600.00	
	纸箱	10 000.00		130 000.00	133 600.00	6 400.00	
库存商品	瓷球	7 000 000.00		230 000 000.00	229 000 000.00	8 000 000.00	
	瓷砖	5 400 000.00		403 200 000.00	405 220 000.00	3 380 000.00	
生产成本	瓷球	41 700.00		3 900 000.00	3 900 000.00	41 700.00	
	瓷砖	21 300.00		1 300 000.00	1 300 000.00	21 300.00	
固定资产		5 698 950.00			1 000 000.00	4 698 950.00	
累计折旧			278 570.00		246 070.00		524 640.00
无形资产	专利权			390 000.00		390 000.00	
累计摊销	专利权				3 250.00		3 250.00
递延所得税资产	坏账准备	78 654.50				78 654.50	
短期借款	中行借款				800 000.00		800 000.00
应付票据	天津陶瓷			3 000 000.00	5 800 000.00		2 800 000.00
应付账款	南京信贸		20 000.00	1 000 000.00	1 450 000.00		470 000.00

续表

账户名称		年初余额		1—11 月累计发生额		11 月月末余额	
总账科目	明细科目	借方金额	贷方金额	借方金额	贷方金额	借方金额	贷方金额
应付利息	中行				12 000.00		12 000.00
预收账款	大连智慧公司				20 340.00		20 340.00
应付职工薪酬	应付工资		210 621.00	4 378 000.00	4 378 000.00		210 621.00
	养老保险		33 719.35	1 225 840.00	1 225 840.00		33 719.35
	医疗保险		21 074.60	437 800.00	437 800.00		21 074.60
	失业保险		2 107.46	131 340.00	131 340.00		2 107.46
	工伤保险		632.24	21 890.00	21 890.00		632.24
	生育保险		1 685.97	43 780.00	43 780.00		1 685.97
	住房公积金		25 289.52	875 600.00	875 600.00		25 289.52
	职工教育经费		12 784.00	350 240.00	350 240.00		12 784.00
应交税费	未交增值税		30 000.00	360 000.00	442 000.00		112 000.00
	应交教育费附加		3 000.00	33 000.00	33 000.00		3 000.00
	应交地方教育费附加		2 000.00	11 000.00	11 000.00		2 000.00
	应交城建税		7 000.00	77 000.00	77 000.00		7 000.00
	水利建设基金				1 000.00		1 000.00
	应交所得税		42 000.05	462 000.55	462 000.55		42 000.05
	应交个人所得税				32.43		32.43
	应交印花税		2 200.00	24 000.00	24 000.00		2 200.00
	应交房产税		14 180.00	25 140.00	66 090.00		55 130.00
	应交车船税		100.00	600.00	1 100.00		600.00
	应交土地使用税		15 226.45	18 271.74	33 498.19		30 452.90
长期借款	工行借款				5 000 000.00		5 000 000.00
实收资本	李建强		9 000 000.00				9 000 000.00
	李明达		6 000 000.00				6 000 000.00
资本公积			40 000.00				40 000.00
盈余公积	法定盈余公积		1 228 463.00				1 228 463.00
本年利润					669 470.65		669 470.65
利润分配	未分配利润		3 292 989.00				3 292 989.00
合计		20 303 317.64	20 303 317.64	1 100 513 105.29	1 100 513 105.29	30 464 582.17	30 464 582.17

三、存货上月月末余额明细

（一）在途物资

在途物资数据如表 2-3 所示。

表 2-3　　在途物资上月月末余额表　　单位：元

名称	计量单位	数量	单价	金额
氧化铝粉	千克	20 700	10.00	207 000.00

（二）原材料上月月末余额

12 月 1 日，有关原材料的数量、单价等数据如表 2-4 所示。

表 2-4　　原材料上月月末余额表　　单位：元

名称	计量单位	数量	单价	金额
氧化铝粉	千克	80 000	10.00	800 000.00
铬粉	千克	3 200	25.00	80 000.00
锰粉	千克	1 250	40.00	50 000.00
包装袋	只	2 230	20.00	44 600.00
纸箱	个	1 280	5.00	6 400.00
合计	—	—	—	981 000.00

（三）库存商品上月月末余额

库存商品数据如表 2-5 所示。

表 2-5　　库存商品上月月末余额表　　单位：元

名称	计量单位	数量	单位成本	金额
瓷球	千克	100 000	80.00	8 000 000.00
瓷砖	千克	33 800	100.00	3 380 000.00
合计	—	—	—	11 380 000.00

四、固定资产及无形资产上月月末余额明细

无形资产为 2019 年 11 月新研发成功的某项专利权，按照 10 年摊销，月摊销额为 3 250 元。固定资产按照类别设置明细账，各资产 11 月月末余额如表 2-6 所示，11 月公司固定资产未发生增减变动。

表 2-6　　固定资产 12 月 1 日余额表　　单位：元

类别	名称	数量	使用部门	原值	累计折旧额	月折旧额
生产设备	球磨机	1	一车间	75 000.00	14 400.00	600.00
	窑炉	1	二车间	218 750.00	42 000.00	1 750.00
	成型机	1	二车间	250 000.00	48 000.00	2 000.00
	合计	3		543 750.00	104 400.00	4 350.00

续表

类别	名称	数量	使用部门	原值	累计折旧额	月折旧额
房屋建筑物	厂房	1	一车间	625 000.00	60 000.00	2 500.00
		1	二车间	937 500.00	90 000.00	3 750.00
		1	机修车间	312 500.00	30 000.00	1 250.00
	办公楼	1	厂部	2 187 500.00	210 000.00	8 750.00
	合计	4		4 062 500.00	390 000.00	16 250.00
运输设备	货车	1	销售部	30 000.00	7 200.00	600.00
	轿车	1	管理部门	37 500.00	18 000.00	750.00
	合计	2		67 500.00	25 200.00	1 350.00
管理用具	计算机	1	办公室	3 600.00	720.00	60.00
		2	财务部	7 200.00	1 440.00	120.00
		1	销售部	3 600.00	720.00	60.00
		1	采购部	3 600.00	720.00	60.00
		1	人力资源部	3 600.00	720.00	60.00
		1	质检部	3 600.00	720.00	60.00
	合计	7		25 200.00	5 040.00	420.00
合计				4 698 950.00	524 640.00	22 370.00

五、银行借款

短期借款为 2019 年 9 月 1 日从中国银行借入，期限为 3 个月，年利率为 6%；长期借款为 2019 年 11 月 30 日从中国工商银行借入，借款年利率为 7.2%，期限为 2 年，用于扩大经营规模。长期借款和短期借款的利息均为按月计提，季度末支付。

六、基本生产成本月初明细

基本生产成本月初明细如表 2-7 所示。

表 2-7　基本生产成本月初明细账　单位：元

生产车间	产品名称	在产品（千克）	直接材料	直接人工	燃料和动力	制造费用	合计
一车间	瓷球	190.00	6 000.00	2 800.00	600.00	4 300.00	13 700.00
	瓷砖	82.00	4 000.00	1 400.00	300.00	2 000.00	7 700.00
二车间	瓷球	200.00	14 000.00	4 700.00	600.00	8 700.00	28 000.00
	瓷砖	80.00	6 000.00	3 100.00	400.00	4 100.00	13 600.00
合计		552.00	30 000.00	12 000.00	1 900.00	19 100.00	63 000.00

七、往来账户明细

预收账款是销售瓷球给大连智慧公司的预收款项，销售合同中规定，购销的瓷球数量为150 千克，单价为 120 元，价款为 18 000 元，增值税为 2 340 元，价税合计共 20 340 元。

预付账款是与郑州万科有限公司签订合同，欲采购氧化铝粉 3 000 千克而支付的订金。该项合同中规定，单价为 10 元/千克。

应收票据是 9 月 28 日销售瓷砖时上海郎邦公司签发给本单位的银行承兑汇票。

应付票据是 7 月 25 日采购氧化铝粉时开给天津陶瓷公司的银行承兑汇票，期限为 6 个月。

2019 年，昊天陶瓷公司多次销售产品给淄博蓝天公司，该公司累积所欠款项为 400 000 元，淄博博信公司也欠 100 000 元，尚未归还。

八、损益类账户 1—11 月累计发生额

损益类账户 1—11 月累计发生额明细如表 2-8 所示。

表 2-8　　损益类账户 1—11 月累计发生额明细表　　单位：元

账户名称	1—11 月累计发生额
主营业务收入	5 148 800.00
主营业务成本	3 620 785.45
税金及附加	436 101.71
其他业务收入	9 000.00
其他业务成本	601.20
销售费用	83 131.45
财务费用	14 236.51
管理费用	39 159.54
营业外收入	3 600.00
营业外支出	3 600.00
所得税费用	294 313.50

模块二　登记上月月末余额

业务描述：

由会计主管、出纳、记账会计分别登记各账户的期初余额，登记好后，将总账与日记账、总账与明细账进行核对，并试算平衡。

一、登记期初余额

在实际工作中，企业的账簿是连续登记的，每个月都要结出期末余额，月末余额即为下

个月的月初余额。而本次实训只是为一个模拟企业登记一个月的账，所以需要登记期初余额，这与实际工作是不一致的。

上月月末余额登记技巧

（1）年月日栏：年可以只写 2 位数字，如 2019 年可以只写 19 年；月份为 1—9 月时最好在数字前加 0，如 09 月；日期也最好写成 2 位数字。这样既不易被修改，又美观。

（2）摘要栏：上月月末余额用黑笔居中书写。没有上月月末余额的账户不需要写“上月月末余额”一行。

（3）金额书写技巧：一般来说，账页元与角之间的竖线为红色，区别于其他栏之间的颜色；账页按照千分位排列，在千、百万之后的线较其他栏之间的要粗。书写金额时注意这些细节就不容易发生错位。

二、试算平衡及对账

（1）试算平衡。将期初余额登记好后，要进行试算平衡。即总账会计将总账的各账簿期初借方余额相加、贷方余额相加，看借方余额合计是否与贷方余额合计相等，如果不相等，则说明账簿登记错误，再检查修改所登记的账簿。出纳和记账会计也需要对所登记的日记账、明细账进行试算平衡。所有明细账的借方余额加上日记账的借方余额合计应该等于明细账的贷方余额合计。

（2）期初对账。总账不仅要与明细账进行核对，也要与各账簿进行核对，以保证账簿登记的正确性。

项目三 编制记账凭证

学习目标：

1. 能够根据原始凭证正确分析每笔经济业务的性质。
2. 会填制、审核原始凭证。
3. 会根据原始凭证正确编制记账凭证。

应完成的工作任务：

1. 审核已有原始凭证。
2. 填制空白原始凭证。
3. 正确传递单据。
4. 根据原始凭证正确编制记账凭证。

完成工作任务应提交的标志性成果：

1. 填制好的空白原始凭证。
2. 编制好的记账凭证。

业务场景：

实习生马明月在了解了昊天陶瓷公司的内部控制制度，翻阅了公司以前的账簿、记账凭证后，大致清楚了企业的会计制度和账簿设置，现在该进一步学习遇到具体业务如何处理了。首先，她了解了企业都发生了哪些经济业务，对业务了然于胸后，就在出纳岗实习。王明光告诉她，出纳需要非常细心，不能出一点儿差错，而且每天要面对单位其他部门的人员，与财务部其他人员的沟通也很密切，所以要有良好的沟通协作能力，并耐心指导她填制支票、到银行办理相关业务、审核原始凭证、登记日记账等。一个月后，马明月又拜制单会计张丽环为师，张丽环告诉她各种业务的处理流程和注意事项等。之后，马明月到李文秀那儿学习了如何计算材料、产品的成本及正确编制成本计算单等自制原始凭证。

模块一　全月发生的经济业务

业务描述：

掌握全月发生的经济业务。

以下为 2019 年 12 月昊天陶瓷公司财务部发生的所有会计事项简要介绍，涉及的原始凭证见附件。

【业务 1】12 月 1 日，上月月末采购的原材料氧化铝粉 20 700 千克验收入库。

【业务 2】12 月 1 日，销售产成品瓷球 150 千克到大连智慧公司，单价 120 元/千克，并开出增值税专用发票，款项已于上月月末收到。

【业务 3】12 月 1 日，上月月末预付款项给郑州万科公司的货物和增值税专用发票同时到达，将货物验收入库。

【业务 4】12 月 1 日，刘志伟销售一批瓷球 1 000 千克给大连智慧公司，会计人员审核销售合同后开出增值税专用发票，价款 140 000 元，税额 22 400 元，并收到对方开来的转账支票。

【业务 5】12 月 1 日，刘志伟销售一批瓷砖 500 千克到上海琅邦公司，单价 160 元/千克，金额 80 000 元，税额 12 800 元，会计人员审核销售合同后开出增值税专用发票，收到对方开来的银行承兑汇票。

【业务 6】12 月 1 日，收到中国银行转来的收款通知，系淄博博信公司归还前欠货款 60 000 元。

【业务 7】12 月 1 日，归还中国银行短期贷款本金 800 000 元，利息 12 000 元。

【业务 8】12 月 2 日，办公室赵阳报销办公用品费，出纳开出中国银行现金支票支付款项给赵阳；同时，将办公费在各部门间分配。支票密码为 1298-3456-4567-8954。

【业务 9】12 月 4 日，办公室赵阳前来报销公司全月的电话费，电话费 1 234 元，增值税 98.04 元。王明光审核后支付中国银行现金支票。

【业务 10】12 月 5 日，采购部柴新新预借差旅费 2 000 元，支付现金。

【业务 11】12 月 6 日，支付律师咨询费 10 000 元，增值税 600 元，以中国工商银行转账支票支付 10 600 元，支票密码为 1908-7877-7864-4357。

【业务 12】12 月 7 日，从中国银行基本户提现 5 000 元备用。支票密码为 1298-3456-4567-8498。

【业务 13】12 月 7 日，销售给天津陶瓷公司瓷球 1 000 千克、瓷砖 1 000 千克，现金折扣（只是价款享受折扣）条件为（2/10，1/20，*n*/30）。

【业务 14】12 月 7 日，以中国银行转账支票支付给李江运输公司运费及增值税。该运费为销售给天津陶瓷公司货物由本公司负担的运费。

【业务 15】12 月 8 日，缴纳上月未交增值税、城建税、教育费附加、地方教育费附加、水利建设基金、个人所得税等。

【业务 16】12 月 9 日，开出中国银行转账支票支付明天广告有限公司产品展览费。

【业务 17】12 月 11 日，与重庆联大公司签订采购合同，从中国工商银行一般存款户汇款，支付定金。

【业务 18】12 月 12 日，从重庆联大公司采购氧化铝粉、铬粉、锰粉。收到购货增值税专用发票及运费的增值税专用发票，承担的运费按重量分配。

【业务 19】12 月 13 日，12 日购入的货物到达并验收入库，氧化铝粉短缺由运输途中合理损耗导致。

【业务 20】12 月 13 日，从中国工商银行一般存款户开出转账支票补付重庆联大公司货款。支票密码为 1346-2980-3290-7563。

【业务 21】12 月 14 日，发放上月工资 125 899.1 元并结转代扣款项，开出中国银行基本户转账支票。支票密码为 5674-8988-0007-6739。

【业务 22】12 月 15 日，销售瓷球收到中国工商银行汇款来账通知。

【业务 23】12 月 16 日，以现金支付卫生清扫费。

【业务 24】12 月 17 日，销售部刘志伟报销汽车加油费，以现金付讫。

【业务 25】12 月 17 日，圆通快递送来一份文件，以现金支付快递费。

【业务 26】12 月 17 日，收到中国工商银行收账通知，系天津陶瓷公司支付的货款（10 天内价款享受现金折扣）。

【业务 27】12 月 18 日，收到银行付款通知，从账户扣款用于缴纳社保费。开出转账支票支付住房公积金。

【业务 28】12 月 19 日，向福利院捐赠，开出中国工商银行转账支票，支票密码为 1234-9087-7659-0285。

【业务 29】12 月 19 日，收取职工违章罚款现金。

【业务 30】12 月 19 日，从郑州万科有限公司采购氧化铝粉，收到增值税专用发票，合同中规定现金折扣条件为（2/10，1/10，*n*/30），货物已验收入库。

【业务 31】12 月 20 日，支付职工教育培训费，从中国银行开出转账支票给山东继续教育学院。支票密码为 1234-9087-7659-0286。

【业务 32】12 月 23 日，支付中国银行本月账户管理费和中国工商银行本月账户管理费。

【业务 33】12 月 23 日，收取中国银行本月利息和中国工商银行本月利息。

【业务 34】12 月 23 日，从天津陶瓷公司采购氧化铝粉、铬粉、锰粉，收到天津陶瓷公司开具的增值税专用发票，尚未支付款项，货物也未到达。

【业务 35】12 月 23 日，向淄博蓝天公司销售瓷球、瓷砖，开出增值税专用发票，收到银行承兑汇票，货已发。

【业务 36】12 月 24 日，销售并发出瓷球到淄博博信公司，收到中国工商银行收账通知。

【业务 37】12 月 25 日，23 日从天津陶瓷公司采购的材料验收入库。

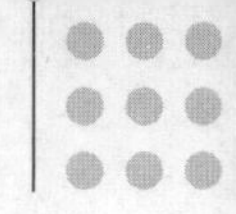

【业务 38】12 月 25 日，销售多余的氧化铝粉 1 000 千克给上海琅邦公司，开出增值税专用发票，尚未收到款项。

【业务 39】12 月 26 日，在中国银行申请银行汇票，用以支付 23 日从天津陶瓷公司采购的货款，并支付银行手续费。

【业务 40】12 月 26 日，用银行汇票偿还天津陶瓷公司本月 23 日的采购款。

【业务 41】12 月 26 日，欲从郑州万科有限公司采购，从中国工商银行一般存款户申请银行汇票并支付银行手续费。

【业务 42】12 月 26 日，收到上海琅邦公司开具的转账支票，在中国银行办理收款，该款项系预收上海琅邦公司的货款。

【业务 43】12 月 27 日，销售瓷球给上海琅邦公司，开出增值税专用发票并发货，收到中国工商银行收账通知。

【业务 44】12 月 27 日，收到中国工商银行收账通知，收到上海琅邦公司 12 月 25 日的货款。

【业务 45】12 月 27 日，将采购部的计算机转入清理。

【业务 46】12 月 27 日，出售计算机，收到现金。

【业务 47】12 月 27 日，结转清理设备净损益。

【业务 48】12 月 28 日，收到银行支付电费付款通知，并根据各部门的电表将电费在各部门间进行分配。

【业务 49】12 月 28 日，收到银行支付水费付款通知，并在各部门间进行分配。

【业务 50】12 月 28 日，收到银行支付天然气费付款通知，支付天然气费，并在各部门间进行分配。

【业务 51】12 月 28 日，上海琅邦公司签发的银行承兑汇票到期，到银行办理收款。

【业务 52】12 月 29 日，收到中国工商银行转来委托收款结算凭证收账通知，收到淄博蓝天公司前欠货款。

【业务 53】12 月 29 日，用 12 月 26 日开具的银行汇票从郑州万科有限公司采购氧化铝粉、铬粉，货物已验收入库。

【业务 54】12 月 29 日，收到中国工商银行汇票多余款收账通知。

【业务 55】12 月 29 日，开出中国工商银行转账支票支付郑州万科有限公司 12 月 19 日采购的货款。10 天内付款享受现金折扣。付款密码为 3654-2897-3244-1352。

【业务 56】12 月 29 日，从中国银行借入短期借款。

【业务 57】12 月 29 日，从广州生产设备公司购入机器设备球磨机 1 台，无需安装，从中国工商银行开出银行承兑汇票用以支付设备款。

【业务 58】12 月 30 日，从中国银行汇款给重庆联大公司，系预付采购款。

【业务 59】12 月 30 日，春节前从金润商场购买花生油并作为福利发放，以转账支票付讫。

【业务 60】12 月 30 日，从郑州万科采购氧化铝粉、铬粉、锰粉，从中国工商银行一般户开出转账支票 13 340 元，货已到。支票密码为 1234-9087-7659-0290。

【业务 61】12 月 31 日，计提本期借款利息。

【业务 62】12 月 31 日，盘点现金，发现短缺现金 14 元，查不出原因，经批准，由出纳王明光赔偿，王明光已经赔偿了现金。

【业务 63】12 月 31 日，采购部柴新新报销差旅费。

【业务 64】12 月 31 日，支付本期借款利息。

【业务 65】12 月 31 日，计提本月工资，并在各产品之间进行分配。

【业务 66】12 月 31 日，计提企业本月应负担的五险一金，并在各产品之间进行分配（根据经验，各车间产品之间分配比例均为瓷球 65%、瓷砖 35%）。

【业务 67】12 月 31 日，无形资产摊销。

【业务 68】12 月 31 日，收回职工苏丽所欠公司款项，并按照应收账款、其他应收款余额的 5%提取本月坏账准备。

【业务 69】12 月 31 日，根据“领料单”，编制“主要材料、辅助材料发料汇总表”，结转发出原材料、辅助材料成本（包括销售材料）。

【业务 70】12 月 31 日，计提本月固定资产折旧费用。

【业务 71】12 月 31 日，年末盘点存货，发现短缺氧化铝粉，因无法查明原因，由保管员陈亚群赔偿 10%，其余计入管理费用，陈亚群已交款。

【业务 72】12 月 31 日，归集计算辅助生产成本，根据辅助生产车间提供的“辅助生产车间劳务量统计表”分配辅助生产成本，将辅助生产成本转入制造费用。

【业务 73】12 月 31 日，归集计算各车间本月发生的制造费用，编制“制造费用计算表”，分配结转制造费用，将制造费用转入基本生产成本。

【业务 74】12 月 31 日，计算并结转各车间完工产品成本。采用综合逐步结转分步法将一车间完工产品成本转入二车间，二车间产品成本加入包装物成本后转入库存商品成本。

【业务 75】12 月 31 日，计算并结转本月销售产品成本。

【业务 76】12 月 31 日，计算本月应交增值税、城建税、教育费附加、地方教育费附加、水利建设基金、印花税，并将应交增值税转入未交增值税。

【业务 77】计提 12 月房产税、车船使用税、土地使用税。

【业务 78】12 月 31 日，预缴 12 月企业所得税。

【业务 79】12 月 31 日，将损益类账户本月发生额转入本年利润。

【业务 80】12 月 31 日，计算并结转全年所得税费用。

【业务 81】12 月 31 日，将本年利润全年发生额转入“利润分配——未分配利润”。

【业务 82】12 月 31 日，股东会决定按净利润的 10%提取法定盈余公积，按可供分配利润的 10%分配发放利润，李建强占 60%股份，李明达占 40%股份。

【业务 83】12 月 31 日，结转利润分配有关明细账户余额。

【业务 84】12 月 31 日，收到中国银行送来的 12 月银行存款对账单，对账并编制“银行存款余额调节表”。

模块二　出纳岗经济业务处理

业务描述：

本模块由出纳员完成。出纳员需要根据业务，完成以下工作：正确收、支现金；接到银行的收付款通知时，正确传递原始凭证；在各种结算方式下能够熟练处理资金的收付；能够配合清查小组盘点现金；会与银行对账并编制“银行存款余额调节表”等。

出纳岗涉及的典型经济业务如下。本书中每种经济业务的处理只介绍了一笔，类型相同的其他经济业务请学生在实训时参考练习。

一、现金业务

（一）收到现金

出纳收到外单位或本单位部门、人员支付的现金，需要开具收据。一般收据有三联，第一联为存根，第二联为收据，第三联为记账。其中，第二联上盖现金收讫章后交给对方。

1．业务 29：收取职工违章罚款现金

【情境模拟】

12 月 19 日上午，出纳员王明光接到一车间主任送来的收款通知，通知上注明应收取职工王伟违章罚款 800 元。下午，职工王伟交来现金 800 元。出纳王明光开出收据，并在第二联上加盖现金收讫章后给王伟，保存第一联，在库存现金日记账上记账。最后，将收据第三联交给会计制单员张丽环。

【业务指导】

◈ 开具收据要素齐全，第一联出纳存留，第二联盖章后给对方，第三联交给制单员记账。

◈ 现金日记账需要日清月结，要及时登记。

2．业务 46：出售计算机，收到现金

【情境模拟】

12 月 27 日，采购部苏丽交纳现金 1 500 元，并持“固定资产处置申请单”“增值税专用发票”“收据”“固定资产处置结果表”，王明光审核单据后收款，并开出收据；同时要求苏丽将带来的有关单据连同收据第三联交给制单会计张丽环。

【业务指导】

◈ 要仔细审核相关单据，包括合理性、合法性、手续、单据要素是否齐全等。

◈ 收款时认真验钞，防止收到假钱，如果单位有点钞机，最好经过点钞机验证。

3．业务 63：出差回来退回未使用现金

【情境模拟】

12 月 31 日，采购部柴新新报销差旅费，出纳员审核单据后要求柴新新将有关单据按照类别和大小粘在粘贴单上，未签字的地方签字，然后收款，并开出收据；同时要求柴新新将带来的有关单据连同收据第三联交给制单会计张丽环。

【业务指导】

◈ 《会计基础工作规范》中规定，企业职工因公借款的借据必须附在记账凭证上，记账时应另开收据，不得退还原借款借据。

◈ 出差报销的单据较多，单据在粘贴时，一般按照类别排序，将同一类别的单据放在一起，并且把小单据放在上面，大单据放在下面，防止计算时遗漏。

◈ 出纳一定要将差旅费报销单上的金额与原始凭证上的金额计算核对一致。

（二）支付现金

1．业务 9：办公室赵阳前来报销公司全月的电话费

【情境模拟】

12 月 4 日，办公室赵阳带着签好字的报销单到财务部，报销全公司的电话费。王明光审核后支付现金，并让其将报销单及电话费发票交给制单会计做账。王明光在赵阳离开后，立即登记现金日记账。

【业务指导】

◈ 企业缴纳电费、水费、社保费、住房公积金等，均可以签订协议，由银行代扣款项，直接从企业账上扣款。

◈ 本公司未签订协议，由办公室缴纳电话费，办公室人员再持报销单、发票到财务处报销。

2．业务 10：采购部柴新新预借差旅费 2 000 元

【情境模拟】

12 月 5 日，采购部柴新新带着签好字的付款申请书到财务部，预借差旅费 2 000 元。王明光审核付款申请书后开出一式三联的借款单，在第二联上盖章后连同 2 000 元现金交给柴新新，并让其将第三联交到制单会计张丽环处记账。

【业务指导】

◈ 借款单与收据类似，有的单位用收据代替借款单，只是在收据上加盖现金付讫章。

3．业务 25：以现金支付快递费 15 元

【情境模拟】

12 月 17 日，会计主管蔡祝明打来电话说，圆通快递公司送来一份文件，需支付现金 15 元。一会儿快递人员来找出纳，王明光审核单据后支付现金。

【业务指导】

◈ 会计主管已经在快递上签字，出纳查看快递人员出具的单据后即可办理，该单据应

该已经由本单位人员签字。

4．业务 23：以现金支付卫生清扫费 1 200 元

【情境模拟】

12 月 16 日，一外单位人员来出纳处，要求支付卫生清扫费。王明光对其说明，需要办理好相关手续才能给他付款，要有本单位相关人员签好字的付款申请书，并告知其如何办理付款申请书。一小时后，这位工作人员带来付款申请书，出纳审核后开出收据，并支付其现金。

【业务指导】

◈ 当手续不完备时，出纳员要有耐心，详细告知还需要什么手续、如何办理，这是出纳员应该具备的基本素质之一。

（三）库存现金的清查

业务 62：库存现金清查，发现短款

【情境模拟】

月底了，总经理宗大利与会计主管蔡祝明前来清查现金，王明光在将已经发生的业务都记账后，说明库存现金的金额，并打开保险柜一一清点，与库存现金日记账核对后发现短缺 14 元，查不出原因，领导立即批示，王明光办事不力，由其赔偿这一损失。

【业务指导】

◈ 盘点现金前要将所有的业务在库存现金日记账上记录完整。

◈ 盘点现金后要将结果填入“库存现金盘点报告表”，并由清查人员和出纳员签章，作为记账依据。

二、接到银行收付款通知

（一）接到银行收款通知

1．业务 6：收到中国银行转来的收款通知，系客户归还前欠货款

【情境模拟】

12 月 1 日，出纳王明光到中国银行办理业务，打开回单箱，发现有一张收款通知，将其带回，交给制单会计张丽环。

【业务指导】

◈ 银行会提供给单位回单箱，将对账单、收款通知、付款通知等放入回单箱，企业出纳员凭密码打开后取回单据。

2．业务 33：收到银行利息

【情境模拟】

王明光今天很累，上午去了一趟中国银行，在银行的回单箱里拿到了一张利息计收清单；下午又去了中国工商银行，也拿到了一张利息计收清单；回单位后登记银行存款日记账，并

将单据转交制单会计。

【业务指导】

◈ 企业将款项存入银行，与居民个人将款存入银行类似，可以收取活期存款利息。

◈ 公司每天通过银行办理大量的收付款业务，银行收取手续费及利息，出纳员只需要根据银行提供的单据记账即可。

（二）接到银行付款通知

1．业务 7：归还贷款本金及利息

【情境模拟】

10 天前，会计主管蔡祝明就叮嘱王明光，银行贷款快到期了，催促销售部人员尽快收款，回笼资金。在大家的共同努力下，昨天，企业的账上就有足够的钱还贷了。今天贷款到期，下班前，王明光去银行办理业务，顺便从回单箱中拿单据，除了贷款还款凭证，还有一张利息计收清单，银行已经从企业账上划走了款项。

【业务指导】

◈ 贷款到期时，企业一定要在账上有足够的资金，否则，银行会收滞纳金，影响企业信誉。所以，出纳要随时掌握账上资金情况，并向会计主管报告。

2．业务 32：支付银行账户管理费

【情境模拟】

又到了月底，王明光在银行回单箱中拿到了银行的业务收费凭证，是银行收取的账户管理费。回到单位后，王明光登记了银行存款日记账，然后将单据转交给了制单会计员张丽环。

【业务指导】

◈ 企业开立银行账户，通过银行进行大量的收付款，银行每个月都要收取一定的账户管理费，出纳员只需要根据银行提供的单据记账即可。

三、支票业务

（一）收到转账支票

业务 4：销售货物，收到转账支票

【情境模拟】

12 月 1 日，销售员刘志伟手拿增值税专用发票、出库单及转账支票进入办公室。王明光审核单据后，将转账支票留下，让刘志伟把其他单据交给制单员。之后，王明光到银行办理入账手续，将转账支票提供给银行，并填写进账单。银行盖章后将进账单第一联和第三联同时交给王明光。

【业务指导】

◈ 进账单一式三联，需要用圆珠笔套写。第一联为开户行交给持票人的回单；第二联

为收款人开户银行作贷方凭证；第三联为收款人开户银行交给收款人的收账通知。

◈ 出纳需在进账单的第二联上加盖财务专用章和法人章，银行在第一联上盖章后给企业，表明已经受理业务。现在是互联网时代，通过计算机转账十分便利，银行一般就同时将第三联收账通知给出纳，表明款项已经收到。

收款人销售货物收到转账支票的流程如图 3-1 所示。

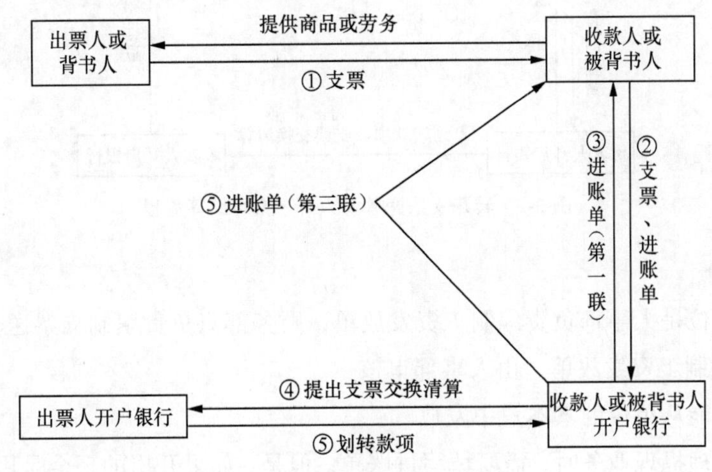

图 3-1　转账支票交收款人结算流程

（二）开出转账支票

1．业务 20：开出转账支票支付货款

【情境模拟】

13 日，王明光收到采购部门送来的付款通知书，审核无误后，开出中国工商银行转账支票，并加盖骑缝章（财务专用章）、财务专用章和法人章，撕下正联交给采购人员，将存根联交给制单会计。

【业务指导】

◈ 注意转账支票的书写格式，包括日期大写正确书写，金额大写需要顶格及“整”字的用法，与汉字“人民币”之间不留空隙，小写金额前加货币符号，写明用途等。

◈ 支票需要用正楷书写，不能有任何涂改，否则作废。

◈ 印章要清晰，印章模糊时本张支票作废。

◈ 企业在开出转账支票后，可以将支票交给收款人，如果给收款人不方便，也可以将支票交给开户银行，由银行通知收款人收款。转账支票交签发人开户银行结算流程如图 3-2 所示。

2．业务 21：支付工资

【情境模拟】

又到发放工资的时候，今天收到了人事部制作的工资发放单，王明光填制好支票，将其连同工资发放单一起送交银行。

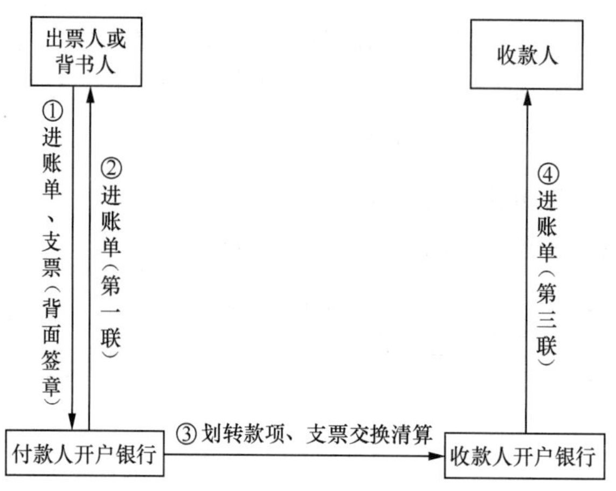

图 3-2　转账支票交签发人开户银行结算流程

【业务指导】

◈　有的单位是人事部负责编制工资发放单，财务部只负责填制支票送交银行；也有的单位是财务部编制工资发放单，由人事部审核。

◈　工资只能从单位的基本户中发放。

◈　一般办理提现业务时，需要填写进账单。但是，如果开出的现金是用于发放工资的，则不需要填写进账单。

（三）开出现金支票

1．业务 9：以现金支票支付电话费

【情境模拟】

12 月 4 日，办公室赵阳带着电话费发票和付款通知前来报销，王明光审核后开出现金支票给赵阳，让其到银行提现，并告知赵阳将发票和现金支票存根联第三联给制单会计。

【业务指导】

◈　报销时要审核付款申请书，如果涉及多张发票，需审核多张发票上的金额合计是否与应支付金额相等。

◈　开给个人的现金支票背面不需要盖章。收款的个人在到银行提现时，需要在现金支票的背面填写身份证号等相关信息。

◈　现金支票的签发类似于转账支票，但现金支票一般用于企业内部，不能用其进行对外结算。

2．业务 12：提现备用

【情境模拟】

王明光发现保险柜中的现金不多，为了满足日常零星开支，开出现金支票到银行办理提现业务。

【业务指导】

◈　现金只能从单位的银行基本户中提取，一般存款户不能用于提现，只能转账。

四、银行承兑汇票

（一）收到银行承兑汇票

业务 5：销售员刘志伟收到银行承兑汇票

【情境模拟】

12 月 1 日，销售员刘志伟带增值税专用发票记账联及银行承兑汇票到财务部，出纳王明光审核后收取票据，并在应收票据备查簿中一一登记该票据的详细内容。

【业务指导】

◈ 收到银行承兑汇票需要在应收票据备查簿中登记，便于开展背书转让、到期提示付款等工作。

（二）申请开出银行承兑汇票

业务 57：购入机器设备，以银行承兑汇票支付款项

【情境模拟】

12 月 29 日，苏丽持领导签字审批的付款通知书，请求申请银行承兑汇票用于支付机器设备款。王明光审核无误后，再次同苏丽确认供应商的名称、账号等相关信息，并在应付票据备查簿上登记。之后，王明光持购销合同、营业执照等到银行申请承兑汇票，填写银行承兑汇票申请书，耐心等待银行工作人员开出银行承兑汇票。然后，王明光返回单位，通知苏丽银行承兑汇票已经办理，同时，将银行承兑汇票申请书、银行承兑汇票交给制单员制单。

【业务指导】

◈ 由于银行承兑汇票的承兑人是银行，因此办理该项业务时银行的要求较高，企业需提供购销合同复印件、营业执照副本等，各个银行要求不尽相同。

◈ 以银行承兑汇票支付款项，也需要同时在应付票据备查簿上进行登记。

（三）银行承兑汇票到期

业务 51：银行承兑汇票 835 000 元到期，到银行办理收款

【情境模拟】

出纳员需要随时关注企业资金动态。12 月 28 日上午，王明光看到上海郎邦公司签发的银行承兑汇票将于 30 日到期，抽空去银行办理托收手续。到银行后，王明光填制一式五联的托收凭证，并在第二联加盖企业的预留银行印鉴，银行盖章后将第一联带回。

【业务指导】

◈ 商业汇票收款的提示付款期限，自汇票到期日起 10 日。持票人应在提示付款期限内通过开户银行委托收款或直接向付款人提示付款。对异地委托收款的，持票人可匡算邮程，提前通过开户银行委托收款。持票人超过提示付款期限提示付款的，持票人开户银行不予受理。

五、汇兑业务

（一）汇款

业务 17：采购，以电汇方式结算

【情境模拟】

12 月 11 日，采购员苏丽持付款通知书请求汇款给重庆联大公司，王明光审核后到银行办理，填制电汇凭证，并在第二联上盖章，交予银行，银行审核办理后，将盖章的第一联交予王明光。

【业务指导】

◈ 电汇凭证上有收款人的详细信息，出纳员在去银行办理业务前，需仔细核对确认收款人名称、账号等信息。

（二）收到汇款

业务 22：收到客户的汇款

【情境模拟】

12 月 15 日，王明光在银行的回单箱中拿到了一份电汇收款通知，是销售瓷球的款项，王明光将其带回单位后交给制单员制单，并在银行存款日记账上登记。

【业务指导】

◈ 出纳只需要从银行拿回收款通知给制单员，并记账。

六、银行汇票业务

业务 39、40：申请银行汇票并支付款项

【情境模拟】

12 月 26 日，采购部苏丽送来付款通知，要求申请银行汇票偿还天津陶瓷公司的货款，王明光赶紧去银行办理，填写“银行汇票申请书”，依次填明申请日期、申请人名称、申请人账号、用途、收款人名称、收款人账号、汇票金额等事项并在第二联上加盖预留银行的签章。等银行人员签发银行汇票后，王明光将银行汇票第二、三联带回交给请领人并登记“银行汇票登记簿”。

【业务指导】

◈ 银行汇票一般为一式四联，第一联为卡片，由签发行结清汇票时作汇出汇款付出传票；第二联为银行汇票，与第三联解讫通知一并由汇款人自带，在兑付行兑付汇票后此联作银行往来账付出传票；第三联为解讫通知，在兑付行兑付后随报单寄签发行，由签发行作余款收入传票；第四联为多余款通知，在签发行结清多余款后交申请人。

七、委托收款

业务52：收到工商银行转来委托收款结算凭证收账通知

【情境模拟】

12月29日上午，会计主管打来电话说，淄博蓝天公司所欠货款还未归还，请到银行办理委托收款，王明光遵照执行。他携带增值税发票、出库单等有关单据到银行后，填写一式五联的委托收款凭证，在第二联加盖财务专用章和法人章，银行在第一联上加盖业务受理章后给王明光。下午，王明光在回单箱中拿到了收回蓝天公司货款的收账通知。

【业务指导】

◈ 委托收款结算是收款人向银行提供收款凭证，委托银行向付款人收取款项的结算方式。在办理此项业务时，需向银行提供收款凭证。

八、办理贷款

业务56：收到银行贷款到账通知

【情境模拟】

几天前，会计主管对王明光说，单位准备扩大经营规模，需要从银行贷款，相关部门已经编制了可行性研究报告，并已通过公司董事会会议，银行审批通过，贷款会在近期到账。今天，在银行回单箱中，王明光看到了贷款到账通知，回单位后立即向领导报告。

【业务指导】

◈ 发放贷款时，需要严格的审批手续，需要公司财务主管等领导协调办理。

九、银行对账

业务84：收到银行对账单

【情境模拟】

又到月底了，王明光从银行回单箱中拿回了本月银行对账单，回单位后，打开银行日记账仔细核对，发现银行对账单上的余额与银行存款日记账的余额不相等，就一笔一笔地仔细核对，发现原来是有几笔未达账项，于是编制“银行存款余额调节表”。

【业务指导】

◈ 对账时，可以先看余额是否相符，如果余额不符，再检查月末几天的账是否相同，找出未达账项，然后编制“银行存款余额调节表”，调整以后企业和银行的余额应该是相等的。如果不等，说明有问题，再逐一核对。

模块三　制单岗经济业务处理

业务描述：

制单人员完成制单岗位原始凭证审核及记账凭证编制工作。

一、职工薪酬业务

1．业务 21：发放上月工资并结转代扣款项

【情境模拟】

12 月 14 日，制单员张丽环收到出纳王明光传来的现金支票存根，以及工资结算表。张丽环将现金支票存根和工资结算表用曲别针夹好，编制记账凭证。

【业务指导】

◈　对于职工个人负担的五险一金及个人所得税，应从应发工资总额中扣除，扣除后的余额为实发工资，企业的实发工资总额为银行存款减少额。

◈　对于职工个人负担的五险一金及个人所得税，有的单位在实际发放工资时扣除，进行会计处理；也有的单位在期末计提职工薪酬时就同时做相应的处理。昊天陶瓷公司使用前者，即发放工资时扣除。

2．业务 59：购买生活用品并将其作为福利发放

【情境模拟】

12 月 30 日，办公室赵阳持签好字的报销单及增值税发票第二、三联来到财务部。税务会计冯洁审核增值税发票真实无误后将第二联抵扣联留下。赵阳再持有关单据给出纳员王明光，王明光审核后开出转账支票，并将有关单据再传递给成本会计李文秀。李文秀审核后，根据职工福利发放汇总表，将福利费用在各部门间进行分配，编制记账凭证。

【业务指导】

◈　在昊天陶瓷公司，购买生活福利品是由公司办公室负责的。由于是老客户，金润公司允许先给其开出增值税专用发票。

◈　福利品由办公室按部门发放，再由部门发给单位各位职工，以避免实际发放时产生混乱。办公室在发放福利品时，编制“职工福利发放汇总表”，按照该表发放，并将表格给财务部用以记账。

◈　虽然收到的是增值税专用发票，但是按照规定，用于集体福利支付的增值税不能抵扣销项税额，李文秀将其计入了库存商品的成本。

◈　该福利品在买回来后，没有进入仓库，而是直接发放了下去。

3．业务 65：计提本月工资，并在各产品之间进行分配

【情境模拟】

12 月 31 日，收到人事处传递过来的“工资结算表”，根据职工所在部门编制“工资结算

汇总表”，并在此基础上将职工薪酬在各产品之间进行分配。

【业务指导】

◈ 各单位分工不同，有的单位“工资结算表”由人事部编制，财务部门只负责进行账务处理；也有的单位“工资结算表”直接由财务部门负责编制。因此，在实训中，学生应该会计算五险一金及个人所得税的金额。

◈ 由职工个人承担的养老保险、医疗保险、失业保险、住房公积金等按本人本月应发工资总额为基数计算。

◈ 根据企业一贯的财务政策，该企业在期末只计提工资，而由个人负担的五险一金及个人所得税，在实际发放工资时进行账务处理。

◈ 根据历史经验及实际生产情况，车间职工薪酬在瓷球、瓷砖中分配时，分别占到65%和35%。

◈ 需要注意，在计算个人所得税时，计税依据不包含五险一金。

4．业务66：计提企业本月应负担的五险一金，并在各产品之间进行分配

【情境模拟】

12月31日，在计算本月职工薪酬的基础上，计算企业负担的五险一金及个人所得税并进行账务处理。

【业务指导】

◈ 计提的五险一金按照应付工资计算，而不能按照实发工资核算。

二、资产业务

（一）存货业务

企业存货包含原材料、周转材料、在产品、半成品、产成品、库存商品、委托加工物资等。

1．业务19：在途物资验收入库

【情境模拟】

12月13日上午，制单员张丽环收到仓储部陈亚群送来的材料入库单，入库单中验收入库的材料为12日采购的氧化铝粉490千克、铬粉100千克、锰粉100千克，氧化铝粉短缺由运输途中合理损耗导致。张丽环对入库单审核无误后，根据其编制了记账凭证。

【业务指导】

◈ 企业购入物资的采购成本由下列各项组成。

（1）买价。

（2）运杂费（包括运输费、装卸费、保险费、包装费、仓储费等，不包括按规定根据运输费的一定比例计算的可抵扣的增值税税额）。

（3）运输途中的合理损耗。

（4）入库前的挑选整理费用（包括挑选整理中发生的工、费支出和必要的损耗，并减去

回收的下脚废料价值）。

（5）购入物资负担的税金（如关税等）和其他费用。

注意：业务 37，在途物资验收入库与上述业务类似。

2．业务 71：月末盘点存货，发现存货短缺

【情境模拟】

31 日，财务部王明光和仓管部陈亚群对公司存货进行了盘点。陈亚群进行盘点，王明光现场监盘记录。盘点过程中，发现短缺氧化铝粉，王明光出具了盘点报告，报公司领导进行决策处理。经核实，无法查明存货盘亏原因，总经理宗大利批准由保管员陈亚群赔偿 10%，其余计入管理费用。制单会计张丽环根据“存货盘点报告单”和“决定书”编制记账凭证。

【业务指导】

◈ 存货发生的盘盈、盘亏或毁损，应作为待处理财产损溢进行核算。

◈ 盘盈的存货，通常是由企业日常收发计量或计算上的差错所造成的，按管理权限报经批准后，可冲减管理费用。

◈ 盘亏或毁损的存货，按管理权限报经批准后，根据造成存货盘亏或毁损的原因，分别按以下情况进行处理：属于计量收发差错和管理不善等原因造成的存货短缺，应先扣除残料价值、可以收回的保险赔偿和过失人赔偿，将净损失计入管理费用；属于自然灾害等非常原因造成的存货毁损，应先扣除处置收入（如残料价值）、可以收回的保险赔偿和过失人赔偿，将净损失计入营业外支出。

企业应当做好存货的清查工作，加强管理，防止存货的呆滞积压或毁损。

（二）固定资产业务

固定资产业务主要包括固定资产的取得、计提折旧、后续支出、处置、清查和减值。

1．业务 70：月末计提固定资产折旧

【情境模拟】

月末，成本核算员李文秀根据上月月末“固定资产余额表”、本月“新增固定资产登记表”及“固定资产处置结果表”编制“固定资产折旧计算表”，交制单会计张丽环。张丽环根据审核无误的“固定资产折旧计算表”编制记账凭证。

【业务指导】

◈ 固定资产折旧方法包括年限平均法、工作量法、年数总和法和双倍余额递减法。企业应根据固定资产所包含的经济利益预期实现方式选择折旧方法，折旧方法一经选定，不得随意变更。

◈ 企业固定资产发生折旧的，应通过“累计折旧”科目进行核算。按月计提固定资产的折旧，借记“制造费用”“销售费用”“管理费用”“研发支出”“其他业务成本”等账户，贷记“累计折旧”账户。

2．业务 45：固定资产转入清理

【情境模拟】

12 月 27 日，采购部苏丽将领导审核批准的“固定资产处置申请单”送财务部，制单会计张丽环审核无误后，编制记账凭证。

【业务指导】

◈ 固定资产处置包括将固定资产转为持有待售、出售、转让、报废等。

◈ 固定资产处置一般通过“固定资产清理”账户进行核算。其会计处理一般经过以下几个步骤。

（1）固定资产转入清理。固定资产转入清理时，按固定资产账面价值，借记“固定资产清理”账户，按已计提的累计折旧，借记“累计折旧”账户，按已计提的减值准备，借记“固定资产减值准备”账户，按固定资产账面余额，贷记“固定资产”账户。

（2）发生清理费用。

（3）出售收入和残料等的处理。

（4）保险赔偿的处理。企业计算或收到的应由保险公司或过失人赔偿的损失，应冲减支出，借记“其他应收款”“银行存款”等账户，贷记“固定资产清理”账户。

（5）清理净损益的处理。新会计准则规定，将清理净损益转入“资产处置损益”，而不再是“营业外支出”或“营业外收入”。

3．业务 46：出售计算机，收到现金

【情境模拟】

12 月 27 日，采购部苏丽将出售固定资产收取的现金交给出纳王明光，王明光收款后开出收据，将收据第三联连同国税局代开的发票交给制单会计张丽环。张丽环根据审核无误的原始凭证编制记账凭证。

【业务指导】

◈ 企业收回出售固定资产的价款、残料价值和变价收入等，应冲减清理支出。按实际收到的出售价款及残料变价收入等，借记“银行存款”“原材料”等账户，贷记“固定资产清理”账户。

4．业务 47：结转清理设备净损益

【情境模拟】

12 月 27 日，成本核算员李文秀根据固定资产处置申请单、付款通知单、收据等原始凭证编制“固定资产处置结果表”，交给张丽环，张丽环根据审核无误的“固定资产处置结果表”编制了结转清理设备净损益的记账凭证。

【业务指导】

◈ 固定资产清理完成后的净收益，借记“固定资产清理”账户，贷记“营业外收入”账户。固定资产清理完成后的净损失，属于生产经营期间正常的处理损失，借记“营业外支出——处置非流动资产损失”账户，贷记“固定资产清理”账户；属于生产经营期间由于自

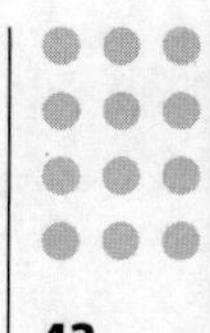

然灾害等非正常原因造成的，借记“营业外支出——非常损失”账户，贷记“固定资产清理”账户。

◈ 实际工作中，同一天发生的业务 45—47 可以合并编制记账凭证。

（三）无形资产业务

无形资产业务主要包括无形资产的取得、计提摊销、处置和减值。

业务 67：月末计提无形资产摊销

【情境模拟】

月末，成本核算员李文秀根据公司无形资产余额及摊销方法编制“无形资产摊销表”，交给制单会计张丽环。张丽环根据审核无误的“无形资产摊销表”编制记账凭证。

【业务指导】

◈ 企业摊销无形资产，应当自无形资产可供使用时起，至不再作为无形资产确认时止。

◈ 企业选择的无形资产摊销方法，应当反映与该项无形资产有关的经济利益的预期实现方式。无法可靠确定预期实现方式的，应当采用直线法摊销。

◈ 无形资产的摊销金额一般应当计入当期损益（管理费用）。某项无形资产所包含的经济利益通过所生产的产品或其他资产实现的，其摊销金额应当计入相关资产的成本。

◈ 企业至少应当于每年年度终了，对使用寿命有限的无形资产的使用寿命及摊销方法进行复核。无形资产的使用寿命及摊销方法与以前估计不同的，应当改变摊销期限和摊销方法。

三、资金经济业务

（一）收款业务

1．业务 29：收取职工违章罚款

【情境模拟】

12 月 19 日下午，王明光收取职工王伟交来的现金 800 元，开出收据，将收据第三联及“罚款通知单”交给制单会计张丽环，张丽环根据审核无误的“罚款通知单”和收款收据编制了记账凭证。

【业务指导】

◈ “营业外收入”账户核算的主要内容如下。

（1）非流动资产处置利得。

（2）非货币性资产交换利得。

（3）债务重组利得。

（4）盘盈利得。

（5）捐赠利得。

（6）政府补助。

（7）因债权人原因确实无法支付的应付款项。

（8）罚款收入。

（9）企业合并损益。

2．业务 33：收到银行利息

【情境模拟】

23 日，王明光将从中国银行取回的利息计收清单和从中国工商银行取回的利息计收清单交给制单会计张丽环。中国银行活期存款利息为 41.50 元，中国工商银行活期存款利息为 21.72 元。张丽环根据审核无误的“利息计收清单”编制记账凭证。

【业务指导】

◈ 实际工作中，各商业银行的活期存款统一为每季度末月的二十日为结息日，次日付息。结息日分别为 3 月 20 日、6 月 20 日、9 月 20 日、12 月 20 日，入账日期为 21 日。

3．业务 54：收到银行汇票多余款收账通知

【情境模拟】

29 日，王明光从中国工商银行取回银行汇票“多余款项收账通知”，多余款项为 751.50 元。王明光将其交给制单会计张丽环。张丽环根据审核无误的“多余款项收账通知”编制记账凭证。

【业务指导】

◈ 使用银行汇票进行结算的付款单位业务流程包括：申请签发银行汇票业务、办理采购物资付款业务、办理多余款项入账业务，此业务为第三步。

◈ 付款单位核算银行汇票的账户为“其他货币资金”账户。

◈“其他货币资金”账户核算除库存现金、银行存款以外的其他货币资金，包括外埠存款、银行汇票存款、银行本票存款、信用证存款、信用卡存款和存出投资款等。

（二）付款业务

1．业务 12：提现备用

【情境模拟】

12 月 7 日，王明光为了满足日常零星开支，开出现金支票到中国银行办理提现业务。将现金支票存根联交给制单会计张丽环，张丽环根据审核无误的现金支票存根联编制记账凭证。

【业务指导】

◈ 现金只能从单位的银行基本户中提取，一般存款户不能用于提现，只能转账。

◈ 在实际工作中，如果企业使用收、付、转记账凭证，提现时应当选择付款凭证编制记账凭证。

2．业务 15：支付税金

【情境模拟】

12 月 8 日，税务员冯洁缴纳上月税费，包括增值税、城建税、教育费附加、地方教育费附加、水利建设基金、印花税、个人所得税，并将完税凭证送交制单会计张丽环，张丽环根

据审核无误的税收电子转账专用完税凭证编制记账凭证。

【业务指导】

◈ 本期缴纳的税金是上月月末计算的金额。

◈ 上交的各项税费金额与期初金额相同。

3．业务 27：缴纳社保费及住房公积金

【情境模拟】

12 月 18 日，王明光取回银行付款通知，从账户扣款缴纳社保费；开出转账支票支付住房公积金，随后将付款通知及转账支票存根联交给制单会计张丽环，张丽环拿到原始凭证后认真审核，并根据审核无误的付款通知书、转账支票存根编制了记账凭证。

【业务指导】

◈ 以前个人承担的社会保险费应计入“其他应付款——社会保险费（养老、医疗、失业保险）”账户，单位承担部分应计入“应付职工薪酬——社会保险费”账户；但新会计准则规定，社会保险费不论是个人承担部分，还是企业承担部分，均计入“应付职工薪酬”账户。

◈ 新会计准则规定，不论是个人承担的住房公积金，还是企业承担的住房公积金，均计入“应付职工薪酬”。

4．业务 28：向福利院捐赠 50 000 元

【情境模拟】

12 月 19 日上午，王明光收到办公室赵阳送来的付款通知书，通知上注明向福利院捐赠 50 000 元，审核无误后，王明光开出中国工商银行转账支票，并将付款通知书和转账支票存根联交给制单会计张丽环。下午，办公室苏丽将福利院开出的专用收据交财务部。张丽环拿到原始凭证后认真审核，并根据审核无误的付款通知书、转账支票存根、收据编制了记账凭证。

【业务指导】

◈ “营业外支出”账户核算的主要内容如下。

（1）非流动资产处置损失。

（2）非货币性资产交换损失。

（3）债务重组损失。

（4）盘亏损失。

（5）公益性捐赠支出。

（6）非常损失。

（7）罚款支出。

5．业务 31：支付职工教育培训费

【情境模拟】

12 月 20 日上午，王明光收到办公室赵阳送来的付款通知书，通知上注明向山东继续教育学院支付职工教育培训费 5 200 元，审核无误后，王明光开出中国工商银行转账支票，并

将付款通知书和转账支票存根联送交制单会计张丽环。下午，办公室苏丽将山东继续教育学院开出的培训发票交财务部。张丽环拿到原始凭证后认真审核，并根据审核无误的付款通知书、转账支票存根、培训费发票编制了记账凭证。

【业务指导】

◈ 企业职工教育经费是指企业按工资总额的一定比例提取用于职工教育事业的一项费用，是企业为职工学习先进技术和提高文化水平而支付的费用。

◈ 企业职工教育培训经费列支范围如下。

（1）上岗和转岗培训。

（2）各类岗位适应性培训。

（3）岗位培训、职业技术等级培训、高技能人才培训。

（4）专业技术人员继续教育。

（5）特种作业人员培训。

（6）企业组织的职工外送培训的经费支出。

（7）职工参加的职业技能鉴定、职业资格认证等经费支出。

（8）购置教学设备与设施。

（9）职工岗位自学成才奖励费用。

（10）职工教育培训管理费用。

（11）有关职工教育的其他开支。

6．业务 41：申请银行汇票

【情境模拟】

12 月 26 日，采购部苏丽送来付款通知，要求申请银行汇票 9 000 元欲从郑州万科有限公司采购。王明光去银行办理，填写“银行汇票申请书”，银行受理并收取手续费 12.5 元。王明光返回企业，将银行汇票第二、三联交给请领人，将“银行汇票申请书”及付款通知交给制单会计张丽环，张丽环根据审核无误的原始凭证编制了记账凭证。

【业务指导】

◈ 使用银行汇票进行结算的付款单位业务流程包括：申请签发银行汇票业务、办理采购物资付款业务、办理多余款项入账业务，此业务为第一步。

◈ 银行汇票一般为一式四联，第一联为卡片，由签发行结清汇票时作汇出汇款付出传票；第二联为银行汇票，与第三联解讫通知一并由汇款人自带，在兑付行兑付汇票后此联作银行往来账付出传票；第三联为解讫通知，在兑付行兑付后随报单寄签发行，由签发行作余款收入传票；第四联为多余款通知，在签发行结清多余款后交申请人。

7．业务 62：库存现金清查，发现短款

【情境模拟】

月底，总经理宗大利与会计主管蔡祝明前来清查现金，发现短缺 14 元，领导立即批示，王明光办事不力，由其赔偿这一损失。王明光填写“库存现金盘点报告表”，并由清查人员和

出纳员签章。随后，王明光将“库存现金盘点报告表”交给制单会计张丽环，张丽环审核无误后编制记账凭证。

【业务指导】

◈ 清查中发现的有待查明原因的库存现金短缺或溢余，应通过“待处理财产损溢”账户核算。

◈ 现金短缺的会计处理如下。

第一步，发现短缺，调整账实相符。

第二步，查明原因，上报主管，批准后做相应的账务处理。应由责任人赔偿的部分计入其他应收款；属于无法查明原因的现金盘亏计入管理费用。

◈ 现金溢余的会计处理如下。

第一步，发现溢余，调整账实相符。

第二步，查明原因，上报主管，批准后做相应的账务处理。应支付给有关人员或单位的部分计入其他应付款；属于无法查明原因的现金盘盈计入营业外收入。

（三）贷款业务

1．业务 56：办理贷款

【情境模拟】

公司准备扩大经营规模，需要从银行贷款，相关部门已经编制了可行性研究报告，并已通过公司董事会会议，中国银行审批通过。12 月 29 日，王明光在中国银行回单箱中看到了贷款到账通知：短期借款人民币壹佰万元，期限 8 个月，年利率 5%。王明光回单位后将“工商企业借款借据”交给制单会计，张丽环根据审核无误的原始凭证编制记账凭证。

【业务指导】

◈ 发放贷款时，需要严格的审批手续，需要公司财务主管等领导协调办理。

2．业务 61：计提贷款利息

【情境模拟】

月末，成本核算员李文秀对本公司贷款业务计提了利息，该笔贷款为 2013 年 11 月 30 日从中国银行借入的长期借款，本金伍佰万元，年利率 7.2%，期限 2 年，用于扩大经营规模。李文秀将编制的“利息计算表”交给制单会计张丽环，张丽环审核无误后编制记账凭证。

【业务指导】

◈ 为计算方便，公司于 29 日借入的两笔贷款于下月开始计提利息。

◈ 属于筹建期间的利息支出计入管理费用；属于经营期间的利息支出计入财务费用；如果长期借款用于购建符合资本化条件的资产，在资产没有达到可使用状态前，所发生的利息支出应当资本化，计入在建工程等相关资产的成本，资产达到预定可使用状态后的利息支出，以及按规定不可以资本化的利息支出，计入财务费用。

3．业务 64：支付贷款利息

【情境模拟】

31 日，财务部收到银行贷款还息凭证，王明光登记银行存款日记账后将单据转交制单会计张丽环，张丽环根据审核无误的原始凭证编制支付贷款利息的记账凭证。

【业务指导】

◈ 实际工作中，短期贷款按季结息的，每季度末月的二十日为结息日；按月结息的，每月的二十日为结息日，具体结息方式由借贷双方协商确定。中长期贷款按季结息，每季度末月二十日为结息日。

◈ 为方便计算，本书中借款利息为按月计提，季度末支付。

4．业务 7：偿还贷款

【情境模拟】

10 天前，会计主管蔡祝明就叮嘱王明光，中国银行 800 000 元短期贷款快到期了，催促销售部人员尽快收款，回笼资金。在大家的共同努力下，昨天企业的账上已有足够的钱还贷了。今天贷款到期，下班前，王明光去银行办理业务，顺便从回单箱中拿出单据，有贷款还款凭证 800 000 元和贷款还息凭证 12 000 元，银行已经从企业账上划走了款项。回到单位，王明光将贷款还款凭证和贷款还息凭证交给制单会计张丽环，张丽环审核后编制了记账凭证。

【业务指导】

◈ 贷款到期时，企业一定要在账上有足够的资金，否则，银行会收滞纳金，也会影响企业的信誉，所以出纳要随时掌握账上的资金情况，并向会计主管报告。

四、费用经济业务

1．业务 8：报销办公用品费

【情境模拟】

12 月 2 日，办公室赵阳到财务部报销办公用品费 1 796.7 元，出纳王明光开出现金支票支付款项给赵阳，赵阳到银行提现后将现金支票存根联交制单会计张丽环；出纳王明光将办公费在各部门间分配，将“费用分配表”交制单会计张丽环，张丽环根据审核无误的原始凭证编制记账凭证。

【业务指导】

◈ 办公用品如果属于企业管理部门使用，计入管理费用；如果属于企业销售部门使用，计入销售费用；如果属于生产车间使用，计入制造费用。

2．业务 9：报销电话费

【情境模拟】

12 月 4 日，办公室赵阳带着签好字的报销单到财务部，报销全公司的电话费。王明光审核后支付现金，并让其将报销单及电话费发票交给制单会计张丽环。张丽环根据审核无误的

报销单及电话费发票编制记账凭证。

【业务指导】

◈ 按员工工作性质不同，报销电话费可计入管理费用，也可计入销售费用等科目。

3．业务 10：预借差旅费

【情境模拟】

12 月 5 日，采购部柴新新带着签好字的付款申请书到财务部，预借差旅费 2 000 元。王明光审核付款申请书后开出一式三联的借款单，在第二联上盖章后连同 2 000 元现金交给柴新新，柴新新将第三联交给制单会计张丽环，张丽环审核借款单无误后编制了记账凭证。

【业务指导】

◈ 企业职工预借差旅费通过“其他应收款”账户核算。

4．业务 11：支付咨询费

【情境模拟】

12 月 6 日，王明光收到办公室赵阳送来的付款通知书，支付律师咨询费 10 600 元。王明光审核无误后，开出中国工商银行转账支票，正联交给赵阳，存根联交给制单会计张丽环。张丽环根据审核无误的原始凭证编制了记账凭证。

【业务指导】

◈ 管理费用是指企业行政管理部门为组织和管理生产经营活动而发生的各项费用。

◈ 公司经费、职工教育经费、业务招待费、税金、技术转让费、无形资产摊销、咨询费、诉讼费、开办费摊销、上缴上级管理费、劳动保险费、待业保险费、董事会会费、财务报告审计费、筹建期间发生的开办费等通过“管理费用”账户核算。

◈ 业务 23 支付卫生清扫费、业务 25 支付快递费也通过“管理费用”账户核算。

5．业务 14：支付运输费及增值税

【情境模拟】

12 月 7 日，销售部门送来付款通知书，支付李江运输公司运费及增值税，由李江运输公司负责运输销售给天津陶瓷公司的货物。王明光审核无误后，开出中国银行转账支票交销售部门，存根联交给制单会计张丽环。张丽环根据审核无误的付款通知、转账支票存根联及运输业增值税专用发票编制记账凭证。

【业务指导】

◈ 在销售货物过程中公司承担的运费通过“销售费用”账户核算。

◈ 销售费用是指企业在销售产品、提供劳务等过程中发生的各项费用，包括由企业负担的包装费、运输费、广告费、装卸费、保险费、委托代销手续费、展览费、租赁费（不含融资租赁费）、销售服务费、销售部门人员工资、职工福利费、折旧费、修理费、物料消耗、低值易耗品摊销等。

◈ 业务 16 支付展览费、业务 24 销售部报销油费也通过“销售费用”账户核算。

6．业务 32：支付银行账户管理费

【情境模拟】

23 日，王明光在银行回单箱中拿到了银行收费凭证，是银行收取的账户管理费，其中中国银行本月账户管理费 46 元，中国工商银行本月账户管理费 53 元。王明光将单据转交给制单会计张丽环。张丽环根据审核无误的原始凭证编制了记账凭证。

【业务指导】

◈ 企业在生产经营过程中为筹集资金而发生的筹资费用通过“财务费用”账户核算。

◈ 财务费用包括企业生产经营期间发生的利息支出（减利息收入）、汇兑损益、金融机构手续费、企业发生的现金折扣或收到的现金折扣等。

7．业务 48：支付电费

【情境模拟】

12 月 28 日，办公室将电力部门开具的增值税专用发票交财务部门，王明光拿到银行支付电费的付款通知，并将付款通知交成本核算员李文秀，李文秀根据各部门的电表将电费在各部门间进行分配，编制“电力耗用汇总分配表”“基本生产车间电力分配表”。随后将发票、付款通知、“电力耗用汇总分配表”“基本生产车间电力分配表”等原始凭证交给制单会计张丽环，张丽环根据审核无误的原始凭证编制了记账凭证。

【业务指导】

◈ 企业缴纳水费、电费、社保费、住房公积金等，均可以签订协议，由银行代扣款项，直接从企业账上扣款。

◈ 业务 49 支付水费、业务 50 支付天然气费用同样的方法进行核算。

8．业务 63：报销差旅费

【情境模拟】

12 月 31 日，采购部柴新新报销差旅费，出纳员审核单据后要求柴新新将有关单据按照类别和大小粘在粘贴单上，未签字的地方签字，然后收款，并开出收据；同时，要求柴新新将带来的有关单据连同收据第三联交给制单会计张丽环，张丽环审核无误后编制记账凭证。

【业务指导】

◈ 报销时如果没有向公司借钱，应借记“管理费用——差旅费”，贷记“库存现金”。

◈ 报销时如果向公司借过钱，应借记“管理费用——差旅费”，贷记“其他应收款”，如果有资金剩余或者资金不足，则借记或贷记“库存现金”。

9．业务 68：提取坏账准备

【情境模拟】

月末，制单会计张丽环编制坏账准备计提表，按照应收账款、其他应收款余额的 5%提取坏账准备，经主管会计审核无误后编制记账凭证。

【业务指导】

◈ 企业对坏账损失的核算，采用备抵法。在备抵法下，企业应设置“坏账准备”会计

科目，用以核算企业提取的坏账准备。

◈ 计提坏账准备的方法由企业自行确定。企业应当列出目录，具体注明计提坏账准备的范围、提取方法、账龄的划分和提取比例。

◈ 具体来说坏账准备的计提方法有 4 种，即余额百分比法、账龄分析法、销货百分比法和个别认定法，该企业采用余额百分比法计提坏账准备。

◈ 企业在提取坏账准备时，应借记“资产减值损失——计提坏账准备”账户，贷记“坏账准备”账户。如本期应计提的坏账准备金额大于坏账准备账面余额的，应当按其差额计提，借记“资产减值损失——计提坏账准备”账户，贷记“坏账准备”账户；如应提取的坏账准备金额小于“坏账准备”账面余额的，应按其差额做相反的会计分录，借记“坏账准备”账户，贷记“资产减值损失——计提坏账准备”账户。

五、财务成果业务

1．业务 79：将损益类账户余额转入本年利润

【情境模拟】

年底，成本核算员李文秀根据 12 月损益类账户余额编制“损益类账户结转表”送交制单会计张丽环。审核无误后，张丽环根据“损益类账户结转表”编制了记账凭证。

【业务指导】

◈ 本年利润的结转方法分为表结法和账结法，国内一些财务系统多采用账结法。

◈ 表结法下，各损益类账户每月月末只需结计出本月发生额和月末累计余额，不结转到“本年利润”账户，只有在年末时才将全年累计余额转入“本年利润”账户。

◈ 账结法下，每月月末均需编制转账凭证，将在账上结计出的各损益类账户的余额转入“本年利润”科目。结转后“本年利润”科目的本月合计数反映当月实现的利润或发生的亏损，“本年利润”科目的本年累计数反映本年累计实现的利润或发生的亏损。

2．业务 80：计算并结转所得税费用

【情境模拟】

年底，税务员冯洁填制企业所得税计算表，计算全年所得税费用，同时编制“损益类账户结转表”，送交制单会计张丽环。张丽环审核无误后，根据“损益类账户结转表”编制记账凭证，将“所得税费用”账户余额转入“本年利润”账户。

【业务指导】

◈ 企业所得税分月或者分季预缴。

◈ 企业自月份或者季度终了之日起 15 日内，无论盈利或亏损，都应向税务机关报送预缴企业所得税纳税申报表，预缴税款。

◈ 企业应当自年度终了之日起 5 个月内，向税务机关报送年度企业所得税纳税申报表，并汇算清缴，结清应缴应退税款。

◈ 企业在报送企业所得税纳税申报表时，应当按照规定附送财务会计报告和其他有关

资料。

3．业务81：将“本年利润”账户余额转入“利润分配——未分配利润”账户

【情境模拟】

年底，成本核算员李文秀编制“内部转账单”，将“本年利润”账户余额转入“利润分配——未分配利润”账户，送交制单会计张丽环。张丽环审核无误后，根据“内部转账单”编制了记账凭证。

【业务指导】

◈ “利润分配——未分配利润”账户核算企业年度终了时的累计未分配利润或累计未弥补亏损。

4．业务82：利润分配

【情境模拟】

年底，昊天陶瓷公司召开了股东会会议，经全体股东会成员同意，按净利润的10%提取法定盈余公积，按可供投资者分配利润的10%发放现金股利。成本核算员李文秀根据股东会决议编制了“提取盈余公积金计算表”“应付利润计算表”送交张丽环，张丽环审核无误后编制了记账凭证。

【业务指导】

◈ 法定盈余公积的计提基数为净利润。

◈ 现金股利发放的基数为可供投资者分配利润。

◈ 可供分配利润=当年实现的净利润+年初未分配利润（或减年初未弥补亏损）+其他转入。可供分配的利润，按下列顺序分配。

（1）提取法定盈余公积。

（2）提取任意盈余公积。

（3）向投资者分配利润。

经过上述分配后：期末未分配利润=可供分配利润-提取的盈余公积-向投资者分配的利润。

5．业务83：结转利润分配有关明细账户余额

【情境模拟】

利润分配后，成本核算员李文秀编制“内部转账单”，以结转利润分配有关明细账户余额。制单会计张丽环审核无误后编制了记账凭证。

【业务指导】

◈ “利润分配”的明细科目包括“提取法定盈余公积”“提取任意盈余公积”“应付现金股利”“转作股本的股利”“盈余公积补亏”和“未分配利润”等。年末时，需将除“未分配利润”外所有明细科目的余额转入“未分配利润”明细科目，结转后其他明细科目无余额。

模块四　成本核算岗经济业务处理

业务描述：

成本核算岗会计人员完成原始凭证的计算、填制和审核，以及记账凭证的编制工作。

一、结转发出原材料、辅助材料成本

业务69：结转发出原材料、辅助材料成本（包括销售材料）

【情境模拟】

又到月底了，仓库送来了本月全部的领料单，李文秀对发出的材料进行汇总，编制“主要材料、辅助材料发料汇总表”，根据企业一贯的会计政策，采用全月一次加权平均法计算发出材料的单位成本。

【业务指导】

◈ 发出材料的成本采用全月一次加权平均法计算。

◈ 为了更加准确，计算单位成本时保留4位小数。

二、归集计算辅助生产成本

业务72：12月31日，归集计算辅助生产成本

【情境模拟】

今天，李文秀收到了辅助生产车间送来的“辅助生产车间劳务量分配表”，可以计算归集辅助生产成本了。李文秀把辅助生产车间本月发生的所有办公费、水电费、职工薪酬、折旧费等汇总在“辅助生产成本计算表”上，然后在两个基本生产车间之间进行分配，并编制记账凭证，将辅助生产成本转入制造费用。

【业务指导】

◈ 辅助生产成本应该包括辅助生产车间所发生的所有支出，包括办公费、水电费、折旧费等。

◈ 辅助生产成本的分配方法有多种，本实训体系中，按照辅助生产车间为基本生产车间提供的工时比例分配。

◈ 分配率保留4位小数。

三、结转制造费用

业务73：归集计算各车间本月发生的制造费用，将制造费用转入基本生产成本

【情境模拟】

在将辅助生产成本转入制造费用后，李文秀分别汇总一车间和二车间所发生的所有间接费用，包括办公费、折旧费、水电费、职工薪酬及机修费等。然后，将归集计算出的各车间

制造费用按照瓷球、瓷砖的产量在两种产品之间进行分配。

【业务指导】

◈ 分配率保留 4 位小数。

四、计算完工产品成本

业务 74：计算并结转各车间完工产品成本

【情境模拟】

现在，李文秀即将要计算出本月产品单位成本了。她首先分别归集一车间瓷球、瓷砖所发生的成本，将完工产品的成本转入二车间。在计算二车间完工产品成本时，她首先将二车间领用的包装材料计入产品成本，然后，计算出完工产品的成本。

【业务指导】

◈ 完工产品成本的计算步骤如下。

（1）分别归集计算一车间瓷球、瓷砖的完工产品成本，包括直接材料、直接人工、燃料和动力、制造费用。

（2）将二车间领用包装物的成本计入基本生产成本。

（3）分别计算结转二车间完工产品瓷球、瓷砖的成本。

◈ 材料在生产时一次性投入，所以生产成本在完工产品和在产品之间分配时，在产品的直接材料约当产量按100%计算；而直接人工、燃烧和动力、制造费用则按 50%的完工程度计算。

模块五　税务核算岗经济业务处理

业务描述：

税务会计计算企业应该交纳的各种税，进行纳税申报，编制纳税申报表并与税务部门联系。

一、计算税金

1. 业务 76：计算本月应交增值税及附加税、印花税，并进行结转

【情境模拟】

12 月 31 日，税务会计冯洁开始了月底繁忙的工作。首先，她进入报税系统进行抄税，打印出“认证结果通知书”，确定本月的增值税进项税额没有问题，全部可以抵扣。接着，她又在报税系统中打印出“专用发票汇总表”，确认本期的销项税额也没有问题。最后，她计算本月应该交纳的增值税税额并编制记账凭证。在计算完本月应交的增值税以后，冯洁马不停

踊地计算附加税：城建税、教育费附加、地方教育费附加及水利建设基金。

【业务指导】

◈ 增值税进项税额能否抵扣，需要在增值税防伪税控系统中进行认证，只有认证通过的税票才有可能抵扣。

◈ 本期应纳增值税税额=本期销项税额合计-本期进项税额合计-上期留抵税额-本期减免额。

◈ 本单位只有增值税一种流转税，教育费附加根据增值税的 3%计算；地方教育费附加=本期应交增值税税额×2%；城建税=本期应交增值税税额×7%。

◈ 水利建设基金是专项用于水利建设的地方性政府基金。各地征收率不同，山东是按照当月流转税的 0.5%交纳。

◈ 印花税按照本期购销合同金额计算，严格来说，每笔购销业务都应该有购销合同，但为了增强学生的合同意识，本实训中只有部分购销有合同，印花税就按照这部分购销合同金额计算。

2．业务 77：计算本月应交房产税、车船税、土地使用税

【情境模拟】

税务会计冯洁准备报本月的税了，要报税，先得知道需要交纳哪些税，计算出应纳税额，做到心中有数。除上述业务 76 需要交纳的税以外，企业还需要交纳房产税、车船税、土地使用税，做出计提各种税的表格，冯洁开始计算。

【业务指导】

◈ 房产税是以房屋为征税对象，按房屋的计税余值或租金收入为计税依据，向产权所有人征收的一种财产税。本公司没有出租房屋，只按房屋的计税余值计算即可。

◈ 应纳房产税税额=房产原值×（1-30%）×1.2%，房产税实行按年计算、分期缴纳的征收方法，具体纳税期限由省、自治区、直辖市人民政府确定，如山东省规定每年 4 月和 10 月交纳房产税。

◈ 车船税是以车船为征税对象，向拥有车船的单位和个人征收的一种税。车船税实行定额税率。

◈ 现在车船税在办理保险时交纳，由保险公司代收。

◈ 房产税及城镇土地使用税是按年征收，分期缴纳。城镇土地使用税采用定额税率，即采用有幅度的差别税额，按大、中、小城市和县城、建制镇、工矿区分别规定每平方米城镇土地使用税年应纳税额。本公司所属淄博市张店区城镇土地使用税为每平方米 7 元。

◈ 月应纳城镇土地使用税税额=应税土地的实际占用面积×适用单位税额/12。

◈ 财产税虽然不是每个月交纳，但是为了均衡每月费用，需要每个月计提这些税金。

二、预缴所得税

业务 78：预缴 12 月份企业所得税

【情境模拟】

税务会计冯洁计算出本月应预交的企业所得税后，上报会计主管，并通知出纳员缴纳。

【业务指导】

◈ 根据《中华人民共和国企业所得税法实施条例》第一百二十八条规定：企业所得税分月或者分季预缴，由税务机关具体核定。

项目四 登记日记账、明细账、总账

学习目标：

能够根据所学知识，启用账簿，登记日记账、明细账、总账；会编制试算平衡表。

应完成的工作任务：

1. **根据审核无误的记账凭证正确地登记现金日记账和银行存款日记账。**
2. **根据审核无误的记账凭证正确地登记各种明细账。**
3. **编制科目汇总表。**
4. **根据科目汇总表登记总账。**

完成工作任务应提交的标志性成果：

登记完毕的日记账、明细账和总账；试算平衡的科目汇总表。

模块一 账簿启用及登记方法

业务描述：

启用账簿；登记账簿。首先确定需要哪些账簿；其次填写账簿封面及扉页内容；启用账簿，注意登记方。

一、了解账簿的启用规则

（1）为了保证账簿记录的合法性和会计资料的完整性，明确记账责任，在启用会计账簿时，应在账簿封面上写明单位名称和账簿的名称。

在账簿扉页上附有账簿使用登记表，该表的内容包括启用日期、账簿页数、记账人员和会计机构负责人、会计主管人员姓名，并加盖单位公章，如图 4-1 所示。

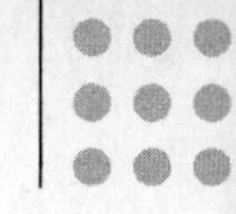

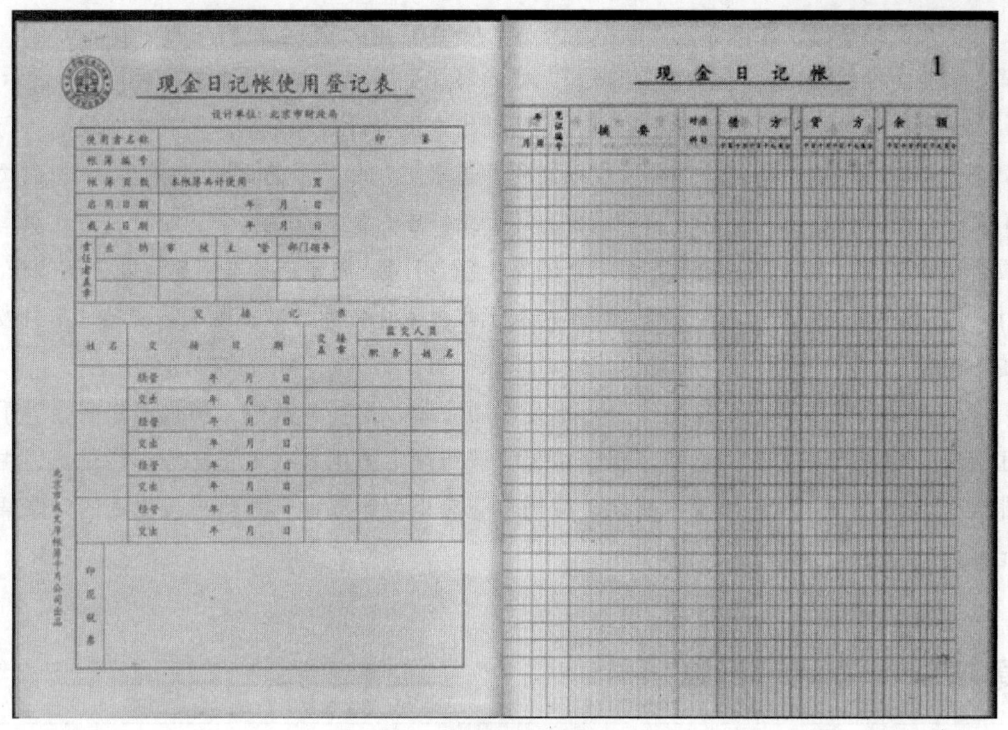

图 4-1　账簿使用登记表

记账人员或者会计机构负责人、会计主管人员调动工作时，应当填写“交接记录”以明确双方的经济责任。

（2）启用订本式账簿，应从第一页到最后一页顺序编写页数，不得跳页、缺号。使用活页式账页，应按账页顺序编号，并须定期装订成册。装订后再按实际使用的账页顺序编定页数，另加目录，记明每个账户的名称和页次。

二、了解账簿登记的要求

会计人员应当根据审核无误的会计凭证登记会计账簿。登记账簿的基本要求如下。

（1）登记会计账簿时，应当将会计凭证的日期、编号、业务内容摘要、金额和其他有关资料逐项记入账内；做到数字准确、摘要清楚、登记及时、字迹工整。

（2）登记完毕后，要在记账凭证上签名或者盖章，并注明已经登账的符号，表示已经记账。

（3）账簿中书写的文字和数字上面要留有适当空格，不要写满格；一般应占格距的二分之一。

（4）登记账簿要用蓝黑墨水或者碳素墨水书写，不得使用圆珠笔（银行的复写账簿除外）或者铅笔书写。

（5）可以用红色墨水记账的情况：按照红字冲账的记账凭证，冲销错误记录；在不设借贷等栏的多栏式账页中，登记减少数；在三栏式账户的余额栏前，如未印明余额方向的，在余额栏内登记负数余额；根据国家统一会计制度的规定可以用红字登记的其他会计记录。

（6）凡需要结出余额的账户，结出余额后，应当在“借或贷”栏内写明“借”或者“贷”字样。没有余额的账户，应当在“借或贷”栏内写“平”字，并在余额栏内用“Q”表示。

（7）每一账页登记完毕结转下页时，应当结出本页合计数和余额，写在本页最后一行和下页第一行有关栏内，并在“摘要”栏内注明“过次页”和“承前页”字样。对“过次页”的本页合计数如何计算，一般分 3 种情况：需要结计本月发生额的账户，结计“过次页”的本页合计数应为自本月月初起至本页末止的发生额合计数；需要结计本年累计发生额的账户，结计“过次页”的本页合计数应当为自年初起至本页末止的累计数；既不需要结计本月发生额也不需要结计本年累计发生额的账户，可以只将每页末的余额结转次页。

（8）如果会计账簿记录发生错误，不允许用涂改、挖补、刮擦、药水消除字迹等手段更正错误，也不允许重抄，而应当根据情况，按照规定采用划线更正法等进行更正；由于记账凭证错误而使账簿记录发生错误，应当首先更正记账凭证，然后再按更正的记账凭证登记账簿。

模块二 登记日记账

业务描述：

根据审核无误的记账凭证，找到与库存现金相关的会计分录，据以登记库存现金日记账；同样，再找到与银行存款相关的会计分录，据以登记银行存款日记账。

一、了解日记账的填写方法

（1）“日期”栏中填入的应为据以登记账簿的会计凭证上的日期，现金日记账和银行存款日记账一般依据记账凭证登记，因此，此处日期为编制该记账凭证的日期，不能填写原始凭证上记载的发生或完成该经济业务的日期，也不是实际登记该账簿的日期。

（2）“凭证字号”栏中应填入据以登账的会计凭证类型及编号。例如，企业采用通用凭证格式，根据记账凭证登记现金日记账和银行存款日记账时，填入“记×号”；企业采用专用凭证格式，根据收款凭证登记现金日记账和银行存款日记账时，填入“收×号”，或者根据更详细的分类，填入“现收×号”“银收×号”，根据付款凭证登记现金日记账和银行存款日记账时，填入“付×号”，或者根据更详细的分类，填入“现付×号”“银付×号”。

（3）“摘要”栏简要说明入账的经济业务的内容，力求简明扼要，但不能过于简略，应以能够清楚地表述业务内容为度，便于事后查对。

（4）“对应科目”栏应填入会计分录中“库存现金”科目的对应科目，用以反映库存现金增减变化的来龙去脉。在填写对应科目时，应注意以下 3 点。

① 对应科目只填总账科目，不需填明细科目。

② 当对应科目有多个时，应填入主要对应科目。如销售产品收到现金，则“库存现金”

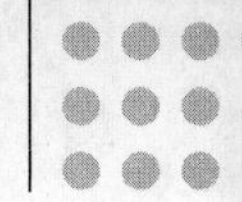

的对应科目有“主营业务收入”和“应交税费”，此时可在“对应科目”栏中填入“主营业务收入”，在“借方金额”栏中填入取得的现金总额，而不能将一笔现金增加业务拆分成两个对应科目金额填入两行。

③ 当对应科目有多个且不能从科目上划分出主次时，可在“对应科目”栏中填入其中金额较大的科目，并在其后加上“等”字。如用现金 800 元购买零星办公用品，其中 300 元由车间负担，500 元由行政管理部门负担，则在现金日记账“对应科目”栏中填入“管理费用”等，在“贷方金额”栏中填入支付的现金总额 800 元。

（5）“借方金额”栏、“贷方金额”栏应根据相关凭证中记录的“库存现金”科目的借贷方向及金额记入。

（6）“余额”栏应根据“本行余额=上行余额+本行借方-本行贷方”公式计算填入。正常情况下，库存现金、银行存款不允许出现贷方余额，因此，现金日记账余额栏前未印有借贷方向，其余额方向默认为借方。若在登记现金日记账的过程中，由于登账顺序等特殊原因出现了贷方余额，则在“余额”栏用红字登记，表示贷方余额。现金日记账和银行存款日记账必须逐日结出余额。

登记完毕后，应当逐项复核，复核无误后在记账凭证上的“账页”栏内标出“过账”符号“√”，表示已经登记入账。

（7）为了及时掌握库存现金和银行收、付、结余情况，日记账必须当日账务当日记录，并于当日结出余额。即每天在最后一笔业务下一行在摘要栏内写上“本日小计”，结出本日的发生额和余额；如果某日记账账页倒数第二行正好登完本日的最后一笔记录，则该账页最后一行应该写“过次页”，“本日合计”写在下一页“承前页”行之后。

（8）现金日记账和银行存款日记账必须连续登记，不得跳行、隔页，不得随便更换账页和撕去账页，作废的账页也应留在账簿中。如果发生跳行、隔页，应当将空行、空页划线注销，或者注明“此行空白”“此页空白”字样，并由记账人员签名或者盖章。

（9）摘要文字紧靠左线；数字要写在金额栏内，不得越格错位、参差不齐；文字、数字字体大小适中，紧靠下线书写，上面要留有适当空距，一般应占格宽的二分之一，以备按规定的方法改错。记录金额时，如为没有角分的整数，应分别在“角”“分”栏内写上“0”，不得省略不写，或以“—”号代替。阿拉伯数字一般可自左向右适当倾斜，以使账簿记录整齐、清晰。

二、登记库存现金日记账

以 2019 年 12 月昊天陶瓷公司财务部发生的现金收付业务为例，说明库存现金日记账的登记方法。

年初余额：5 000 元。

11 月月末余额：2 900 元。

【业务 10】12 月 5 日，采购部柴新新预借差旅费 2 000 元，支付现金。

【业务 12】12 月 7 日，提现 5 000 元备用。

【业务 23】12 月 16 日，以现金支付卫生清扫费 1 200 元。

【业务 24】12 月 17 日，销售部刘志伟报销汽车加油费 1 800 元，支付现金。

【业务 25】12 月 17 日，圆通快递送来一份文件，以现金支付快递费 15 元。

……

根据以上实际业务的原始凭证编制记账凭证，审核无误后，据以登记库存现金日记账，如图 4-2 所示。

库存现金日记账

2019年		凭证		摘要	借方（千百十万千百十元角分）	贷方（千百十万千百十元角分）	余额（千百十万千百十元角分）
月	日	种类	号数				
12	1			上月末余额			300000
	5	记	10	柴新新出差借款		20000	100000
	7	记	12	提现	500000		600000
	16	记	23	付卫生清扫费		12000	480000
	17	记	24	销售部报销加油费		18000	
	17	记	25	支付快递费		150	298500

图 4-2　库存现金日记账

三、登记银行存款日记账

银行存款日记账的登记方法与库存现金日记账的登记方法基本相同。需要注意的是，银行存款日记账应根据支票存根或其他银行结算票据逐笔登记，“种类”栏按银行结算种类填写；“号数”栏只填写支票的后 4 位数，如图 4-3 所示。

银行存款日记账（中国银行基本户）

2019年		凭证		摘要	借方（千百十万千百十元角分）	贷方（千百十万千百十元角分）	余额（千百十万千百十元角分）
月	日	种类	号数				
12	1			上月末余额			868384500
	1	转支	9870	销售瓷球	16240000		
	1	汇兑	8409	收回博信公司欠款	6000000		
	1	通知	5708	偿还借款本息		81200000	
				本日合计	22240000	81200000	809424500
	2	现支	9875	报销办公用品费		184440	809240060
	4	现支	9876	报销电话费		133204	809106856
	7	现支	9877	提现		500000	808606856
	7	转支	9871	支付运费		330000	808276856
	8	通知	4364	缴增值税		11200000	
	8	通知	4365	缴地方税		1300000	
	8	通知	4366	代缴个人所得税		16790	
				本日合计		12516790	795776856
	9	转支	9872	支付展览费		795000	794965066
	14	现支	9878	发放工资		12589910	782375156
	18	转支	9873	缴纳住房公积金		3196000	
	18	通知	4382	缴纳社保费		6791500	772387656
	19	转支	9874	向福利院捐赠		5000000	767387656
				过次页	22240000	1232368444	767387656

图 4-3　银行存款日记账

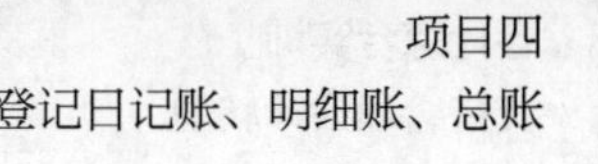

模块三　登记明细账

业务描述：

根据审核无误的记账凭证，找到与各个明细科目相关的会计分录，据以登记各种明细账簿。

一、了解明细账簿的登记方法

明细账是按照二级或明细科目设置的账簿，一般采用活页式账簿。各单位应结合自己的经济业务的特点和经营管理的要求，在总分类账的基础上设置若干明细分类账，用于分类登记某一类经济业务事项，作为总分类账的补充，提供有关明细核算资料。明细分类账按账页格式的不同可分为三栏式、数量金额式和多栏式。

明细账的登记方法通常有 3 种：一是根据原始凭证直接登记明细账；二是根据汇总原始凭证登记明细账；三是根据记账凭证登记明细账。固定资产、债权、债务等明细账逐日逐笔登记；库存商品、原材料、产成品收发明细账及收入、费用明细账可以逐笔登记，也可以定期汇总登记。

各项债权债务明细账和重要财产物资明细账等，每次记账以后，都要随时结出余额，以及时了解各项债权债务和财产物资的余额变动情况。

二、登记三栏式明细账

下面，以 2019 年 12 月齐鲁陶瓷公司的“应收账款——淄博蓝天公司”为例，说明三栏式明细账的登记方法。

期初余额：400 000 元。

【业务 52】12 月 29 日，收到中国工商银行转来委托收款结算凭证收账通知，收到淄博蓝天公司前欠货款 40 万元。

根据以上实际业务的原始凭证编制记账凭证，审核无误后，据以登记明细账，如图 4-4 所示。

应收账款　明细账

应收账款科目 淄博蓝天

2019年		凭证		摘要	对方科目	借方	贷方	借或贷	余额
月	日	种类	号数			千百十万千百十元角分	千百十万千百十元角分		千百十万千百十元角分
12	1			期初余额				借	40000000
12	29	记	52	收到前欠货款	银行存款		4000000	平	0

图 4-4　三栏式明细账

三、登记数量金额式明细账

以“原材料——氧化铝粉”部分业务的登记为例，说明数量金额式明细账的登记方法。该公司存货以实际成本计价，所有材料的发出均采用先进先出法。

期初余额：800 000 元（数量 80 000 千克，单价 10 元/千克）。

【业务 1】12 月 1 日，上月月末采购的原材料氧化铝粉验收入库。

【业务 3】12 月 1 日，上月月末预付给郑州万科公司的货物和增值税专用发票均到达，将货物验收入库。

【业务 19】12 月 13 日，12 日购入的货物到达并验收入库，氧化铝粉 490 千克、铬粉 100 千克、锰粉 100 千克，氧化铝粉短缺由运输途中合理损耗导致。

【业务 30】12 月 19 日，从郑州万科有限公司采购氧化铝粉 5 000 千克，收到增值税专用发票，合同中规定现金折扣条件为（2/10，1/10，*n*/30），货物已验收入库。

根据以上实际业务的原始凭证编制记账凭证，审核无误后，据以登记明细账，如图 4-5 所示。

最高储量
最低储量
编号　　　　规格

原材料　　明细账

单位：千克　　　名称 ：氧化铝粉

2019年		凭证		摘要	对方科目	借方			贷方			借或贷	结存		
月	日	种类	号数			数量	单价	金额（千百十万千百十元角分）	数量	单价	金额（千百十万千百十元角分）		数量	单价	金额（千百十万千百十元角分）
12	1			期初余额									80000	10.00	80000000
12	1	记	1	上月采购入库	在途物资	20700	10.00	20700000					100700	10.00	100700000
12	1	记	3	上月预付款到货	预付账款	3000	10.00	3000000					103700	10.00	103700000
12	13	记	19	购材料入库	在途物资	490	18.3673	900000					103700 490	10.00 18.3673	104600000
12	19	记	30	购材料入库	应付账款	5000	12.00	6000000					103700 490 5000	10.00 18.3673 12.00	110600000
				……											

图 4-5　数量金额式明细账

四、登记多栏式明细账

（1）以“基本生产成本—— 一车间——瓷球”部分业务的登记为例，说明多栏式明细账的登记方法。

【业务 50】12 月 28 日，收到银行支付天然气费付款通知，支付天然气费，并在各产品间进行分配（各车间两种产品之间的天然气费按照产量比例分配）。

【业务 65】12 月 31 日，计提本月工资，并在各产品之间进行分配（各车间产品之间分配比例均为瓷球 65%、瓷砖 35%）。注明分配金额保留 2 位小数，尾差计入最后某项目。注意，账务处理时只核算工资，不核算五险一金及个税。企业概况中注明了发放工资时计提个人负担的五险一金及个人所得税（工资结算表、工资结算汇总表）。

【业务 66】12 月 31 日，计提企业本月应负担的五险一金，并在各产品之间进行分配（各

车间产品之间分配比例均为瓷球 65%、瓷砖 35%)(企业负担的五险一金计算表)。

【业务 69】12 月 31 日，根据“领料单”，编制“主要材料、辅助材料发料汇总表”，结转发出原材料、辅助材料成本(包括销售材料)。

【业务 73】12 月 31 日，归集计算各车间本月发生的制造费用，编制“制造费用计算表”，分配结转制造费用，将制造费用转入基本生产成本。

【业务 74】12 月 31 日，计算并结转各车间完工产品成本。将一车间完工产品成本转入二车间，二车间产品成本加入包装物成本后转入库存商品成本。

根据以上实际业务的原始凭证编制记账凭证，审核无误后，据以登记“基本生产成本——一车间——瓷球”明细账，如图 4-6 所示。

基本生产成本明细账

科目：基本生产成本——一车间—瓷球

2019年		凭证		摘要	对方科目	直接材料	直接人工	制造费用	燃料和动力	合计
月	日	种类	号数			千百十万千百十元角分	千百十万千百十元角分	千百十万千百十元角分	千百十万千百十元角分	千百十万千百十元角分
12	1			期初余额		600000	280000	430000	60000	1370000
12	28	记	50	分配天然气费用					115339140	115339140
12	28	记	65	分配工资	应付职工薪酬		1625000			1625000
12	31	记	66	计提五险一金	应付职工薪酬		674375			674375
12	31	记	69	结转发出材料成本	原材料	45601030				45601030
12	31	记	73	分配制造费用	制造费用			3988695		3988695
12	31			生产成本合计数		46201030	2579375	4418695	115399140	168598240
12	31	记	84	计算结转完工产品成本	基本生产成本	46029023	2574565	4410454	115183923	168197965
				月末在产品成本		172007	4810	8241	215217	400275

图 4-6　多栏式明细账

(2)“应交税费——应交增值税”账页的登记是借贷多栏式专用账页，比较特殊，在此特以部分业务的登记为例，说明其登记方法。

【业务 2】12 月 1 日，销售产成品瓷球到大连智慧公司，并开出增值税专用发票，款项已于上月月末收到。

【业务 3】12 月 1 日，上月月末预付款项给郑州万科公司的货物和增值税专用发票同时到达，将货物验收入库。

【业务 4】12 月 1 日，刘志伟销售一批瓷球给大连智慧公司，会计人员审核销售订单后开出增值税专用发票，并收到对方开来的转账支票。

【业务 5】12 月 1 日，刘志伟销售一批瓷砖 500 千克到上海琅邦公司，会计人员审核销售订单后开出增值税专用发票，收到对方开来的银行承兑汇票(单价 160 元)。

【业务 8】12 月 2 日，办公室赵阳报销办公用品费，金额 1 860.3 元，出纳开出中国银行现金支票支付款项，同时将办公费在各部门间分配。赵阳身份证号为 210108197211018123，支票密码为 1298-3456-4567-8954。

……

【业务 71】12 月 31 日，年末盘点存货，发现短缺氧化铝粉 1 000 千克，价值 10 234.94 元(不含税价)，因无法查明原因，由保管员陈亚群赔偿 10%，其余计入管理费用。

【业务 76】12 月 31 日，计算本月应交增值税、城建税、教育费附加、地方教育费附加，

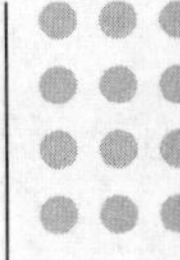

并将应交增值税转入未交增值税。

根据以上实际业务的原始凭证编制记账凭证，审核无误后，据以登记“应交税费——应交增值税”明细账，如图 4-7 所示。

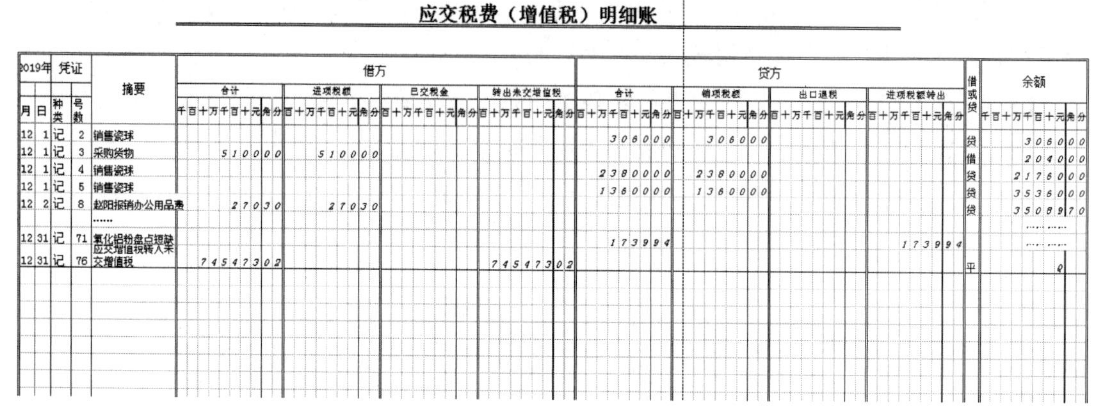

应交税费（增值税）明细账

2019年 月	日	凭证 种类	号数	摘要	借方 合计	借方 进项税额	借方 已交税金	借方 转出未交增值税	贷方 合计	贷方 销项税额	贷方 出口退税	贷方 进项税额转出	借或贷	余额
12	1	记	2	销售瓷球					3060.00	3060.00			贷	3060.00
12	1	记	3	采购货物	5100.00	5100.00							借	2040.00
12	1	记	4	销售瓷球					23800.00	23800.00			贷	21760.00
12	1	记	5	销售瓷球					13600.00	13600.00			贷	35360.00
12	2	记	8	赵阳报销办公用品费	270.30	270.30							贷	35089.70
				……										……
12	31	记	71	氧化铝粉盘点短缺					1739.94			1739.94		……
12	31	记	76	应交增值税转入未交增值税	745473.02			745473.02					平	0

图 4-7 “应交税费——应交增值税”明细账

模块四 登记总账

业务描述：

首先根据审核无误的记账凭证，编制科目汇总表；再根据科目汇总表，进行总账登记。

一、了解总账的登记方法

一般来说，总账要按照单位所采用的会计核算形式及时记账。采用记账凭证核算形式的单位，直接根据记账凭证定期（3 天、5 天或 10 天）登记。在这种核算形式下，应当尽可能地根据原始凭证编制原始凭证汇总表，根据原始凭证汇总表和原始凭证填制记账凭证，根据记账凭证登记总账；采用科目汇总表核算形式的单位，可以根据定期汇总编制的科目汇总表随时登记总账；采用汇总记账凭证核算形式的单位，可以根据汇总收款凭证、汇总付款凭证和汇总转账凭证的合计数，月终时一次登记总账。各单位具体采用哪一种会计核算形式，每隔几天登记一次总账，可以由本单位根据实际情况自行确定。

二、编制科目汇总表

科目汇总表会计核算形式就是将记账凭证定期汇总，根据科目汇总表登记总分类账。科目汇总表汇总的时间不宜过长，业务量多的单位可每天汇总一次，一般间隔期为 5～10 天，以便对发生额进行试算平衡，及时了解资金运动情况。

依据科目汇总表登记总账，大大减少了登记总账的工作量；科目汇总表本身能对所编制的记账凭证起到试算平衡作用。但由于科目汇总表本身只反映各科目的借、贷方发生额，根据其登记的总账，便不能反映各账户之间的对应关系，一般适用于规模较大、经济业务量较多的大、中型企业。

编制科目汇总表时，首先要将汇总期内各项经济业务所涉及的会计科目填制在“会计科目”栏（为了便于登记总分类账，会计科目的排列顺序与总分类账上的顺序一致）；然后，根据汇总期内的全部记账凭证，按会计科目分别加总借方发生额和贷方发生额，并将其填列在相应会计科目的“借方金额”和“贷方金额”栏；最后，将汇总完毕的所有会计科目的贷方发生额和借方发生额汇总，进行发生额的试算平衡。

三、登记总账

总分类账是按每一个总分类科目开设账页，进行分类登记的账簿，它能总括地反映各会计要素具体内容的增减变动和变动结果，编制会计报表就是以这些分类账所提供的资料为依据的。它一般采用三栏式账页格式。

下面以“库存现金”科目为例，说明总分类账的登记方法。

根据审核无误的记账凭证，库存现金本月科目汇总的结果如下。

借方发生额：7 393.13；贷方发生额：5 058.13

根据科目汇总表，登记总分类账的库存现金账页如图 4-8 所示。

库存现金　总账

2019年		凭证		摘要	对方科目	借方										贷方										借或贷	余额									
月	日	字	号			千	百	十	万	千	百	十	元	角	分	千	百	十	万	千	百	十	元	角	分		千	百	十	万	千	百	十	元	角	分
12	1			期初余额																						借					3	0	0	0	0	0
12	31	汇	1	1-31日发生额						7	3	9	3	1	3					5	0	5	8	1	3	借					5	3	3	5	0	0

图 4-8　总账

项目五 期末对账与结账

学习目标：

能够根据所学知识，进行期末对账与结账。

应完成的工作任务：

进行期末对账与结账工作。

完成工作任务应提交的标志性成果：

结账完毕的日记账、明细账和总账。

业务场景：

期末对账并结账。首先，结出每个账户的期末余额（有的还要结出当月发生额）；其次，进行账账核对、账证核对；最后，对每个账户进行结账处理。

模块一 了解对账的方法

业务描述：

财会部门应当定期对会计账簿记录的有关数字与库存实物、货币资金、有价证券、往来单位或者个人等进行相互核对，保证账证相符、账账相符、账实相符。对账工作每年至少进行一次。

一、账证核对

核对会计账簿的记录与原始凭证、记账凭证的时间、凭证字号、内容、金额是否一致，记账方向是否相符。

二、账账核对

核对不同会计账簿之间的账簿记录是否相符，包括总账有关账户的余额核对，总账与明细账核对，总账与日记账核对，会计部门的财产物资明细账与财产物资保管和使用部门的有关明细账核对等。

三、账实核对

核对会计账簿的记录与财产等实有数额是否相符，包括现金日记账账面余额与现金实际库存数相核对；银行存款日记账账面余额定期与银行对账单相核对；各种财物明细账账面余额与财物实存数额相核对；各种应收、应付款明细账账面余额与有关债务、债权单位或者个人核对等。

模块二　了解结账的方法

业务描述：

财会部门应当按照规定定期结账。结账前，必须将本期内所发生的各项经济业务全部登记入账。

一、结账时，应当结出每个账户的期末余额

需要结出当月发生额的，应当在“摘要”栏内注明“本月合计”字样，并在上面和下面通栏划单红线。需要结出本年累计发生额的，应当在“摘要”栏内注明“本年累计”字样，并在下面通栏划单红线；12 月月末的“本年累计”就是全年累计发生额，全年累计发生额下面应当通栏划双红线。年度终了结账时，所有总账账户都应当结出全年发生额和年末余额。

二、年度终了的结账方法

年度终了，要把各账户的余额结转到下一会计年度，并在“摘要”栏中注明“结转下年”字样；在下一会计年度新建有关会计账簿的第一行“余额”栏内填写上年结转的余额，并在“摘要”栏中注明“上年结转”字样。

（1）对于不需要按月结计本期发生额的账户（如各项应收款明细账和各项财产物资明细账等），每次记账以后，都要随时结出余额，每月最后一笔余额即为月末余额。也就是说，月末余额就是本月最后一笔经济业务记录的同一行内的余额。月末结账时，只需要在最后一笔经济业务记录之下划一单红线，不需要再结计一次余额。

（2）现金、银行存款日记账和需要按月结计发生额及结计本年累计发生额的收入、费用、成本等明细账，每月结账时，要在最后一笔经济业务记录下面划一单红线，结出本月发生额和余额，在“摘要”栏内注明“本月合计”字样，在下面再划一单红线。除 1 月外，其他月份应在“本月合计”行下结计自年初起至本月月末止的累计发生额，登记在月份发生额下面，在“摘要”栏内注明“本年累计”字样，并在下面再划一单红线。12 月月末的“本年累计”就是全年累计发生额，并在全年累计发生额下划双红线。

（3）总账账户平时只需结计月末余额。年终结账时，为了反映全年各项资产、负债及所有者权益增减变动的全貌，便于核对账目，要将所有总账账户结计全年发生额和年末余额，在“摘要”栏内注明“本年合计”字样，并在合计数下划一双红线。

下面分别以库存现金日记账、应收账款明细账及库存现金总账为例说明各种账簿的结账方法，如图 5-1～图 5-3 所示。

库存现金　日记账　　第 1页

2019年		凭证		摘要	对方科目	借方	贷方	借或贷	余额
月	日	种类	号数			千百十万千百十元角分	千百十万千百十元角分		千百十万千百十元角分
12	1			期初余额				借	300000
12	5	记	10	采购部柴新新预借差旅费	其他应收款		200000	借	100000
				本日小计			200000	借	100000
12	7	记	12	提现备用	银行存款	500000		借	600000
				本日小计		500000		借	600000
12	16	记	23	支付卫生清扫费	管理费用		120000	借	480000
				本日小计			120000	借	480000
12	17	记	24	销售部刘志伟报销汽车油费	销售费用		180000		
12	17	记	25	以现金支付快递费	管理费用		1500	借	298500
				……					
				本月合计		739313	505813	借	533500
				本年累计		33239313	33205813	借	533500
				结转下年					

图 5-1　库存现金日记账结账图

应收账款　明细账

应收账款科目 淄博蓝天

2019年		凭证		摘要	对方科目	借方	贷方	借或贷	余额
月	日	种类	号数			千百十万千百十元角分	千百十万千百十元角分		千百十万千百十元角分
12	1			期初余额				借	40000000
12	29	记	52	收到前欠货款	银行存款		4000000	平	0

图 5-2　应收账款明细账结账图

库存现金　总账

2019年		凭证		摘要	对方科目	借方	贷方	借或贷	余额
月	日	字	号			千百十万千百十元角分	千百十万千百十元角分		千百十万千百十元角分
12	1			期初余额				借	290000
12	31	汇	1	1-31日发生额		739313	505813	借	533500
				本年合计		33239313	33205813	借	533500
				结转下年					

图 5-3　库存现金总账结账图

项目六 会计报表与纳税申报表的编制

学习目标：

1. 会编制会计报表。
2. 会编制纳税申报表并报税。

应完成的工作任务：

1. 全年利润表。
2. 资产负债表。
3. 应交增值税申报表主表及其附表。
4. 城市维护建设税申报表。
5. 教育费附加纳税申报表。
6. 地方教育附加税（费）申报表。
7. 印花税纳税申报表。
8. 车船税纳税申报表。
9. 企业所得税纳税申报表。
10. 房产税纳税申报表。
11. 土地使用税纳税申报表。

完成工作任务应提交的标志性成果：

1. 各种报表。
2. 各种申报表。

模块一 编制会计报表

业务描述：

本模块由总账及报表会计蔡祝明完成。根据本月总账的损益类账户发生额分析填制利润表的本月数，然后编制资产负债表。

【情境模拟】

会计主管蔡祝明兼任总账及报表会计，在将总账结账后，根据总账各账户的发生额登记利润表的本月数及本年累计数；在将利润表编制完后，再编制月末的资产负债表。

【业务指导】

◈ 一般先编制利润表，后编制资产负债表。根据利润表的“净利润”项目才能够填制资产负债表中的“未分配利润”项目。

◈ 资产负债表中的年初余额根据表 2-2 的年初余额填制。

◈ 现金流量表一般编制的是年报，本实训中未给出相关资料，故不编制。

模块二 编制纳税申报表

业务描述：

本模块由单位的税务会计完成。税务会计需要根据业务，计算需要交纳的各种税，在下个月 15 日前，完成纳税申报表的编制并报税。税务岗本月的经济业务包括以下内容：计算本月应该交纳的增值税并结转未交增值税；依据应交增值税计算附加税——城建税、教育费附加、地方教育费附加、水利建设基金；根据本月的合同计算并申报应交的印花税；计算并申报房产税、车船税、土地使用税。

一、有关项目的填列

（一）增值税纳税申报表

本实训中，增值税纳税申报表包括一张主表和两张附表。企业工作人员在填写完附表后，主表会自动生成。

1．增值税纳税申报表主表

【情境模拟】

税务会计冯洁准备报税了。她仔细查看报表，把增值税专用发票和会计报表拿过来，一一核对，先在空白申报表上填列。

【业务指导】

◈ 栏目 1、栏目 2 按适用税率对销售额及应税货物销售额进行计税：根据利润表中的

"营业收入"填列。

◈ 栏目 11 销项税额：汇总本月增值税专用发票的销项税，也可根据"应交税费——应交增值税"账户的销项税额专栏金额填列。

◈ 栏目 12 进项税额：本项目可根据"应交税费——应交增值税"账户的进项税额专栏金额，加上进项税额转出金额填列。

2．增值税纳税申报表附表

【情境模拟】

税务会计冯洁先填附表（一），这个表虽然很大，但是本公司业务较单一，只需要填列一行数据就可以了，非常简单。

填完附表（一）后，填写附表（二）本期进项税额明细，这个表比销项税额明细填写的数字要多些。

【业务指导】

◈ 附表（一）第一行第一栏根据利润表中的"营业收入"填列。

◈ 附表（一）第一行第二栏与主表栏目 11 相同。

◈ 附表（二）第一栏的税额也是进项税额需要加上进项税额转出的金额。

◈ 附表（二）8b 栏的税额，在本书中是指飞机票可以抵扣的进项税额。

◈ 附表（二）16 栏，指盘亏的材料不能抵扣进项税额部分。

（二）企业所得税月预缴纳税申报表

企业可以按季度，也可以按月度预缴所得税。本实训中，只有一个月的业务，故本模拟企业按月预缴，不考虑 10 月、11 月的所得税。

【情境模拟】

税务会计冯洁找出 12 月的利润表，对应填写所得税申报表的本期金额。

【业务指导】

◈ 申报表中的营业收入、营业成本及利润总额按照 12 月利润表中的金额填列。

（三）城建税、教育费附加、地方教育附加税（费）申报表

本申报表中的税费均按照档期应该交纳的增值税计算。

【情境模拟】

税务会计冯洁根据前面的增值税申报表中本期应纳增值税税额填入表格中，再将相应的税率填入，即可得出本期应纳这些税的金额。

【业务指导】

◈ 城建税、教育费附加、地方教育费附加、水利建设基金的税率分别为 7%、3%、2%、0.5%。

◈ 应纳城建税=应纳增值税税额×7%。

（四）房产税纳税申报表

房产税按季度缴纳，本期为年底，应该缴纳第四季度房产税。

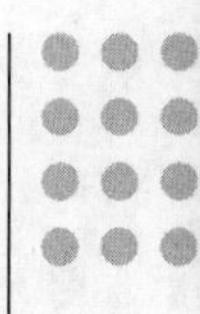

【情境模拟】

税务会计冯洁找出房产税计算表，照着数字填入纳税申报表。

【业务指导】

◈ 房产税按照房产原值的 70%计征，税率为 1.2%。

◈ 本期应纳税额指的是季度应纳税额。

◈ 本期应补（退）税额是 12 月应该缴纳的金额。

（五）印花税纳税申报表

【情境模拟】

税务会计冯洁根据本月订立的合同，包括购买合同、销售合同、借款合同，将其金额加总计算填制印花税纳税申报表。

【业务指导】

印花税的征税范围为各种合同。本书只附有一部分购销合同，但严格来说，应该所有的购销都有合同。

如果购销合同中只有购销价款，不含增值税，则印花税按不含税金额计算。如果购销合同中的金额为含税额，则印花税按含税额计算。

购销合同按购销金额 0.3‰计算，借款合同按借款金额 0.05‰计算。

（六）城镇土地使用税纳税申报表

城镇土地使用税按年征收、分期缴纳。本公司适用税率为每平方米 7 元。

【情境模拟】

冯洁找出城镇土地使用税计算表，在纳税申报表中填入土地总面积及税额标准，计算出本期应纳税额。

【业务指导】

◈ 本期应纳税额指的是季度应纳税额。

二、报税

【情境模拟】

冯洁在将所有的税计算完并进行账务处理后，按照规定，需要报税了。她首先确定企业本月应该上报的税有增值税、城建税、教育费附加、地方教育费附加、水利建设基金、印花税、房产税、土地使用税、企业所得税、个人所得税，然后按照以下步骤进行操作。

（一）填写申报表

（1）打开税务局报税系统，输入纳税识别号和密码，单击“登录”按钮。

（2）进入办税大厅，会看到左侧方有一行显示：认证信息查询——增值税专用发票，单击认证结果通知书查询打印，打印出认证结果。

（3）在发票资料里查询并打印出专用发票汇总表、正数发票清单、负数发票清单及废票

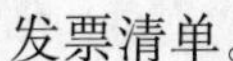

发票清单。

（4）在税务局报税系统中，单击最左边的“2005 版财务报表”。

（5）填写利润表和资产负债表，确认无误后单击“申报”。

（6）单击最左边的“一般纳税人申报”。

（7）依次填写下列申报表，其中（1）、（2）、（3）各企业必须填写，其他表格选择填写。

①《增值税纳税申报表（一般纳税人适用）》。

②《增值税纳税申报表附列资料（一）》（本期销售情况明细）。

③《增值税纳税申报表附列资料（二）》（本期进项税额明细）。

（8）进入国家税务总局网上办税服务台。

输入企业的税号、密码进入，然后单击“申报征收”，填写里面的印花税申报、通用申报、城市维护建设税申报、教育费附加申报、个人所得税申报，季度填写企业所得税申报等。

（二）正式申报

利用“正式申报”功能将已填写并保存过的申报表正式申报到地税征管系统。申报表正式申报成功后，不能再进行填写和修改。未正式申报或正式申报失败的申报表，其包含的税种按未申报对待。

（三）网上划款

利用“网上划款”功能对正式申报的申报表进行开票，开票成功后，税务局会根据开票信息进行划款，纳税人可在一日后通过“网上划款”功能实缴查询获取地税扣款信息。

（四）申报查询、划款查询

正式申报及网上划款结束后应利用“申报查询”“划款查询”功能进行申报查询、划款查询，确保需要申报的申报表都已经申报、划款成功。

（五）打印申报表和完税证明

正式申报成功后，可以通过“申报查询”功能打印出申报表（纸张为 A4 纸）。扣款成功后，可以到开户银行打印完税凭证。

【业务指导】

◈ 先抄税后报税。抄税就是把销项资料信息自动写在金税卡上，然后打印出销项发票清单及汇总表。

◈ 报税在每个月月初 1～15 日申报，网上申报后，还要去税务机关交纸制的申报表及附列资料；但是并不一定每月都去，一般一个季度去交一次就行。

◈ 需要报送的纸质材料如下。

（1）所有的税务机关审核通过的纳税申报表。

（2）资产负债表、利润表、现金流量表。

◈ 所有的报表需加盖公司公章。

项目七 会计档案

学习目标：

1. 能够区分不同类别的会计档案及其保管期限。
2. 能够熟练装订会计档案、整理会计档案。
3. 能够妥善保管会计档案。

应完成的工作任务：

1. 将实训形成的会计档案进行分类。
2. 分类装订实训形成的会计档案。
3. 对会计档案进行立卷整理。
4. 办理会计档案的移交、借阅、销毁手续。

完成工作任务应提交的标志性成果：

1. 装订完成的会计凭证。
2. 装订完成的会计账簿。
3. 装订完成的会计报表。
4. 填制完整的会计档案移交清册。
5. 填制完整的会计档案借阅簿。
6. 填制完整的会计档案销毁清册。

业务场景：

实习生马明月在熟悉了期初建账、编制记账凭证、登记账簿、期末对账与结账、编制会计报表、纳税申报等工作后，现在跟随会计档案管理员学习会计档案的管理工作。通过认真学习《会计档案管理办法》，马明月对会计档案的内容和保管期限有了一定的了解。在实际工作中，会计档案管理员向马明月逐一讲解了会计档案的装订要求及保管要求，并耐心指导她装订会计档案、整理立卷会计档案、移交会计档案、保管会计档案、借阅会计档案及销毁会计档案。

模块一 了解会计档案

业务描述：

对当月形成的会计档案进行分类，以小组为单位说明每类会计档案的保管期限。

一、会计档案的内容

会计档案的内容一般指会计凭证、会计账簿、会计报表及其他会计核算资料 4 个部分。

（1）会计凭证。会计凭证是记录经济业务、明确经济责任的书面证明。它包括自制原始凭证、外来原始凭证、原始凭证汇总表、记账凭证（收款凭证、付款凭证、转账凭证 3 种）、记账凭证汇总表、银行存款（借款）对账单、银行存款余额调节表等内容。

（2）会计账簿。会计账簿是由一定格式、相互联结的账页组成，以会计凭证为依据，全面、连续、系统地记录各项经济业务的簿籍。它包括按会计科目设置的总分类账、各类明细分类账、现金日记账、银行存款日记账及辅助登记备查簿等。

（3）会计报表。会计报表是反映企业财务状况和经营成果的总结性书面文件，主要有主要财务指标快报，月、季度会计报表，年度会计报表，包括资产负债表、利润表、财务情况说明书等。

（4）其他会计核算资料。其他会计核算资料属于经济业务范畴，是与会计核算、会计监督紧密相关，由会计部门负责办理的有关数据资料，如经济合同、财务数据统计资料、财务清查汇总资料、核定资金定额的数据资料、会计档案移交清册、会计档案保管清册、会计档案销毁清册等。实行会计电算化的单位存贮在磁性介质上的会计数据、程序文件及其他会计核算资料均应视同会计档案一并管理。

二、会计档案的保管期限

会计档案的重要程度不同，其保管期限也有所不同。会计档案的保管期限，根据其特点，分为永久、定期两类。永久档案即长期保管，不可以销毁的档案；定期档案根据保管期限分为 3 年、5 年、10 年、15 年、25 年 5 种。会计档案的保管期限，从会计年度终了后的第一天算起。

（一）会计凭证类

（1）原始凭证的保管期限为 15 年。

（2）记账凭证的保管期限为 15 年。

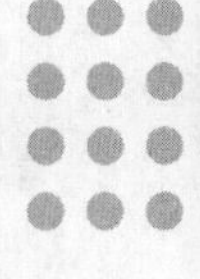

（3）汇总凭证的保管期限为 15 年。

（二）会计账簿类

（1）总账的保管期限为 15 年。

（2）明细账的保管期限为 15 年。

（3）日记账的保管期限为 15 年（其中现金和银行存款日记账为 25 年）。

（4）固定资产卡片（报废清理后保管 5 年）。

（5）辅助账簿的保管期限为 15 年。

（三）财务报告类

（1）月、季度财务会计报告的保管期限为 3 年。

（2）年度财务会计报告（决算）的保管期限为永久。

（四）其他类

（1）会计移交清册的保管期限为 15 年。

（2）会计档案保管清册的保管期限为永久。

（3）会计档案销毁清册的保管期限为永久。

（4）银行余额调节表的保管期限为 5 年。

（5）银行对账单的保管期限为 5 年。

模块二 会计档案管理

业务描述：

熟练装订会计档案、整理会计档案，能够妥善保管会计档案。

（1）12 月月底，会计档案管理员将本月会计凭证进行统一装订。

（2）会计凭证装订完成之后，会计档案管理员将已结账的、不跨年使用的会计账簿整理立卷，进行装订。

（3）12 月月底，会计档案管理员将留存报表进行装订。

一、会计档案的装订

会计档案的装订主要包括会计凭证、会计账簿、会计报表及其他文字资料的装订。

（一）会计凭证的装订

会计凭证一般每月装订一次，装订好的凭证按年分月妥善保管归档。

1．会计凭证装订前的准备工作

（1）分类整理，按顺序排列，检查日数、编号是否齐全。

（2）按凭证汇总日期归集（如按上、中、下旬汇总归集）确定装订成册的本数。

（3）摘除凭证内的金属物（如订书针、大头针、回形针），对大的张页或附件要折叠成同记账凭证大小，且要避开装订线，以便翻阅保持数字完整。

（4）整理检查凭证顺序号，如有颠倒要重新排列，发现缺号要查明原因。再检查附件有否漏缺，领料单、入库单、工资单、奖金发放单是否随附齐全。

（5）检查记账凭证上有关人员（如财务主管、复核、记账、制单等）的印章是否齐全。

2．会计凭证装订时的要求

（1）用三针引线法装订，装订凭证应使用棉线，在左上角部位打上三个针眼，实行三眼一线打结，结扣应是活的，并放在凭证封皮的里面，装订时尽可能缩小所占部位，使记账凭证及其附件保持尽可能大的显露面，以便于事后查阅。

（2）凭证外面要加封面，封面纸用质量好的牛皮纸印制，封面规格略大于所附记账凭证。

（3）装订凭证厚度一般 1.5 厘米，方可保证装订牢固、美观大方。

3．会计凭证装订后的注意事项

（1）每本封面上填写好凭证种类、起止号码、凭证张数、会计主管人员和装订人员签章。

（2）在封面上编好卷号，按编号顺序入柜，并要在显露处标明凭证种类编号，以便于调阅。

（二）会计账簿的装订

各种会计账簿年度结账后，除跨年使用的账簿外，其他账簿应按时整理立卷，基本要求如下。

（1）账簿装订前，首先按账簿启用表的使用页数核对各个账户是否相符、账页数是否齐全、序号排列是否连续；然后按会计账簿封面、账簿启用表、账户目录、该账簿按页数顺序排列的账页、会计账簿装订封底的顺序装订。

（2）活页账簿装订要求：保留已使用过的账页，将账页数填写齐全，去除空白页，撤掉账夹，用质量好的牛皮纸做封面、封底，装订成册；多栏式活页账、三栏式活页账、数量金额式活页账等不得混装，应按同类业务、同类账页装订在一起；在本账簿的封面上填写好账目的种类，编好卷号，会计主管人员和装订人（经办人）签章。

（3）账簿装订后的其他要求：会计账簿应牢固、平整，不得有折角、缺角，错页、掉页、加空白纸的现象；会计账簿的封口要严密，封口处要加盖有关印章；封面应齐全、平整，并注明所属年度及账簿名称、编号，编号为一年一编，编号顺序为总账、现金日记账、银行存（借）款日记账、分户明细账；会计账簿按保管期限分别编制卷号，如现金日记账全年按顺序编制卷号；总账、各类明细账、辅助账全年按顺序编制卷号。

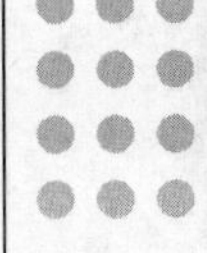

（三）会计报表的装订

会计报表编制完成及时报送后，留存的报表按月装订成册谨防丢失。小企业可按季装订成册。

（1）会计报表装订前要按编报目录核对是否齐全，整理报表页数，上边和左边对齐压平，防止折角，如有损坏部位应修补后再完整无缺地装订。

（2）会计报表的装订顺序为会计报表封面、会计报表编制说明、各种会计报表按会计报表的编号顺序排列、会计报表的封底。

（3）按保管期限编制卷号。

二、会计档案的整理立卷

会计年度终了后，需对会计资料进行整理立卷。会计档案的整理一般采用“三统一”的办法，即分类标准统一、档案形成统一、管理要求统一，并分门别类地按各卷顺序编号。

1．分类标准统一

一般将财务会计资料分成一类账簿、二类凭证、三类报表、四类文字资料及其他。

2．档案形成统一

案册封面、档案卡夹、存放柜和存放序列统一。

3．管理要求统一

建立财务会计资料档案簿、会计资料档案目录；会计凭证装订成册，报表和文字资料分类立卷，其他零星资料按年度排序汇编装订成册。

业务描述：

（1）12月月底，会计档案管理员编制会计档案移交清册，将上一年度会计档案移交本单位档案部门保管。

（2）12月月底，会计档案管理员将整理好的本年度会计档案放到固定地点进行保管。

（3）12月月底，昊天陶瓷公司聘请山东鲁信会计师事务所对公司进行年度审计，审计过程中需要借阅会计档案，审计员经会计主管批准后填写档案借阅登记簿，办理借阅手续。

三、会计档案的保管

《会计档案管理办法》规定：“当年会计档案，在会计年度终了后，可暂由本单位财务会计部门保管一年，期满之后原则上应由财务会计部门编制清册移交本单位的档案部门保管。”根据上述规定，会计档案的保管要求如下。

（一）会计档案的移交

财务会计部门在将会计档案移交本单位档案部门时，应按下列程序进行。

（1）开列清册，填写交接清单。

（2）在“账簿使用日期”栏填写移交日期。

（3）交接人员按移交清册和交接清单项目核查无误后签章。

（二）会计档案的保管

会计档案的保管要求如下。

（1）会计档案室应选择在干燥、防水的地方，并远离易燃品堆放地，周围应备有合适的防火器材。

（2）采用透明塑料膜作防尘罩、防尘布，遮盖所有档案架和堵塞鼠洞。

（3）会计档案室内应经常用消毒药剂喷洒，经常保持清洁卫生，以防虫蛀。

（4）会计档案室应保持通风透光，并有适当的空间、通道和查阅的地方，以利查阅，并防止潮湿。

（5）设置归档登记簿、档案目录登记簿、档案借阅登记簿，严防毁坏、散失和泄密。

（6）会计电算化档案保管要注意防盗、防磁等安全措施。

（三）会计档案的借阅

会计档案的借阅要求如下。

（1）会计档案为本单位使用，原则上不得借出，有特殊需要须经上级主管单位或单位领导、会计主管人员批准。

（2）外部人员借阅会计档案时，应持有单位的正式介绍信，经会计主管人员或单位领导人批准后，方可办理借阅手续；单位内部人员借阅会计档案时，应经会计主管人员或单位领导人批准后，办理借阅手续。借阅人应认真填写档案借阅登记簿，将借阅人姓名、单位、日期、数量、内容、归期等情况登记清楚。

（3）借阅会计档案的人员不得在案卷中乱画、标记，拆散原卷册，也不得涂改抽换、携带外出或复制原件（如有特殊情况，须经领导批准后方能携带外出或复制原件）。

（4）借出的会计档案，会计档案管理人员要按期如数收回，并办理注销借阅手续。

（四）会计档案的销毁

会计档案的销毁要求如下。

（1）会计档案保管期满，需要销毁时由本单位档案机构会同会计机构共同提出销毁意见，会同财务会计部门共同鉴定、严格审查，编造会计档案销毁清册。

（2）机关、团体、事业单位和非国有企业会计档案要销毁时，报本单位领导批准后销毁；国有企业经企业领导审查，报请上级主管单位批准后销毁。

（3）会计档案保管期满，但其中未了结的债权、债务的原始凭证，应单独抽出，另行立卷，由档案部门保管到结清债权、债务时为止；建设单位在建设期间的会计档案，不得销毁。

（4）销毁档案前，应按会计档案销毁清册所列的项目逐一清查核对；各单位销毁会计档案时应由档案部门和财会部门共同派员监销；各级主管部门销毁会计档案时，应由同级财政部门、审计部门派员参加监销；财务部门销毁会计档案时，应由同级审计部门派员参加监销；会计档案销毁后经办人在“销毁清册”上签章，注明“已销毁”字样和销毁日期，以示负责，同时将监销情况写出一式两份的书面报告，一份报本单位领导，一份归入档案备查。

项目八 期末企业有关财务分析及下年度预算

学习目标：

1. 能够根据原所做记账凭证及账簿编制成本报表。
2. 会根据编制的成本报表分析企业成本构成及降低措施。
3. 会根据所编报表分析企业偿债能力、营运能力及盈利能力。
4. 能够做出下一年度预算。

应完成的工作任务：

1. 编制成本报表。
2. 分析成本报表。
3. 会计报表分析。
4. 编制下一年度预算表。

模块一 成本报表的编制与分析

本模块由成本会计人员完成。期末，成本会计需要根据编制成本会计记账凭证时的实际发生及计算情况编制成本报表，进一步反映成本的构成情况，并进一步提出降低成本的举措，为管理人员出谋划策。

一、成本报表的编制

【情境模拟】

成本会计李文秀在计算成本后，马不停蹄地编制出各个成本报表，这可是她每个月都要做的工作。

（一）各产品生产成本表

此表反映企业本月各产品的单位成本、销量和产量。特别是将销量和产量放在一起，可以更加直观地看出产品的积压情况。

【业务指导】

◈ 单位产品成本在期末计算成本时已经得出，根据业务 74、业务 75 相关附表填列。

◈ 由于本书只是模拟企业一个月的业务，缺乏其他月份资料及计划成本等，故无法与其他月份及计划成本比较。

（二）各产品生产成本表（按成本项目）

按成本项目编制产品生产成本表，汇总反映企业在报告期发生的全部生产费用和全部产品成本。

【业务指导】

◈ 只有本月实际发生金额，没有本年累计实际数。

◈ 将两种产品放在一个表格中，便于两种产品之间的比较。

◈ 由于一车间完工后转入二车间继续生产，为了不重复计算，二车间材料费用只包含包装材料，不包括一车间转入的成本。

◈ 表格可以根据生产成本明细账填制。

（三）各产品单位成本表

产品单位成本表是反映企业在报告期内生产的各种主要产品单位成本的构成情况和各种主要技术经济指标执行情况的报表。

【业务指导】

◈ 与各产品生产成本表不同，此表反映的是瓷球和瓷砖的单位成本构成情况，而各产品生产成本表反映的是总成本构成情况。

◈ 此表根据生产成本明细账填制。

（四）制造费用明细表

此表反映制造费用的构成情况。

【业务指导】

◈ 此表根据制造费用明细账填制。

二、成本报表的分析

成本分析的方法多种多样，常用的方法有对比分析法、比率分析法、因素分析法等。本次实训中，只有 12 月的数据，无法与前期数据及计划成本比较，因此可以在两种产品之间进行比较分析，也可以对成本构成进行分析。

【业务指导】

◈ 成本利润率=产品销售利润/产品成本×100%。

◈ 销售成本率=产品成本/产品销售收入×100%。

◈ 直接材料成本比率=直接材料成本/产品成本×100%。

◈ 直接人工成本比率=直接人工成本/产品成本×100%。

◈ 制造费用比率=制造费用/产品成本×100%。

◈ 燃料动力比率=燃料动力费用/产品成本×100%。

◈ 前 2 项指标可根据期末汇总的记账凭证及账簿计算，后 4 项指标可根据成本会计表格中的各产品生产成本的结果计算。

模块二 会计报表的分析

本模块由总账会计完成。在登记完总账后，总账会计可以根据账簿编制出资产负债表、利润表，为管理人员提供决策依据。

一、偿债能力指标分析

偿债能力是指企业偿还到期债务本息的能力，包括长期偿债能力和短期偿债能力。

【业务指导】

◈ 流动比率=流动资产/流动负债。应用资产负债表中的数字，该指标的计算结果为 2.45，说明本模拟企业短期偿债能力比较强。

◈ 速动比率=（流动资产-存货）/流动负债=1.38。说明本模拟企业无须出售库存商品，就有足够的流动资产来偿还短期负债。

◈ 资产负债率=负债总额/资产总额×100%=34.63%。负债占资产总额不足一半，企业具有较强的长期偿债能力。

◈ 利息保障倍数=息税前利润/利息费用=（利润总额+利息费用）/利息费用=78.56，企业的长期偿债能力非常强。

◈ 由于只有 12 月的全部资料，所以在计算利息保障倍数时，以 12 月的月利润表计算。

二、营运能力指标分析

营运能力是指企业的经营运行能力，即企业运用各项资产以赚取利润的能力。这些比率揭示了企业资金运营周转的情况，反映了企业对经济资源管理、运用的效率高低。企业资金周转越快、流动性越高，企业的偿债能力越强，资产获取利润的速度就越快。

【业务指导】

◈ 存货周转率=营业成本/平均存货=0.78，接近于 1，说明比较正常，但有减少存货的空间。

◈ 应收账款周转率=营业收入/应收账款平均余额=1.67，该比率比较低，应该在增加销量的同时加快回笼资金。

◈ 流动资产周转率是销售收入与流动资产平均余额的比率，它反映的是全部流动资产的利用效率。本模拟企业流动资产周转率不高，应该提高流动资产的利用效率。

◈ 总资产周转率=营业收入/总资产平均余额。

三、盈利能力指标分析

盈利能力是企业在一定时期内赚取利润的能力。

【业务指导】

◈ 营业利润率=营业利润/营业收入×100%=24.56%，本模拟企业的获利水平尚可。

◈ 成本费用利润率=利润总额/成本费用总额×100%，本模拟企业获利水平正常。

◈ 总资产收益率=净利润/总资产平均余额×100%，不足 5%。虽然营业利润率正常，但总资产收益率比较低，说明企业的固定资产所占比重较大。

◈ 净资产收益率<15%，收益太低。

模块三　下一会计年度预算

本模块由会计主管完成。会计主管需要在下一年度开始前，根据下一年度的销售任务等相关资料，编制生产预算，进一步编制材料预算、人工预算等，最后得出现金预算及预计报表，全面安排调度下一年度的各方面人员与物资。

一、销售预算

【业务指导】

◈ 销售预算是预算的起点，根据以往经验及对下一年度的环境做出分析。

◈ 由于本模拟企业有瓷球、瓷砖两种产品，故预算时按照这两种产品分别分析。

二、生产预算

【业务指导】

◈ 期初存货量即实训中 2019 年的期末结存量。

◈ 年末留存量在实际工作中需要根据以往经验估计。

三、直接材料预算

【业务指导】

◈ 本实训中两种产品共同耗用三种形成产品的材料，需要根据单位产品材料耗用量分别计算。

◈ 两种包装材料分别是包装袋和纸箱，其中纸箱零星使用，为简化核算，作为企业发生的固定费用。

四、直接人工、燃料动力预算

【业务指导】

◈ 两种产品都需要经过两个车间生产，需要分别预计两种产品、两个步骤耗用的工时，计算相对复杂些，需要头脑一直清晰。

◈ 燃料动力构成成本的主要组成部分，计算时要注意防止出错。

五、制造费用预算

【业务指导】

◈ 本书中，明确指出了哪些属于变动性制造费用，哪些属于固定性制造费用，但实际工作中，成本性态的划分非常重要，并且难度较大。

◈ 瓷球、瓷砖按65%和35%承担成本，是根据以往经验得出的。

六、产品成本预算

【业务指导】

◈ 变动生产成本预算是对前面表格的整合。

◈ 年初存货是2019年12月计算后得出的，可以根据账簿填制表格。

七、销售费用、管理费用预算

【业务指导】

◈ 销售费用分为变动销售费用部分和固定销售费用部分，而本企业的管理费用全部都是固定费用。

八、现金预算

【业务指导】

◈ 年初的现金余额指广义现金，包括库存现金、银行存款、其他货币资金。

◈ 直接材料、直接人工、燃料动力及制造费用的各项现金支出既包括瓷球的支出，也包括瓷砖的支出。

九、预计报表

【业务指导】

◈ 管理费用全部是固定费用，无变动费用。

◈ 第一季度变动生产成本=年初瓷球结存数量×瓷球期初单位成本+（第一季度瓷球销量-年初瓷球结存数量）×瓷球本期单位成本+年初瓷砖结存数量×瓷砖期初单位成本+（第一季度瓷砖销量-年初瓷砖结存数量）×瓷砖本期单位成本。

◈ 由于2020年年初数即2019年年末数，故在编制2020年预算资产负债表时，只需要填期末数，不需要填期初数。

◈ 年末应收账款=瓷球第四季度末应收账款+瓷砖第四季度末应收账款。

◈ 期末原材料=氧化铝粉、铬粉、锰粉、包装袋、纸箱各材料第四季度期末存量数×单价之和。

◈ 期末产成品=期末瓷球金额+期末瓷砖金额。

附录

附表 1　原始凭证

【业务 1】

附表 1-1

昊天陶瓷公司

No 0011540

收　料　单

2019年　12 月　01 日　　　　金额单位：元

名 称	规格	单位	数量		单价	发票金额	运杂费	其他	合计	损耗
			应收	实收						
氧化铝粉		千克	20 700	20 700	10.00	207 000.00			207 000.00	

第二联　财务

会计主管：蔡祝明　会计：张丽环　保管员：陈亚群　经办人：柴新新

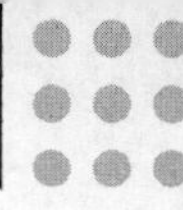

【业务 2】

附表 2-1

昊天陶瓷公司

产品出库单

2019年 12月01日　第01 号　　　　金额单位：元

名 称	规 格	单 位	数 量	单 价	金 额
瓷球		千克	150	120.00	18 000.00
合 计					18 000.00

第二联 财务

会计主管：蔡祝明　会计：张丽环　保管员：陈亚群　经办人：刘志伟

附表 2-2

3700082140

山东增值税专用发票

记账联
抵扣联

No 02691248

开票日期：2019年12月01日

购买方	名　称：大连智慧公司 纳税人识别号：108369856623251 地址、电话：哈尔滨市平房区和平路25号　0411-1987656 开户行及账号：中国银行平房支行　438105487	密码区	803+<3845335*<5>/>5->　加密版本：01 +*9>040/0/85-00517*-7 4-7*3899+600/4*/1<446　3700082140 95/7411684<>><4+5>>50　01690248

货物或应税劳务、服务名称	规格型号	单位	数 量	单 价	金 额	税率	税 额
瓷球		千克	150	120.00	18 000.00	13%	2 340.00
合 计					¥18 000.00		¥2 340.00
价税合计（大写）	⊗贰万零叁佰肆拾圆整			（小写） ¥ 20 340.00			

销售方	名　称：昊天陶瓷公司 纳税人识别号：210108200711018 地址、电话：山东省淄博市联通路53号 0533-6140452 开户行及账号：中国工商银行西山支行 020002213456	备注	昊天陶瓷公司 税号：210108200711018 发票专用章

收款人：王明光　复核：肖文秀　开票人：刘志伟　销货单位：（章）

第一联 记账联 销售方记账凭证

说明：上月已经预收款项。

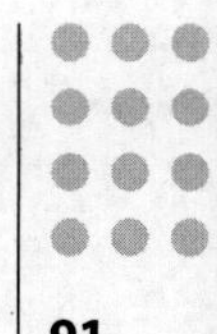

【业务3】

附表 3-1

昊天陶瓷公司

No 0011541

收 料 单

2019 年 12 月 01 日　　　　金额单位：元

名 称	规格	单位	数量		单价	发票金额	运杂费	其他	合计	损耗
			应收	实收						
氧化铝粉		千克	3 000	3 000	10.00	30 000.00			30 000.00	
备注：										

第二联 财务

会计主管：蔡祝明　　会计：张丽环　　保管员：陈亚群　　经办人：柴新新

附表 3-2

3700082141

河南增值税专用发票

抵扣联

No 01690349

开票日期：2019年12月01日

购买方	名 称：昊天陶瓷公司 纳税人识别号：210108200711018 地 址、电 话：山东省淄博市联通路53号 0533-6140452 开户行及账号：中国工商银行西山支行 020002213456	密码区	803+<3845335*<5>/>5->　加密版本：01 +*9>040/0/85-00517*-7 4-7*3899+600/4*/1<446　3700082140 95/7411684<>><4+5>>50　01690248

货物或应税劳务、服务名称	规格型号	单位	数 量	单 价	金 额	税率	税 额
氧化铝粉		千克	3 000	10.00	30 000.00	13%	3 900.00
合 计					¥30 000.00		¥3 900.00
价税合计（大写）	⊗叁万叁仟玖佰圆整				（小写）¥33 900.00		

销售方	名 称：郑州万科有限公司 纳税人识别号：110567453698462 地 址、电 话：郑州市紫金山区十里堡10号 0371-11879856 开户行及账号：中国银行郑州分行紫金山支行 58726367	备注	郑州万科有限公司 税号：110567453698462 发票专用章

复核：　　开票人：陈文明　　单位：（章）

第二联 抵扣联 购买方扣税凭证

附表 3-3

3700082141　　**河南增值税专用发票**　　No 01690349

发　票　联　　开票日期：2019年12月01日

购买方	名　　称：昊天陶瓷公司 纳税人识别号：210108200711018 地 址、电 话：山东省淄博市联通路53号　0533-6140452 开户行及账号：中国工商银行西山支行 020002213456	密码区	803+<3845335*<5>/>5->　加密版本：01 +*9>040/0/85-00517*-7 4-7*3899+600/4*/1<446　3700082140 95/7411684<>><4+5>>50　01690248

货物或应税劳务、服务名称	规格型号	单位	数量	单价	金额	税率	税额
氧化铝粉		千克	3 000	10	30 000.00	13%	3 900.00
合计					¥30 000.00		¥3 900.00
价税合计（大写）	⊗叁万叁仟玖佰圆整				（小写）¥33 900.00		

销售方	名　　称：郑州万科有限公司 纳税人识别号：110567453698462 地 址、电 话：郑州市紫金山区十里堡10号 0371-11879856 开户行及账号：中国银行郑州分行紫金山支行　58726367	备注	郑州万科有限公司 税号：110567453698462 发票专用章

第三联发票联购买方记账凭证

说明：上月已经预付货款。

【业务 4】

附表 4-1

3700082140　　**山东增值税专用发票**　　No 02690248

记　账　联　　开票日期：2019年12月01日

购买方	名　　称：大连智慧公司 纳税人识别号：108369856623251 地 址、电 话：哈尔滨市平房区和平路25号　0411-1987656 开户行及账号：中国银行平房支行　438105487	密码区	803+<3845335*<5>/>5->　加密版本：01 +*9>040/0/85-00517*-7 4-7*3899+600/4*/1<446　3700082140 95/7411684<>><4+5>>50　01690248

货物或应税劳务、服务名称	规格型号	单位	数量	单价	金额	税率	税额
瓷球		千克	1 000	140.00	140 000.00	13%	18 200.00
合计					¥140 000.00		¥18 200.00
价税合计（大写）	⊗壹拾伍万捌仟贰佰圆整				（小写）　¥158 200.00		

销售方	名　　称：昊天陶瓷公司 纳税人识别号：210108200711018 地 址、电 话：山东省淄博市联通路53号 0533-6140452 开户行及账号：中国银行联通支行 010001212133	备注	昊天陶瓷公司 税号：210108200711018 发票专用章

收款人：　王明光　　　复核：肖文秀　　　开票人：刘志伟　　　销货单位：（章）

第一联记账联销售方记账凭证

附表 4-2

购销合同

供方：昊天陶瓷公司（以下简称为甲方）

法定代表人：李建强

地址：山东省淄博市联通路 53 号　　　　电话：0533-6140452

需方：大连智慧公司（以下简称为乙方）

法定代表人：王东强

地址：哈尔滨市平房区和平路 25 号　　　　电话：0411-1987656

为保护供需双方的合法权益，根据《中华人民共和国合同法》，经协商一致同意签订本合同。

一、品名	单位	不含税单价	数量	金额
瓷球	千克	140.00	1 000	140 000.00

合计人民币（大写）：壹拾肆万元整（¥140 000.00）

二、交货及验收

（一）交货实行送货制，即甲方应按订单所规定的时间（即 2019 年 12 月 01 日）将商品运至乙方所指定的交货地点交予乙方。

（二）甲方交货时，货到现场时商品从卸货到进入乙方仓库中所发生的搬运工作一律由甲方负责，货到现场时乙方收货人员仅点收箱数或件数，以后乙方开箱时如发现商品数量、质量等不符合本合同的约定，则由甲方负责。

三、结算方式

（1）转账支票

……

十二、1. 合同正本一式二份，双方各执一份。2. 本合同经双方签字盖章后生效。

有效期限自 2019 年 08 月 11 日起至 2019 年 12 月 05 日止。

甲方：昊天陶瓷公司

乙方：大连智慧公司

法定代表人：李建强　　　　法定代表人：王东强

开户行：中国工商银行西山支行　　　　开户行：中国银行平房支行

附表 4-3

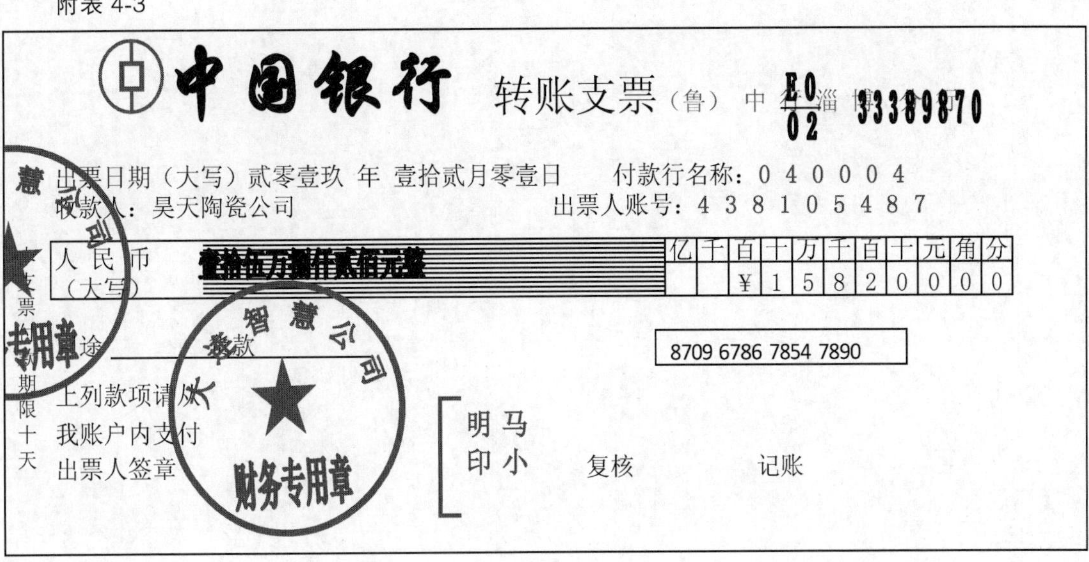

中国银行 转账支票（鲁） 中 $\frac{E0}{02}$ 淄 博 33389870

出票日期（大写）贰零壹玖 年 壹拾贰月零壹日　　付款行名称：0 4 0 0 0 4

收款人：昊天陶瓷公司　　出票人账号：4 3 8 1 0 5 4 8 7

人民币（大写）	亿	千	百	十	万	千	百	十	元	角	分
壹拾伍万捌仟贰佰元整			¥	1	5	8	2	0	0	0	0

本支票付款期限十天

用途 货款　　8709 6786 7854 7890

上列款项请从我账户内支付

出票人签章　　明马 印小　　复核　　记账

附表 4-4

附加信息：	被背书人：	被背书人：
	背书人签章 2019年12月9日	背书人签章 年　月　日

贴粘单处

根据《中华人民共和国票据法》等法律法规的规定，签发空头支票由中国人民银行处以票面金额5%但不低于1000元的罚款。

附表 4-5

中国银行 进账单　　1　鲁中1007（三联）

年　月　日

出票人	全称		收款人	全称	
	账号			账号	
	开户银行			开户银行	
金额	人民币：（大写）				亿 千 百 十 万 千 百 十 元 角 分
票据种类		票据张数			
票据号码					
复核：	记账：			受理银行签章	

此联收款人开户银行交给收款人的受理证明

淄博中苑金融安全印刷有限公司印制

附表 4-6

中国银行 进账单 2 鲁中1007（三联）

年 月 日

出票人	全称		收款人	全称	
	账号			账号	
	开户银行			开户银行	
金额	人民币：（大写）				亿 千 百 十 万 千 百 十 元 角 分
票据种类		票据张数			
票据号码					
复核：		记账：			

此联银行进账贷方凭证

淄博中苑金融安全印刷有限公司印制

附表 4-7

中国银行 进账单 3 鲁中1007（三联）

年 月 日

出票人	全称		收款人	全称	
	账号			账号	
	开户银行			开户银行	
金额	人民币：（大写）				亿 千 百 十 万 千 百 十 元 角 分
票据种类		票据张数			
票据号码					
复核：		记账：		受理银行盖章	

此联收款人开户银行交给收款人的收账通知

淄博中苑金融安全印刷有限公司印制

附表 4-8

昊天陶瓷公司

产品出库单

2019年 12月01日　　　　第02 号　　　　金额单位：元

名称	规格	单位	数量	单价	金额
瓷球		千克	1 000	140.00	140 000.00
合　计					140 000.00

会计主管：蔡祝明　　会计：张丽环　　保管员：陈亚群　　经办人：刘志伟

第二联　财务

【业务5】

附表 5-1

3700082140

山东增值税专用发票

No 02690248

开票日期：2019年12月01日

购买方	名　　称：上海琅邦公司 纳税人识别号：310106548765432 地 址、电 话：上海市徐汇区天平路18号　021-98760589 开户行及账号：中国银行徐汇支行 36542234	密码区	803+〈3845335*〈5〉/〉5-〉 +*9〉040/0/85-00517*-7 4-7*3899+600/4*/1〈446 95/7411684〈〉〉〈4+5〉〉50	加密版本：01 3700082140 01690248

货物或应税劳务、服务名称	规格型号	单位	数　量	单　价	金　额	税率	税　额
瓷砖		千克	500	160.00	80 000.00	13%	10 400.00
合　计					¥80 000.00		¥10 400.00
价税合计（大写）	⨂玖万零肆佰圆整			（小写）	¥90 400.00		

销售方	名　　称：昊天陶瓷公司 纳税人识别号：210108200711018 地 址、电 话：山东省淄博市联通路53号 0533-6140452 开户行及账号：中国工商银行西山支行 020002213456	备注	昊天陶瓷公司 税号：210108200711018 发票专用章

收款人：王明光　　复核：肖文秀　　开票人：刘志伟　　销货单位：（章）

第一联　记账联　销售方记账凭证

附表 5-2

购销合同

供方：昊天陶瓷公司（以下简称为甲方）

法定代表人：李建强

地址：山东省淄博市联通路 53 号　　　电话：0533-6140452

需方：上海琅邦公司（以下简称为乙方）

法定代表人：张明仪

地址：上海市徐汇区天平路 18 号　　　电话：021-98760589

为保护供需双方的合法权益，根据《中华人民共和国合同法》，经协商一致同意签订本合同。

一、品名	单位	不含税单价	数量	金额
瓷砖	千克	160.00	500	80 000.00

合计人民币（大写）：捌万元整（¥80 000.00）

二、交货及验收

（一）交货实行送货制，即甲方应按订单所规定的时间（即 2019 年 12 月 01 日）将商品运至乙方所指定的交货地点交予乙方。

（二）甲方交货时，货到现场时商品从卸货到进入乙方仓库中所发生的搬运工作一律由甲方负责，货到现场时乙方收货人员仅点收箱数或件数，以后乙方开箱时如发现商品数量、质量等不符合本合同的约定，则由甲方负责。

三、结算方式

（1）双方约定的现金折扣条件为：2/10，1/20，*n*/30，现金折扣只针对货款，

不包括增值税税额。

....

十二、1. 合同正本一式二份，双方各执一份。2. 本合同经双方签字盖章后生效。

有效期限自 2019 年 08 月 18 日起至 2019 年 12 月 06 日止。

甲方：昊天陶瓷公司

法定代表人：李建强

乙方：上海琅邦公司

代表人：张明仪

开户行：中国工商银行西山支行

账号：020002213456

开户行：中国银行徐汇支行

账号：36542234

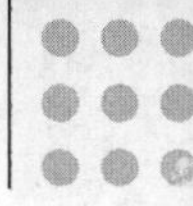

附表 5-3

银行承兑汇票

出票日期 贰零壹玖年 壹拾贰月 零壹日　　2　　DB/01 02496328
（大写）

出票人全称	上海琅邦公司	收款人	全　称	昊天陶瓷公司
出票人账号	36542234		账　号	20002213456
付款行全称	中国银行徐汇支行		开户银行	中国工商银行西山支行
出 票 金 额	人民币（大写） 玖万零肆佰元整		亿 千 百 十 万 千 百 十 元 角 分	¥ 9 0 4 0 0 0 0
汇票到期日（大写）	贰零壹玖年 零陆月零壹日	付款人	行 号	36542234
承兑协议编号	2019第086号		地 址	上海市徐汇区天平路18号
上海琅邦公司 财务专用章　仪张印明　复印件与原件核对无误	本汇票已经承兑，到期日由本行付款。43673　中国银行徐汇支行 306566500349 汇票专用章　承兑行签章　承兑日期　年　月　日　备注：李苔姣　季银英			0073963090003　82051291

此联收款人开户行随托收凭证寄付款行作借方凭证附件

附表 5-4

昊天陶瓷公司

产品出库单

2019年　12 月 01 日　　第 03 号　　金额单位：元

名 称	规 格	单 位	数 量	单 价	金 额
瓷砖		千克	500	160.00	80 000.00
合　计					80 000.00

第二联　财务

会计主管：蔡祝明　　会计：张丽环　　保管员：陈亚群　　经办人：刘志伟

【业务 6】

附表 6-1

中国人民银行支付系统专用凭证　　NO Q 000288398409

C.N.A.P.S

机构代码:801010406　　打印日期：2019年12月1日　　打印时间：10：33：37
打印柜员：20909823　　授权柜员：

汇划渠道：大额支付　　业务类型：普通汇兑　　业务种类：网银支付
汇款日期：2019/12/01　　报文标识号：2017120190876534　　明细标识号：2017120190876534
账务日期：2019/12/01　　业务顺序号：90767867
付款人账号：49879087
付款人名称：淄博博信公司
付款人地址：淄博联通路5号
发起行行号：49879
发起行行名：中国银行联通路支行
收款人账号：010001212133
收款人名称：昊天陶瓷公司
收款人地址：中国银行联通路支行
接收行行号：010001
接收行行名：中国银行联通路支行
汇划金额（大写）：人民币陆万元整
汇划金额（小写）：RMB60 000.00　　借贷别：贷记
凭证号码：
附　　言：

中国银行联通路支行
2019.12.01
业务专用章

入账账号：010001212133
入账户名：昊天陶瓷公司
入账日期：2019/12/01　　入账方式：已自动处理
打印次数：01

第二联　作客户通知单　　会计　　复核　　记账　王敏

【业务 7】

附表 7-1

客户贷款本息支出通知单

交易日期：2019年12月01日

交易机构：10790　　交易流水号：142555708
客户号：29089889
客户名称：昊天陶瓷公司
贷款账号：010001212133
还本金额：CNY：800 000.00
还息金额：CNY：12 000.00
金额合计：（小写）CNY：812 000.00
（大写）CNY：捌拾壹万贰仟元整
还款账号：010001212133
摘要：还款
提示：第1次下载

中国银行客户回单　　银行盖章

附表 7-2

借款合同

中国银行联通路支行（以下简称贷款方）与昊天陶瓷公司（以下简称借款方）充分协商，签订本合同，共同遵守。

一、由贷款方提供贷款人民币捌拾万元整（¥800 000.00）给借款方，贷款期限自 2019 年 06 月 01 日至 2019 年 12 月 01 日。

二、贷款方应按期、按额向借款方提供贷款，否则，按违约数额和延期天数，付给借款方违约金。违约金数额的计算，与逾期贷款罚息同，即为 7.25‰。

三、借款利率为银行同期年利率 6%，按季度支付利息，到期还本付息。

四、借款方应按协议使用贷款，不得转移用途；否则，贷款方有权停止发放新贷款，直至收回已发放的贷款。

五、借款方保证按借款契约所订期限归还贷款本息。如需延期，借款方最迟在贷款到期前七天，提出延期申请，经贷款方同意，办理延期手续。但延期最长不得超过原订期限的一半。贷款方未同意延期或未办理延期手续的逾期贷款，加收罚息。

六、贷款到期后一个月，如借款方不归还贷款，贷款方有权依照法律程序处理借款方作为贷款抵押的物资和财产，抵还借款本息。

七、本协议书一式二份，借贷款双方各执正本一份。自双方签字起即生效。

……

十一、合同争议的解决方式

本合同在履行过程中发生的争议，由甲乙双方协商解决；协商不成的依法向人民法院提起诉讼。

中国银行联通路支行 合同专用章　马杰明印

昊天陶瓷公司 合同专用章　李建强印

贷款方：中国银行联通路支行	借款方：昊天陶瓷公司
法定代表人：马杰明	法定代表人：李建强
签订日期：2019 年 5 月 28 日	签订日期：2019 年 5 月 28 日

【业务 8】

附表 8-1

报销单

填报日期：　2019年　12月　02日　　　　单据及附件共　1 张

姓名	赵阳	所属部门	办公室	报销形式	现金支票	
				支票号码		
报销项目			摘要	金额		备注：
办公用品			报销办公用品费	1 796.70		
			合　计	¥1 796.70		
金额大写：壹仟柒佰玖拾陆元柒角整				原借款：　元		应退（补）款：　元

总经理：宗大利　财务经理：蔡祝明　部门经理：肖文秀　会计：赵书燕　出纳：王明光　报销人：

附表 8-2

河南增值税专用发票

3700082141 　　　　No 01690349

抵扣联 　　　　开票日期：2019年12月02日

购买方	名　　称：昊天陶瓷公司 纳税人识别号：210108200711018 地 址、电 话：山东省淄博市联通路53号　0533-6140452 开户行及账号：中国银行联通路支行　010001212133			密码区	803+<3845335*<5>/>5-> 加密版本：01 +*9>040/0/85-00517*-7 4-7*3899+600/4*/1<446 3700082140 95/7411684<>><4+5>>50 01690248		
货物或应税劳务、服务名称	规格型号	单位	数量	单价	金额	税率	税额
笔签字		支	100	0.50	50.00	13%	6.50
文件夹		个	70	5.00	350.00	13%	45.50
计算器		个	17	70	1 190.00	13%	154.70
合　计					¥1 590.00		¥206.70
价税合计（大写）	⊗壹仟柒佰玖拾陆圆柒角整					（小写）¥1 796.70	
销售方	名　　称：佳慧文具 纳税人识别号：370305164325678 地 址、电 话：淄博市临淄区　0533-7588888 开户行及账号：工商银行象山分理处　2033997856			备注	佳慧文具 税号：370305164325678 发票专用章		

复核：　　　　开票人：陈文明　　　　单位：（章）

第二联抵扣联购买方扣税凭证

附表 8-3

河南增值税专用发票

3700082141 　　　　No 01690349

发票联 　　　　开票日期：2019年12月02日

购买方	名　　称：昊天陶瓷公司 纳税人识别号：210108200711018 地 址、电 话：山东省淄博市联通路53号　0533-6140452 开户行及账号：中国银行联通路支行　010001212133			密码区	803+<3845335*<5>/>5-> 加密版本：01 +*9>040/0/85-00517*-7 4-7*3899+600/4*/1<446 3700082140 95/7411684<>><4+5>>50 01690248		
货物或应税劳务、服务名称	规格型号	单位	数量	单价	金额	税率	税额
笔签字		支	100	0.50	50.00	13%	6.50
文件夹		个	70	5.00	350.00	13%	45.50
计算器		个	17	70	1 190.00	13%	154.70
合　计					¥1 590.00		¥206.70
价税合计（大写）	⊗壹仟柒佰玖拾陆圆柒角整					（小写）¥1 796.70	
销售方	名　　称：佳慧文具 纳税人识别号：370305164325678 地 址、电 话：淄博市临淄区　0533-7588888 开户行及账号：工商银行象山分理处　2033997856			备注	佳慧文具 税号：370305164325678 发票专用章		

复核：　　　　开票人：陈文明　　　　单位：（章）

第三联发票联购买方记账凭证

附表 8-4

中国银行 现金支票存根（鲁） E0/02 13389875	中国银行 现金支票（鲁） 中行淄博分行 E0/02 13389875
	出票日期（大写） 年 月 日 付款行名称：010001
	收款人： 出票人账号：01000121213
	本支票付款期限十天 人民币（大写） 亿 千 百 十 万 千 百 十 元 角 分
	用途
出票日期 年 月 日	上列款项请从
收款人：	我账户内支付
金 额：	出票人签章 复核 记账
用 途：	
单位主管 会计	

附表 8-5

办公用品领用表

2019年12月02日

部门	签字笔（支）	文件夹（个）	计算器（个）	领用人	备注
办公室	10	10	2		
财务部	10	10	5		
销售部	10	10	2		
采购部	10	10	2		
一车间	10	5	1		
二车间	20	10	2		
机修车间	10	5	1		
人力资源部	10	5	1		
仓储部	10	5	1		
合计	100	70	17		

审核：蔡祝明　　制单：赵阳

附表 8-6

办公用品费用汇总表

2019年12月02日　　单位：元

部门	签字笔	文件夹	计算器	合计
管理部门	25	200	770	995
销售部	5	50	140	195
一车间	5	25	70	100
二车间	10	50	140	200
机修车间	5	25	70	100
合计	50	350	1 190	1 590

复核：蔡祝明　　制单：李文秀

【业务 9】

附表 9-1

报销单

填报日期：2019年 12月04日　　　　单据及附件共 1 张

姓名	赵阳	所属部门	办公室	报销形式	现金	
				支票号码		
报销项目			摘要	金额		备注：
电话费			报销电话费	1 326.04		
			合　计	¥ 1 326.04		
金额大写：壹仟叁佰贰拾陆元零肆分				原借款：　元		应退（补）款：　元

总经理：宗大利　财务经理：蔡祝明　部门经理：肖文秀　会计：赵书燕　出纳：王明光　报销人：

附表 9-2

河南增值税专用发票

3700082141　　　　抵扣联　　　　No 01690349

开票日期：2019年12月04日

购买方	名　　称：昊天陶瓷公司 纳税人识别号：210108200711018 地 址、电 话：山东省淄博市联通路53号　0533-6140452 开户行及账号：中国工商银行西山支行 020002213456				密码区	803+<3845335*<5>/>5->　加密版本：01 +*9>040/0/85-00517*-7 4-7*3899+600/4*/1<446　3700082140 95/7411684<>><4+5>>50　01690248		
货物或应税劳务、服务名称	规格型号	单位	数　量	单　价	金　额	税率	税　额	
基础电信服务费					600.00	9%	54.00	
增值电信服务费					634.00	6%	38.04	
合　计					¥ 1 234.00		¥ 92.04	
价税合计（大写）	⊗壹仟叁佰贰拾陆圆零肆分					（小写）¥ 1 326.04		
销售方	名　　称：中国电信服务有限公司淄博分公司 纳税人识别号：110567453698462 地 址、电 话：淄博联通路10号 0371-11879908 开户行及账号：中国银行紫金山支行　4676565453				备注	中国电信服务有限公司淄博分公司 税号：110567453698462 发票专用章		

复核：　　　开票人：刘志伟　　　单位：（章）

第二联 抵扣联 购买方扣税凭证

附表 9-3

河南增值税专用发票

3700082141　　　　发票联　　　　No 01690349

开票日期：2019年12月04日

购买方	名　　称：昊天陶瓷公司 纳税人识别号：210108200711018 地 址、电 话：山东省淄博市联通路53号　0533-6140452 开户行及账号：中国工商银行西山支行 020002213456	密码区	803+<3845335*<5>/>5-> +*9>040/0/85-00517*-7 4-7*3899+600/4*/1<446 95/7411684<>><4+5>>50	加密版本：01 3700082140 01690248

货物或应税劳务、服务名称	规格型号	单位	数　量	单　价	金　额	税率	税　额
基础电信服务费					600.00	9%	54.00
增值电信服务费					634.00	6%	38.04
合　计					¥ 1 234.00		¥ 92.04
价税合计（大写）	⊗壹仟叁佰贰拾陆圆零肆分				（小写）¥ 1 326.04		

销售方	名　　称：中国电信服务有限公司淄博分公司 纳税人识别号：110567453698462 地 址、电 话：淄博联通路10号 0371-11879908 开户行及账号：中国银行紫金山支行　4676565453	备注	中国电信服务有限公司淄博分公司 税号：110567453698462 发票专用章

复核：　　　　开票人：刘志伟　　　　单位：（章）

第三联 发票联 购买方记账凭证

附表 9-4

中国银行
现金支票存根（鲁）
E0 02 1238...
附加信息
出票日期2019年12月04日
收款人：赵阳
金 额：¥1 326.04
用 途：报销电话费
单位主管　会计
本支票付款期限十天
昊天陶瓷公司 财务专用章

附表 9-5

电话费分割单

2019年12月04日　　　　单位：元

使用部门	管理部门	销售部	一车间	二车间	机修车间	合计
金额	661.00	378.00	56.00	94.00	45.00	1 234.00

会计主管：蔡祝明　　审核：蔡祝明　　制单：肖文秀

【业务 10】

附表 10-1

借款申请单			
2019年12月05日			
借款部门	采购部	姓名	柴新新
用途	出差预借差旅费		
金额（大写）	人民币贰仟元整		¥2 000.00
还款计划	2019年12月31日	现金付讫	
部门负责人签章	柴新新	借款人签字	柴新新
单位领导批示	宗大利	财务经理审核意见	蔡祝明

【业务 11】

附表 11-1

付款申请书

2019年 12 月 06 日

用途及情况		金额		收款单位（人）：鲁信律师事务所			
咨询费		10 600.00		账号：58476367			
				开户行：中国银行山东分行淄博支行			
金额合计：（大写）		壹万零陆佰元整		结算方式：转账支票(从一般存款户支出)			
总经理：	宗大利	财务部门	经理	蔡祝明	业务部门	经理	肖文秀
			会计	张丽环		经办人	刘志伟

附表 11-2

中国银行
转账支票存根（鲁）
$\frac{E0}{02}$ 12389891

出票日期 年 月 日
收款人：
金 额：
用 途：
单位主管 会计

中国工商银行 转账支票（鲁） 中 行 淄 博 分 行
$\frac{E0}{02}$ 12389891

出票日期（大写） 年 月 日 付款行名称： 0 2 0 0 0 2
收款人： 出票人账号：0 2 0 0 0 2 2 1 3 4 5 6

本支票付款期限十天

人民币（大写）	亿	千	百	十	万	千	百	十	元	角	分

用途

上列款项请从
我账户内支付
出票人签章 复核 记账

附表 11-3

附加信息：	被背书人：	被背书人：
	背书人签章 年 月 日	背书人签章 年 月 日

贴粘单处

根据《中华人民共和国票据法》等法律法规的规定，签发空头支票由中国人民银行处以票面金额5%但不低于1000元的罚款。

附表 11-4

山东增值税专用发票

3700082141 抵扣联 No 01690349

开票日期：2019年12月06日

购买方	名 称：昊天陶瓷公司 纳税人识别号：210108200711018 地 址、电 话：山东省淄博市联通路53号 0533-6140452 开户行及账号：中国工商银行西山支行 020002213456	密码区	803+<3845335*<5>/>5-> 加密版本：01 +*9>040/0/85-00517*-7 4-7*3899+600/4*/1<446 3700082140 95/7411684<>><4+5>>50 01690248

货物或应税劳务、服务名称	规格型号	单位	数 量	单 价	金 额	税率	税 额
咨询费					10 000.00	6%	600.00
合 计					¥ 10 000.00		¥ 600.00
价税合计（大写）	⊗壹万零陆佰圆整				（小写）¥ 10 600.00		

销售方	名 称：鲁信律师事务所 纳税人识别号：110567453754362 地 址、电 话：淄博市紫淄川区 0571-11879856 开户行及账号：中国银行山东分行淄博支行 58476367	备注	鲁信律师事务所 税号：110567453754362 发票专用章

复核： 开票人：刘志伟 单位：（章）

附表 11-5

山东增值税专用发票

3700082141　　　　全国统一发票监制章 山东 国家税务局监制　　　　No 01690349

发　票　联　　　　开票日期：2019年12月06日

<table>
<tr><td>购买方</td><td colspan="4">名　　称：昊天陶瓷公司
纳税人识别号：210108200711018
地 址、电 话：山东省淄博市联通路53号　0533-6140452
开户行及账号：中国工商银行西山支行 020002213456</td><td>密码区</td><td colspan="3">803+<3845335*<5>/>5->　加密版本：01
+*9>040/0/85-00517*-7
4-7*3899+600/4*/1<446　3700082140
95/7411684<>><4+5>>50　01690248</td></tr>
<tr><td colspan="2">货物或应税劳务、服务名称</td><td>规格型号</td><td>单位</td><td>数量</td><td>单价</td><td>金额</td><td>税率</td><td>税额</td></tr>
<tr><td colspan="2">咨询费</td><td></td><td></td><td></td><td></td><td>10 000.00</td><td>6%</td><td>600.00</td></tr>
<tr><td colspan="2">合计</td><td></td><td></td><td></td><td></td><td>¥ 10 000.00</td><td></td><td>¥ 600.00</td></tr>
<tr><td colspan="2">价税合计（大写）</td><td colspan="7">⊗壹万零陆佰圆整　　　　（小写）¥ 10 600.00</td></tr>
<tr><td>销售方</td><td colspan="4">名　　称：鲁信律师事务所
纳税人识别号：110567453754362
地 址、电 话：淄博市紫淄川区　0571-11879856
开户行及账号：中国银行山东分行淄博支行　58476367</td><td>备注</td><td colspan="3">鲁信律师事务所 税号：110567453754362 发票专用章</td></tr>
</table>

复核：　　　　开票人：刘志伟　　　　单位：（章）

第三联发票联购买方记账凭证

【业务 12】

附表 12-1

提现申请单

填制日期：2019 年 12月 07日

收款单位	昊天陶瓷公司	联系电话	0533-6140452
地址	山东省淄博市联通路53号	开户账号	10001212133
收款人开户行	中国银行联通路支行		
用途	提取备用金		
大写	人民币　伍仟元整	小写	¥ 5 000.00

审批：宗大利　　审核：蔡祝明　　制表：张丽环

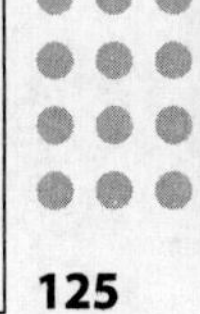

附表 12-2

中国银行 现金支票存根（鲁） E0/02 13389877 出票日期 年 月 日 收款人： 金 额： 用 途： 单位主管 会计	中国银行 现金支票（鲁） 中行淄博分行 E0/02 13389877 出票日期（大写） 年 月 日 付款行名称：010401 收款人： 出票人账号：1044530100 本支票付款期限十天 人民币（大写） 亿 千 百 十 万 千 百 十 元 角 分 用途 上列款项请从 我账户内支付 出票人签章 复核 记账

附表 12-3

附加信息：	收款人签章 年 月 日	粘贴单处
	身份证件名称： 发证机关：	
	号码	

【业务 13】

附表 13-1

购销合同

供方：昊天陶瓷公司（以下简称为甲方）

法定代表人：李建强

地址：山东省淄博市联通路 53 号　　　　电话：0533-6140452

需方：天津陶瓷公司（以下简称为乙方）

法定代表人：李健

地址：天津市湖北路 10 号　　　　电话：022-76590789

为保护供需双方的合法权益，根据《中华人民共和国合同法》，经协商一致同意签订本合同。

一、

品名	单位	不含税单价	数量	金额
瓷球	千克	120.00	1 000	120 000.00
瓷砖	千克	150.00	1 000	150 000.00

合计人民币（大写）：贰拾柒万元整（￥270 000.00）

二、交货及验收

（一）交货实行送货制，即甲方应按订单所规定的时间（即 2019 年 12 月 07 日）将商品运至乙方所指定的交货地点交予乙方，运费由乙方承担。

（二）甲方交货时，货到现场时商品从卸货到进入乙方仓库中所发生的搬运工作一律由甲方负责，货到现场时乙方收货人员仅点收箱数或件数，以后乙方开箱时如发现商品数量、质量等不符合本合同的约定，则由甲方负责。

三、结算方式

（1）双方约定的现金折扣条件为：2/10，1/20，*n*/30，现金折扣只针对货款，不包括增值税税额。

……

十二、1. 合同正本一式二份，双方各执一份。2. 本合同经双方签字盖章后生效。

有效期限自 2019 年 09 月 01 日起至 2019 年 12 月 10 日止。

甲方：昊天陶瓷公司　　　　乙方：天津陶瓷公司

法定代表人：李建强　　　　法定代表人：李健

开户行：中国工商银行西山支行　　　　开户行：中国工商银行天津湖北路支行

账号：020002213456　　　　账号：6586129

附表 13-2

昊天陶瓷公司

产品出库单

2019年 12月07日　　第 04号　　　　　　　　金额单位：元

名称	规格	单位	数量	单价	金额
瓷球		千克	1 000	120.00	120 000.00
瓷砖		千克	1 000	150.00	150 000.00
合计					270 000.00

第二联　财务

会计主管：蔡祝明　　会计：张丽环　　保管员：陈亚群　　经办人：刘志伟

附表 13-3

山东增值税专用发票

3700082140　　　　　　　　No 08690248

记账联　　　　　　　　开票日期：2019年12月07日

购买方	名称：天津陶瓷公司 纳税人识别号：320888465372657 地址、电话：天津市湖北路10号 022-76590789 开户行及账号：中国工商银行天津湖北路支行 6586129	密码区	803+<3845335*<5>/>5->　加密版本：01 +*9>040/0/85-00517*-7 4-7*3899+600/4*/1<446　3700082140 95/7411684<><4+5>>50　01690248

货物或应税劳务、服务名称	规格型号	单位	数量	单价	金额	税率	税额
瓷球		千克	1 000	120.00	120 000.00	13%	15 600.00
瓷砖		千克	1 000	150.00	150 000.00	13%	19 500.00
合计					¥ 270 000.00		¥ 35 100.00
价税合计（大写）	¤叁拾万零伍仟壹佰圆整			（小写） ¥ 305 100.00			

销售方	名称：昊天陶瓷公司 纳税人识别号：210108200711018 地址、电话：山东省淄博市联通路53号 0533-6140452 开户行及账号：中国工商银行西山支行 020002213456	备注	昊天陶瓷公司 税号：210108200711018 发票专用章

收款人：王明光　　复核：肖文秀　　开票人：刘志伟　　销货单位：（章）

第一联记账联销售方记账凭证

【业务 14】

附表 14-1

付款申请书

2019年 12 月 07 日

用途及情况		金额（元）		收款单位（人）：李江运输公司			
支付运费		3 270.00		账号：64297501 开户行：中国银行西城支行			
金额合计：（大写）		叁仟贰佰柒拾元整		结算方式：转账支票			
总经理：	宗大利	财务部门	经理	蔡祝明	业务部门	经理	肖文秀
			会计	张丽环		经办人	刘志伟

附表 14-2

中国银行
转账支票存根（鲁）
E0 02 13389871
附加信息
出票日期2019年12月9日
收款人：李江运输公司
金 额：￥3 270.00
用 途：货款
单位主管 会计

附表 14-3

货物运输业增值税专用发票

抵扣联

NO 237030711102

开票日期：2019年12月07日

承运人及 纳税人识别号	刘来 370125197710034240			税控区	02318>9/99<173612--0/<*8<>26>0/<5065 18<21>-3>52*87-3<3+2254727<80<4*>9/+ *45463/1/>898>-/7586>/-8040>/67*3+18 *31<-6*<0+239<+76*2>8<1332+74*8-6*-+ 36663904*78>>1+06<01*-5++/38104740/5	
实际受票方及 纳税人识别号	昊天陶瓷公司 210108200711018					
收货人及 纳税人识别号	天津陶瓷公司 120008456732310			发货人及 纳税人识别号	昊天陶瓷公司 210108200711018	
起运地、经由、到达地	淄博至天津					
运输项目及金额	费用项目 金额 费用项目 金额 配送项目 3 000.00			运输货物信息	瓷球 瓷砖	
合计金额	¥ 3 000.00	税率	9%	税额	¥ 270.00	机器编号 191987654034
纳税合计（大写）	¤叁仟贰佰柒拾圆整			(小写)¥ 3 270.00		
车种车号	火车津CGU188	车船吨位	15	备注	李江运输公司 税号：210479865267583 发票专用章	
主管税务机关及代码	国家税务总局淄博市税务局 56896579					

收款人：王明光　　复核人：肖文秀　　开票人：刘志伟　　承运人：（章）

第二联：抵扣联　付款方抵扣凭证

附表 14-4

货物运输业增值税专用发票

发票联

NO 237030711102

开票日期：2019年12月07日

承运人及 纳税人识别号	刘来 370125197710034240			税控区	02318>9/99<173612--0/<*8<>26>0/<5065 18<21>-3>52*87-3<3+2254727<80<4*>9/+ *45463/1/>898>-/7586>/-8040>/67*3+18 *31<-6*<0+239<+76*2>8<1332+74*8-6*-+ 36663904*78>>1+06<01*-5++/38104740/5	
实际受票方及 纳税人识别号	昊天陶瓷公司 210108200711018					
收货人及 纳税人识别号	天津陶瓷公司 320888465372657			发货人及 纳税人识别号	昊天陶瓷公司 210108200711018	
起运地、经由、到达地	淄博至天津					
运输项目及金额	费用项目 金额 费用项目 金额 配送项目 3 000.00			运输货物信息	瓷球 瓷砖	
合计金额	¥3 000.00	税率	9%	税额	¥270.00	机器编号 191987654034
纳税合计（大写）	¤叁仟贰佰柒拾圆整			(小写)¥ 3 270.00		
车种车号	火车津CGU188	车船吨位	15	备注	李江运输公司 税号：210479865267583 发票专用章	
主管税务机关及代码	国家税务总局淄博市税务局 56896579					

收款人：王明光　　复核人：肖文秀　　开票人:刘志伟　　承运人：（章）

第三联　付款方发票凭证

【业务 15】

附表 15-1

中华人民共和国
税收完税证明

NO 337035595955584448

税务机关：国家税务总局张店区税务局第一税务所（办税服务厅）

填发日期：2019 年 12 月 08日

纳税人识别号	210108200711018			纳税人名称	昊天陶瓷公司
原凭证号	税种	品目名称	税款所属日期	入（退）库日期	实缴（退）金额
33703619010006912	增值税	瓷球、瓷砖	2019年11月01日至2019年11月31日	2019-12-08	¥ 112 000.00
金额合计	（大写）壹拾壹万贰仟元整				¥ 112 000.01
税务机关（盖章）	填票人 马丽	备注：课税数量、计算依据：861538.46税率0.13主管税务机关（科、分局）：国家税务总局淄博高新技术产业开发区税务局税源管理科			

国家税务总局淄博市税务局 11号 征税专用章

妥善保管

收据联 交纳税人完税凭证

附表 15-2

中华人民共和国
税收完税证明

NO 337035595955584448

税务机关：国家税务总局张店区税务局第一税务所（办税服务厅）

填发日期：2019 年 12 月 08日

纳税人识别号	210108200711018		纳税人名称	昊天陶瓷公司
原凭证号	税种	税款所属日期	入（退）库日期	实缴（退）金额
33703619010006900	印花税	2019年11月01日至2019年11月31日	2019-12-08	¥ 2 200.00
金额合计	（大写）人民币贰仟贰佰元整			¥ 2 200.00
税务机关（盖章）	填票人 马丽	备注：课税数量、计算依据：861538.46税率0.13主管税务机关（科、分局）：国家税务总局淄博高新技术产业开发区税务局税源管理科		

国家税务总局淄博市税务局 11号 征税专用章

妥善保管

收据联 交纳税人完税凭证

附表 15-3

中华人民共和国
税收完税证明

NO 337035595955584448

税务机关：国家税务总局张店区税务局第一税务所（办税服务厅）

填发日期：2019 年 12 月 08日

纳税人识别号	210108200711018		纳税人名称	昊天陶瓷公司
原凭证号	税种	税款所属日期	入（退）库日期	实缴（退）金额
33703619010006900	个人所得税	2019年11月01日至2019年11月31日	2019-12-08	￥ 167.90
金额合计	（大写）人民币壹佰陆拾柒元玖角			￥ 167.90
税务机关（盖章） 国家税务总局淄博市税务局 11号 征税专用章	填票人 马丽	备注：课税数量、计算依据：861538.46税率0.13主管税务机关（科、分局）：国家税务总局淄博高新技术产业开发区税务局税源管理科		

妥善保管

收据联 交纳税人完税凭证

附表 15-4

中华人民共和国
税收完税证明

NO 337035595955584448

税务机关：国家税务总局张店区税务局第一税务所（办税服务厅）

填发日期：2019 年 12 月 08日

纳税人识别号	210108200711018			纳税人名称	昊天陶瓷公司
原凭证号	税种	品目名称	税款所属日期	入（退）库日期	实缴（退）金额
33703619010011182	教育费附加	增值税教育费附加	2019-11-01至2019-11-30	2019-12-08	￥ 3 000
33703619010011182	水利建设专项收入	地方水利建设基金（附征）	2019-11-01至2019-11-30	2019-12-08	￥ 1 000
33703619010011182	地方教育费附加	增值税地方教育费附加	2019-11-01至2019-11-30	2019-12-08	￥ 2 000
33703619010011182	城市维护建设税	市区	2019-11-01至2019-11-30	2019-12-08	￥ 7 000
金额合计	（大写）人民币壹万叁仟元整				￥ 13 000
税务机关（盖章） 国家税务总局淄博市税务局 11号 征税专用章	填票人 马丽	备注：课税数量、计算依据：861538.46税率0.13主管税务机关（科、分局）：国家税务总局淄博高新技术产业开发区税务局税源管理科			

妥善保管

收据联 交纳税人完税凭证

附表 15-5

中国银行电子缴税付款凭证

转账日期：2019年12月08日　　凭证字号：000288398409

纳税人全称及纳税人识别号：昊天陶瓷公司
210108200711018
付款人全称：昊天陶瓷公司
付款人账号：49879087101　征收机关名称：国家税务总局淄博高新技术产业开发区税务局

付款人开户银行：中国银行联通路支行 收款国库（银行）名称：中华人民共和国国家金库淄博市高新技术开发区支库
小写金额（合计）：￥112 000.00　　缴款书交易流水号：39393089
大写金额：人民币壹拾壹万贰仟元整　　税票号码：3709908383838

税费（种）名称	所属日期	实缴金额
增值税	20191101-20191130	￥112 000.00

第二联　作付款回单（无银行收讫章无效）　复核　　记账

附表 15-6

中国银行电子缴税付款凭证

转账日期：2019年12月08日　　凭证字号：000288398409

纳税人全称及纳税人识别号：昊天陶瓷公司
210108200711018
付款人全称：昊天陶瓷公司
付款人账号：49879087101　征收机关名称：国家税务总局淄博高新技术产业开发区税务局

付款人开户银行：中国银行联通路支行 收款国库（银行）名称：中华人民共和国国家金库淄博市高新技术开发区支库
小写金额（合计）：￥167.90　　缴款书交易流水号：39393089
大写金额：人民币壹佰陆拾柒元玖角　　税票号码：3709908383838

税费（种）名称	所属日期	实缴金额
个人所得税	20191101-20191130	￥167.90

第二联　作付款回单（无银行收讫章无效）　复核　　记账

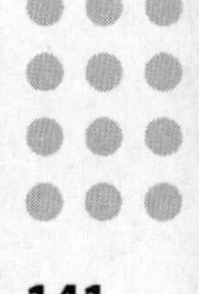

附表 15-7

中国银行电子缴税付款凭证

转账日期：2019年12月08日　　凭证字号：000288398409

纳税人全称及纳税人识别号：昊天陶瓷公司
210108200711018
付款人全称：昊天陶瓷公司
付款人账号：49879087101　征收机关名称：国家税务总局淄博高新技术产业开发区税务局

付款人开户银行：中国银行联通路支行 收款国库（银行）名称：中华人民共和国国家金库淄博市高新技术开发区支库
小写金额（合计）：¥13 000.00　　缴款书交易流水号：39393089
大写金额：人民币壹万叁仟元整　　税票号码：3709908383838

税费（种）名称	所属日期	实缴金额
教育费附加税	20191101-20191130	¥3 000.00
地方教育费附加	20191101-20191130	¥2 000.00
水利建设基金	20191101-20191130	¥1 000.00
城市维护建设税	20191101-20191130	¥7 000.00

第二联　作付款回单（无银行收讫章无效）　复核　　记账

附表 15-8

中国银行电子缴税付款凭证

转账日期：2019年12月08日　　凭证字号：000288398409

纳税人全称及纳税人识别号：昊天陶瓷公司
210108200711018
付款人全称：昊天陶瓷公司
付款人账号：49879087101　征收机关名称：国家税务总局淄博高新技术产业开发区税务局

付款人开户银行：中国银行联通路支行 收款国库（银行）名称：中华人民共和国国家金库淄博市高新技术开发区支库
小写金额（合计）：¥2 200.00　　缴款书交易流水号:39393089
大写金额：人民币贰仟贰佰元整　　税票号码：3709908383838

税费（种）名称	所属日期	实缴金额
印花税	20191101-20191130	¥2 200.00

第二联　作付款回单（无银行收讫章无效）　复核　　记账

【业务 16】

附表 16-1

山东增值税专用发票

3700082141　　（全国统一发票监制章 山东 国家税务总局监制）抵扣联　　No 01691347

开票日期：2019年12月09日

购买方	名　　称：昊天陶瓷公司 纳税人识别号：210108200711018 地 址、电 话：山东省淄博市联通路53号　0533-6140452 开户行及账号：中国银行联通路支行　010001212133			密码区	803+<3845335*<5>/>5-> +*9>040/0/85-00517*-7 4-7*3899+600/4*/1<446 95/7411684<><4+5>>50	加密版本：01 3700082140 01690248	
货物或应税劳务、服务名称	规格型号	单位	数　量	单　价	金　额	税率	税　额
展览费					7 500.00	6%	450.00
合　计					¥7 500.00		¥450.00
价税合计（大写）	⊗柒仟玖佰伍拾圆整				（小写）¥7 950.00		
销售方	名　　称：明天广告有限公司 纳税人识别号：370303789432792 地 址、电 话：西山山泉路146号　0533-48292001 开户行及账号：建行东城支行　37001636438754150290			备注	（明天广告有限公司 税号：370303789432792 发票专用章）		

复核：　　开票人：刘志伟　　单位：（章）

第二联 抵扣联 购买方扣税凭证

附表 16-2

山东增值税专用发票

3700082141　　（全国统一发票监制章 山东 国家税务总局监制）发票联　　No 01691347

开票日期：2019年12月09日

购买方	名　　称：昊天陶瓷公司 纳税人识别号：210108200711018 地 址、电 话：山东省淄博市联通路53号　0533-6140452 开户行及账号：中国银行联通路支行　010001212133			密码区	803+<3845335*<5>/>5-> +*9>040/0/85-00517*-7 4-7*3899+600/4*/1<446 95/7411684<><4+5>>50	加密版本：01 3700082140 01690248	
货物或应税劳务、服务名称	规格型号	单位	数　量	单　价	金　额	税率	税　额
展览费					7 500.00	6%	450.00
合　计					¥7 500.00		¥450.00
价税合计（大写）	⊗柒仟玖佰伍拾圆整				（小写）¥7 950.00		
销售方	名　　称：明天广告有限公司 纳税人识别号：370303789432792 地 址、电 话：西山山泉路146号　0533-482920011 开户行及账号：建行东城支行　37001636438754150290	备注			（明天广告有限公司 税号：370303789432792 发票专用章）		

复核：　　开票人：刘志伟　　单位：（章）

第三联 发票联 购买方记账凭证

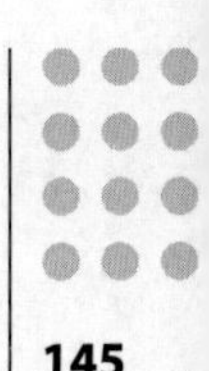

附表 16-3

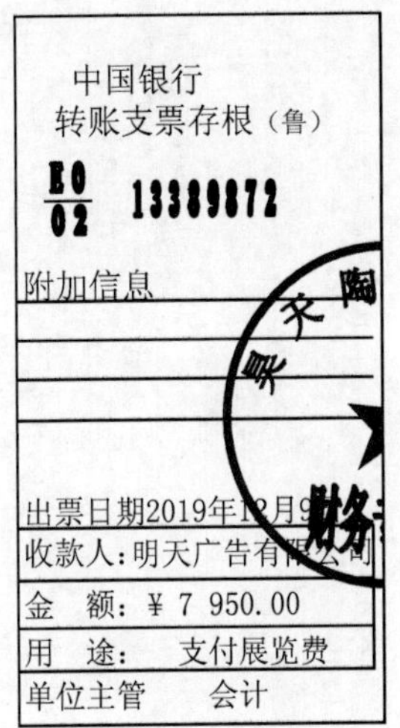

中国银行
转账支票存根（鲁）

E0
02 13389872

附加信息

出票日期2019年12月9日
收款人：明天广告有限公司
金　额：¥ 7 950.00
用　途：　支付展览费
单位主管　　会计

【业务 17】

附表 17-1

购销合同

供方：重庆联大公司（以下简称为甲方）
法定代表人：宋恒远
地址：重庆市渝成区开拓路 308 号　　　　电话：023-90907654
需方：昊天陶瓷公司（以下简称为乙方）
法定代表人：李建强
地址：山东省淄博市联通路 53 号　　　　电话：0533-6140452
为保护供需双方的合法权益，根据《中华人民共和国合同法》，经协商一致同意签订本合同。

一、

品名	单位	不含税单价	数量	金额
氧化铝粉	千克	14.00	500	7 000.00
铬粉	千克	30.00	100	3 000.00
锰粉	千克	46.00	100	4 600.00

合计人民币（大写）：壹万肆仟陆佰元整（¥ 14 600.00），定金为壹万元整（¥10 000.00）

二、交货及验收

（一）交货实行送货制，即甲方应按订单所规定的时间（即 2019 年 12 月 11 日）将商品运至乙方所指定的交货地点交予乙方。

（二）甲方交货时，货到现场时商品从卸货到进入乙方仓库中所发生的搬运工作一律由甲方负责，货到现场时乙方收货人员仅点收箱数或件数，以后乙方开箱时如发现商品数量、质量等不符合本合同的约定，则由甲方负责。

三、结算方式

（1）双方约定的现金折扣条件为：2/10，1/20，n/30，现金折扣只针对货款，不包括增值税税额。

……

十二、1. 合同正本一式二份，双方各执一份。2. 本合同经双方签字盖章后生效。

有效期限自 2019 年 09 月 27 日起至 2019 年 12 月 15 日止。

甲方：重庆联大公司
法定代表人：宋恒远
开户行：中国银行重庆市分行
账号：86473294

乙方：昊天陶瓷公司
法定代表人：李建强
开户行：中国工商银行天津湖北路支行
账号：658612

附表 17-2

付款申请书

2019年 12 月 11 日

用途及情况		金额（元）		收款单位（人）:重庆联大公司			
预付货款		10 000.00		账号: 86473294 开户行: 中国银行重庆市分行			
金额合计:（大写）		壹万元整		结算方式: 转账			
总经理:	宗大利	财务部门	经理	蔡祝明	业务部门	经理	肖文秀
			会计	张丽环		经办人	刘志伟

附表 17-3

 中国人民银行　支付系统专用凭证　　NO Q 000288398456

中国人民银行 C.N.A.P.S

机构代码：801010406　　打印日期：2019年12月11日　　打印时间：10：33：37
打印柜员：20909823　　授权柜员：

汇划渠道：大额支付　　业务类型：普通汇兑　　业务种类：网银支付
汇款日期：2019/12/11　　报文标识号：2019120190876534　　明细标识号：2019120190876534
账务日期：2019/12/11　　业务顺序号：90767867
付款人账号：49879087
付款人名称：昊天陶瓷公司
付款人地址：淄博市联通路
发起行行号：020002
发起行行名：中国工商银行西山支行
收款人账号：020002213456
收款人名称：重庆联大公司
收款人地址：重庆市渝城区开拓路308号
接收行行号：864732
接收行行名：中国银行重庆市分行
汇划金额（大写）：人民币壹万元整
汇划金额（小写）：RMB10 000.00　　借贷别：贷记
凭证号码：
附　言：

入账账号：86473294
入账户名：重庆联大公司
入账日期：2019/12/11　　入账方式：已自动处理
打印次数：01

第二联 作客户通知单　会计　　复核　　记账 王敏

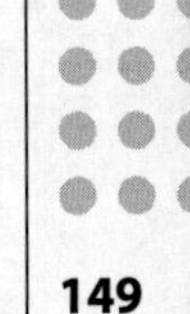

【业务 18】

附表 18-1

重庆增值税专用发票

3700082141　　抵扣联　　No 02690347

开票日期：2019年12月12日

购买方	名　　称：昊天陶瓷公司 纳税人识别号：210108200711018 地 址、电 话：山东省淄博市联通路53号　0533-6140452 开户行及账号：中国银行联通路支行　010001212133	密码区	803+<3845335*<5>/>5->　加密版本：01 +*9>040/0/85-00517*-7 4-7*3899+600/4*/1<446　3700082140 95/7411684<>><4+5>>50　01690248

货物或应税劳务、服务名称	规格型号	单位	数量	单价	金额	税率	税额
氧化铝粉		千克	500	14	7 000.00	13%	910.00
铬粉		千克	100	30	3 000.00	13%	390.00
锰粉		千克	100	46	4 600.00	13%	598.00
合　计					¥14 600.00		¥1 898.00
价税合计（大写）	⊗壹万陆仟肆佰玖拾捌圆整						（小写）¥16 498.00

销售方	名　　称：重庆联大公司 纳税人识别号：210479865267583 地 址、电 话：重庆市渝成区开拓路308号　023-90907654 开户行及账号：中国银行重庆市分行　86473294	备注	重庆联大公司 税号：210479865267583 发票专用章

复核：　　开票人：刘志伟　　单位：（章）

第二联 抵扣联 购买方扣税凭证

附表 18-2

重庆增值税专用发票

3700082141　　发票联　　No 02690347

开票日期：2019年12月12日

购买方	名　　称：昊天陶瓷公司 纳税人识别号：210108200711018 地 址、电 话：山东省淄博市联通路53号　0533-6140452 开户行及账号：中国银行联通路支行　010001212133	密码区	803+<3845335*<5>/>5->　加密版本：01 +*9>040/0/85-00517*-7 4-7*3899+600/4*/1<446　3700082140 95/7411684<>><4+5>>50　01690248

货物或应税劳务、服务名称	规格型号	单位	数量	单价	金额	税率	税额
氧化铝粉		千克	500	14	7 000.00	13%	910.00
铬粉		千克	100	30	3 000.00	13%	390.00
锰粉		千克	100	46	4 600.00	13%	598.00
合　计					¥14 600.00		¥1 898.00
价税合计（大写）	⊗壹万陆仟肆佰玖拾捌圆整						（小写）¥16 498.00

销售方	名　　称：重庆联大公司 纳税人识别号：210479865267583 地 址、电 话：重庆市渝成区开拓路308号　023-90907654 开户行及账号：中国银行重庆市分行　86473294	备注	重庆联大公司 税号：210479865267583 发票专用章

复核：　　开票人：刘志伟　　单位：（章）

第三联 发票联 购买方记账凭证

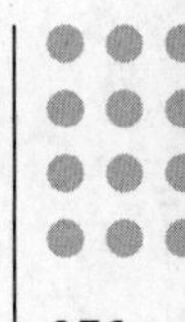

附表 18-3

货物运输业增值税专用发票

抵扣联

NO 237030711102

开票日期：2019年12月12日

承运人及纳税人识别号	刘来 370125197710034240	税控区	02318>9/99<173612--0/<*8<>26>0/<5065 18<21>-3>52*87-3<3+2254727<80<4*>9/+ *45463/1/>898>-/7586>/-8040>/67*3+18 *31<-6*<0+239<+76*2>8<1332+74*8-6*-+ 36663904*78>>1+06<01*-5++/38104740/5	第二联 付款方抵扣凭证
实际受票方及纳税人识别号	昊天陶瓷公司 210108200711018			
收货人及纳税人识别号	重庆联大公司 210479865267583	发货人及纳税人识别号	昊天陶瓷公司 210108200711018	
起运地、经由、到达地	淄博至重庆			
运输项目及金额	费用项目 金额 费用项目 金额 配送项目 2 800.00	运输货物信息	氧化铝粉 铬粉 锰粉	
合计金额	¥2 800.00 税率 9% 税额 ¥252.00	机器编号	191241354034	
纳税合计（大写）	⊗叁仟零伍拾贰圆整	（小写）¥3 052.00		
车种车号	火车渝CGU188 车船吨位 15			
主营税务机关及代码	国家税务总局淄博市税务局 56896579	备注	李江运输公司 税号：210479865267583 发票专用章	

收款人：王明光　　复核人：肖文秀　　开票人：刘志伟　　承运人：（章）

附表 18-4

货物运输业增值税专用发票

发票联

NO 237030711102

开票日期：2019年12月12日

承运人及纳税人识别号	刘来 370125197710034240	税控区	02318>9/99<173612--0/<*8<>26>0/<5065 18<21>-3>52*87-3<3+2254727<80<4*>9/+ *45463/1/>898>-/7586>/-8040>/67*3+18 *31<-6*<0+239<+76*2>8<1332+74*8-6*-+ 36663904*78>>1+06<01*-5++/38104740/5	第三联 付款方发票凭证
实际受票方及纳税人识别号	昊天陶瓷公司 210108200711018			
收货人及纳税人识别号	重庆联大公司 210479865267583	发货人及纳税人识别号	昊天陶瓷公司 210108200711018	
起运地、经由、到达地	淄博至重庆			
运输项目及金额	费用项目 金额 费用项目 金额 配送项目 2 800.00	运输货物信息	氧化铝粉 铬粉 锰粉	
合计金额	¥2 800.00 税率 9% 税额 ¥252.00	机器编号	191241354034	
纳税合计（大写）	⊗叁仟零伍拾贰圆整	（小写）¥3 052.00		
车种车号	火车渝CGU188 车船吨位 15			
主营税务机关及代码	国家税务总局淄博市税务局 56896579	备注	李江运输公司 税号：210479865267583 发票专用章	

收款人：王明光　　复核人：肖文秀　　开票人：刘志伟　　承运人：（章）

附表 18-5

运杂费分配表

2019 年 12 月 12 日

材料名称	分配标准	分配率	分配金额（元）	备注
				运费按材料的重量比例分配（分配率保留4位小数）
合计				

审核：蔡祝明　　制单：李文秀

说明：前面已经预付款项。

【业务 19】

附表 19-1

昊天陶瓷公司

收 料 单

No 0011544

2019年 12 月 13 日　　金额单位：元

名 称	规格	单位	数量		单价	发票金额	运杂费	其他	合计	损耗
			应收	实收						
氧化铝粉		千克	500	490						
铬粉		千克	100	100						
锰粉		千克	100	100						
备注：										

第二联　财务

会计主管：蔡祝明　会计：张丽环　保管员：陈亚群　经办人：柴新新

说明：少收的 10 千克氧化铝粉为合理损耗；请注意记账时的入库数量。

【业务 20】

附表 20-1

付款申请书

2019 年 12 月 13 日

用途及情况	金额（元）	收款单位（人）：重庆联大公司
补付货款	11 818.00	账号：86473294 开户行：中国银行重庆市分行
金额合计：（大写）	壹万壹仟捌佰壹拾捌元整	结算方式：转账支票

总经理：	宗大利	财务部门	经理	蔡祝明	业务部门	经理	肖文秀
			会计	张丽环		经办人	刘志伟

附表 20-2

中国银行 转账支票存根（鲁） E0/02 13389895 附加信息 出票日期 年 月 日 收款人： 金 额： 用 途： 单位主管 会计	本支票付款期限十天	中国工商银行 转账支票（鲁） E0/02 13389895 中行淄博分行 出票日期（大写） 年 月 日 付款行名称：010001 收款人： 出票人账号：010001212133 人民币（大写） 亿 千 百 十 万 千 百 十 元 角 分 用途 上列款项请从 我账户内支付 出票人签章 复核 记账

附表 20-3

附加信息：	被背书人：	被背书人：	（贴粘单处）
	背书人签章 年 月 日	背书人签章 年 月 日	

根据《中华人民共和国票据法》等法律法规的规定，签发空头支票由中国人民银行处以票面金额5%但不低于1 000元的罚款。

【业务 21】

附表 21-1

中国银行
现金支票存根（鲁）
E0/02 13389878
附加信息

出票日期:2019年12月14日
收款人：昊天陶瓷公司
金 额：¥163 779.36
用 途：发放工资
单位主管 会计

附表 21-2

工资结算表

2019 年 11 月 31 日

单位：元

职工姓名	所属部门	职务	月标准工资	请假扣款	应发工资	养老保险 8%	医疗保险 2%	失业保险 0.2%	住房公积金 12%	个人所得税	代扣工资小计	实发工资
宗大利	办公室	总经理	9 580.00		9 580.00	766.40	191.60	19.16	1 149.60	27.00	2 153.76	7 426.24
赵阳	办公室	科员	4 500.00		4 500.00	360.00	90.00	9.00	540.00		999.00	3 501.00
办公室小计			14 080.00		14 080.00	1 126.40	281.60	28.16	1 689.60	27.00	3 152.76	10 927.24
蔡祝明	财务部	会计主管	9 230.00		9 230.00	738.40	184.60	18.46	1 107.60	5.43	2 054.49	7 175.51
王明光	财务部	出纳	4 500.00		4 500.00	360.00	90.00	9.00	540.00		999.00	3 501.00
张丽环	财务部	会计	4 100.00	25.00	4 075.00	328.00	82.00	8.20	492.00		910.20	3 164.80
李文秀	财务部	会计	4 100.00		4 100.00	328.00	82.00	8.20	492.00		910.20	3 189.80
赵书燕	财务部	会计	4 100.00		4 100.00	328.00	82.00	8.20	492.00		910.20	3 189.80
冯洁	财务部	会计	4 800.00		4 800.00	384.00	96.00	9.60	576.00		1 065.60	3 734.40
财务部小计			30 830.00	25.00	30 805.00	2 466.40	616.60	61.66	3 699.60	5.43	6 849.69	23 955.31
柴新新	采购部	主管	8 268.00		8 268.00	661.44	165.36	16.54	992.16		1 835.50	6 432.50
苏丽	采购部	业务员	4 200.00		4 200.00	336.00	84.00	8.40	504.00		932.40	3 267.60
采购部小计			12 468.00		12 468.00	997.44	249.36	24.94	1 496.16		2 767.90	9 700.10
肖文秀	销售部	主管	8 940.00		8 940.00	715.20	178.80	17.88	1 072.80		1 984.68	6 955.32
刘志伟	销售部	业务员	4 200.00		4 200.00	336.00	84.00	8.40	504.00		932.40	3 267.60
销售部小计			13 140.00		13 140.00	1 051.20	262.80	26.28	1 576.80		2 917.08	10 222.92
陈亚群	仓储部	仓库主管	4 908.00		4 908.00	392.64	98.16	9.82	588.96		1 089.58	3 818.42
贾谊	仓储部	仓管员	3 980.00		3 980.00	318.40	79.60	7.96	477.60		883.56	3 096.44

续表

职工姓名	所属部门	职务	月标准工资	请假扣款	应发工资	养老保险 8%	医疗保险 2%	失业保险 0.2%	住房公积金 12%	个人所得税	代扣工资小计	实发工资
马明	人力资源部	主任	7 690.00		7 690.00	615.20	153.80	15.38	922.80		1 707.18	5 982.82
蔡强	质检部	主任	7 850.00		7 850.00	628.00	157.00	15.70	942.00		1 742.70	6 107.30
车强	原料车间	车间主任	5 500.00		5 500.00	440.00	110.00	11.00	660.00		1 221.00	4 279.00
张港	原料车间	生产工人	4 300.00		4 300.00	344.00	86.00	8.60	516.00		954.60	3 345.40
…		生产工人										
原料车间生产工人小计		生产工人	25 000.00		25 000.00	2 000.00	500.00	50.00	3 000.00		5 550.00	19 450.00
贾琪	成型车间	车间主任	5 700.00		5 700.00	456.00	114.00	11.40	684.00		1 265.40	4 434.60
周晓华	成型车间	生产工人	4 200.00		4 200.00	336.00	84.00	8.40	504.00		932.40	3 267.60
…		生产工人										
成型车间生产工人小计		生产工人	47 000.00		47 000.00	3 760.00	940.00	94.00	5 640.00		10 434.00	36 566.00
李民秀	机修车间	车间主任	5 800.00	50.00	5 750.00	464.00	116.00	11.60	696.00		1 287.60	4 462.40
朱力伟	机修车间	生产工人	4 180.00		4 180.00	334.40	83.60	8.36	501.60		927.96	3 252.04
…		生产工人										
机修车间小计		生产工人	26 800.00	50.00	26 750.00	2 144.00	536.00	53.60	3 216.00		5 949.60	20 800.40
合计			210 746.00	125.00	210 621.00	16 859.68	4 214.92	421.49	25 289.52	32.43	46 818.04	163 802.96

审核：蔡祝明　　　　制单：李文秀

【业务 22】

附表 22-1

3700082140　　**山东增值税专用发票**　　No 02790248

记　账　联

<table>
<tr><td rowspan="4">购买方</td><td colspan="4">名　　称：大连智慧公司
纳税人识别号：108369856623251
地 址、电 话：哈尔滨市平房区和平路25号　0411-1987656
开户行及账号：中国银行平房支行　438105487</td><td>密码区</td><td colspan="3">803+<3845335*<5>/>5->　加密版本：01
+*9>040/0/85-00517*-7
4-7*3899+600/4*/1<446　3700082140
95/7411684<>><4+5>>50　01690248</td></tr>
</table>

货物或应税劳务、服务名称	规格型号	单位	数量	单价	金额	税率	税额
瓷球		千克	500	120.00	60 000.00	13%	7 800.00
合　计					¥ 60 000.00		¥7 800.00
价税合计（大写）	⊗陆万柒仟捌佰圆整			（小写）	¥67 800.00		

<table>
<tr><td>销售方</td><td>名　　称：昊天陶瓷公司
纳税人识别号：210108200711018
地 址、电 话：山东省淄博市联通路53号 0533-6140452
开户行及账号：中国工商银行西山支行 020002213456</td><td>备注</td><td>昊天陶瓷公司
税号：210108200711018
发票专用章</td></tr>
</table>

收款人：王明光　　复核：肖文秀　　开票人：刘志伟　　销货单位：（章）

第一联记账联销售方记账凭证

附表 22-2

昊天陶瓷公司

产品出库单

2019 年 12 月 15 日　　第 05 号　　金额单位：元

名称	规格	单位	数量	单价	金额
瓷球		千克	500	120.00	60 000.00
合　计					60 000.00

第二联　财务

会计主管：蔡祝明　　会计：张丽环　　保管员：陈亚群　　经办人：刘志伟

附表 22-3

中国人民银行支付系统专用凭证　NO Q 000288398482

机构代码：801010406　　打印日期：2019年12月15日　　打印时间：10：33：37
打印柜员：20909823　　授权柜员：

汇划渠道：大额支付　　业务类型：普通汇兑　　业务种类：网银支付
汇款日期：2019/12/15　　报文标识号：2019121590876534　　明细标识号：2019120190876534
账务日期：2019/12/15　　业务顺序号：90767867
付款人账号：49879087
付款人名称：大连智慧公司
付款人地址：哈尔滨市平房区和平路25号
发起行行号：49879
发起行行名：中国银行平房支行
收款人账号：020002213456
收款人名称：昊天陶瓷公司
收款人地址：中国工商银行西山支行
接收行行号：020002
接收行行名：中国工商银行西山支行
汇划金额（大写）：人民币陆万柒仟捌佰元整
汇划金额（小写）：RMB67 800.00　　借贷别：贷记
凭证号码：
附　　言：

入账账号：020002213456
入账户名：昊天陶瓷公司
入账日期：2019/12/15　　入账方式：已自动处理
打印次数：01

第二联　作客户通知单　　会计　　复核　　记账　王敏

【业务 23】

附表 23-1

付款申请书

2019年 12 月 16 日

用途及情况		金额（元）	收款单位（人）：宏泰物业公司			
卫生清扫		1 200.00	账号：			
			开户行：			
金额合计：（大写）		壹仟贰佰元整	结算方式：现金			
总经理：	宗大利	财务部门	经理	蔡祝明	业务部门	经理	肖文秀
			会计	张丽环		经办人	刘志伟

附表 23-2

收款收据

2019 年 12 月 16 日

<table>
<tr><td>交款单位</td><td>昊天陶瓷公司</td><td>交款方式</td><td colspan="9">现金</td></tr>
<tr><td rowspan="2">人民币</td><td rowspan="2" colspan="2">壹仟贰佰元整</td><td>百</td><td>十</td><td>万</td><td>千</td><td>百</td><td>十</td><td>元</td><td>角</td><td>分</td></tr>
<tr><td></td><td></td><td>¥</td><td>1</td><td>2</td><td>0</td><td>0</td><td>0</td><td>0</td></tr>
<tr><td>交款事由</td><td colspan="11">卫生清扫费　（印章：安泰物业公司 财务专用章）</td></tr>
</table>

第二联收款收据

单位盖章：　会计主管：王红梅　会计：张晓环　出纳：王大光　经办：刘项伟

【业务 24】

附表 24-1

报销单

填报日期：　2019 年 12月 17日　　单据及附件共 1 张

<table>
<tr><td rowspan="2">姓名</td><td rowspan="2">刘志伟</td><td rowspan="2">所属部门</td><td rowspan="2">销售部</td><td>报销形式</td><td>现金</td></tr>
<tr><td>支票号码</td><td></td></tr>
<tr><td colspan="3">报销项目</td><td>摘要</td><td colspan="1">金额</td><td>备注：</td></tr>
<tr><td colspan="3">汽车加油费</td><td>报销汽车加油费</td><td>1 800.00</td><td></td></tr>
<tr><td colspan="3"></td><td></td><td></td><td></td></tr>
<tr><td colspan="3"></td><td></td><td></td><td></td></tr>
<tr><td colspan="3"></td><td></td><td></td><td></td></tr>
<tr><td colspan="3"></td><td></td><td></td><td></td></tr>
<tr><td colspan="4">合　计</td><td>¥1 800.00</td><td></td></tr>
<tr><td colspan="4">金额大写：壹仟捌佰元整</td><td>原借款：　元</td><td>应退（补）款：　元</td></tr>
</table>

总经理：宗大利　财务经理：蔡祝明　部门经理：肖文秀　会计：赵书燕　出纳：王明光　报销人：刘志伟

附表 24-2

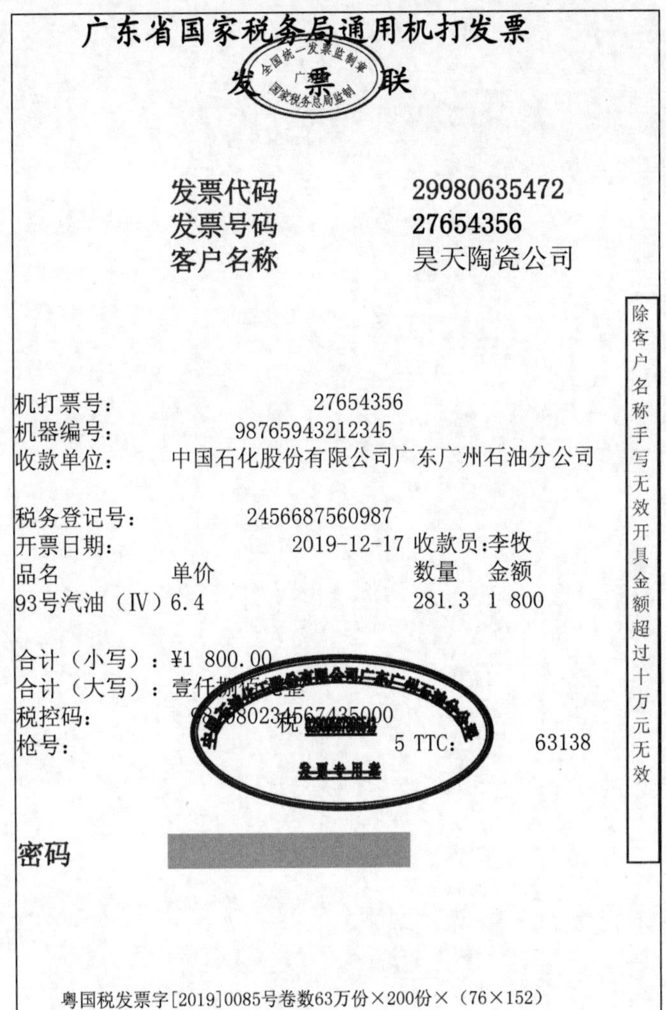

广东省国家税务局通用机打发票

发票联

发票代码 29980635472
发票号码 27654356
客户名称 昊天陶瓷公司

机打票号: 27654356
机器编号: 98765943212345
收款单位: 中国石化股份有限公司广东广州石油分公司

税务登记号: 2456687560987
开票日期: 2019-12-17 收款员:李牧

品名	单价	数量	金额
93号汽油（IV）	6.4	281.3	1 800

合计（小写）：¥1 800.00
合计（大写）：壹仟捌佰元整
税控码: 9?8802345674350000
枪号: 5 TTC: 63138

密码

除客户名称手写无效开具金额超过十万元无效

粤国税发票字[2019]0085号卷数63万份×200份×（76×152）

*广东神州票证印刷有限公司2019年1月印

【业务 25】

附表 25-1

付款申请书

2019年 12月 17日

用途及情况	金额（元）	收款单位（人）：圆通快递				
快递费	15.00	账号：				
		开户行：				
金额合计：（大写）	壹拾伍元整	结算方式：现金				
总经理：宗大利	财务部门	经理	蔡祝明	业务部门	经理	肖文秀
		会计	张丽环		经办人	刘志伟

附表 25-2

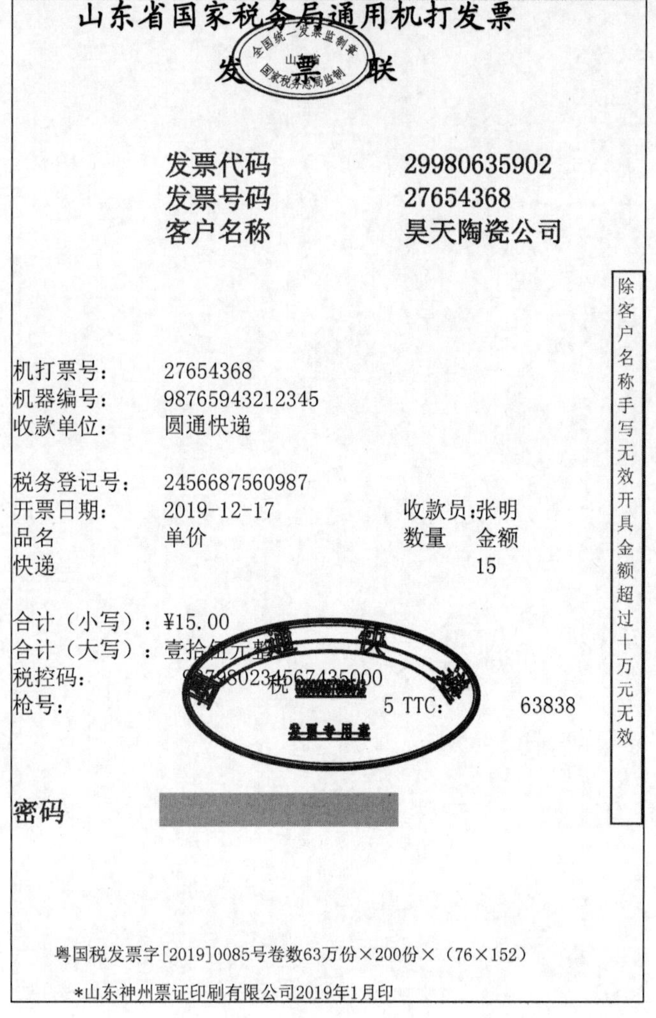

山东省国家税务局通用机打发票

发票联

发票代码 29980635902
发票号码 27654368
客户名称 昊天陶瓷公司

机打票号：27654368
机器编号：98765943212345
收款单位：圆通快递

税务登记号：2456687560987
开票日期：2019-12-17 收款员:张明
品名 单价 数量 金额
快递 15

合计（小写）：¥15.00
合计（大写）：壹拾伍元整
税控码：
枪号：5 TTC： 63838

密码

粤国税发票字[2019]0085号卷数63万份×200份×（76×152）

*山东神州票证印刷有限公司2019年1月印

除客户名称手写无效开具金额超过十万元无效

【业务 26】

附表 26-1

现金折扣计算表

编制单位：昊天陶瓷公司　　2019年12月17日　　金额单位：元

品 名	金 额	税 额	折扣率	折扣额	合 计
货款	270 000	35 100	0.02	6 102	298 998

审核：蔡祝明　　制单：张丽环

注：只有货款有折扣，税款无折扣。

附表 26-2

中国人民银行支付系统专用凭证 NO Q 000288398456

机构代码：801010406 打印日期：2019年12月17日 打印时间：10：33：37
打印柜员：20909823 授权柜员：

汇划渠道：大额支付 业务类型：普通汇兑 业务种类：网银支付
汇款日期：2019/12/17 报文标识号：2019120190876534 明细标识号：2019120190876534
账务日期：2019/12/17 业务顺序号：90767867
付款人账号：49879087
付款人名称：天津陶瓷公司
付款人地址：天津市湖北路
发起行行号：49879
发起行行名：中国工商银行天津湖北路支行
收款人账号：020002213456
收款人名称：昊天陶瓷公司
收款人地址：中国工商银行西山支行
接收行行号：020002
接收行行名：中国工商银行西山支行
汇划金额（大写）：人民币贰拾玖万捌仟玖佰玖拾捌元整
汇划金额（小写）：RMB298 998.00 借贷别：贷记
凭证号码：
附 言：

入账账号：020002213456
入账户名：昊天陶瓷公司
入账日期：2019/12/17 入账方式：已自动处理
打印次数：01

第二联 作客户通知单 会计 复核 记账 王敏

【业务 27】

附表 27-1

中国银行
转账支票存根（鲁）
E0 02 13389893
附加信息

出票日期:2019年12月18日
收款人：昊天陶瓷公司
金 额：¥50 579.04
用 途：住房公积金
单位主管 会计

附表 27-2

中国银行 BANK OF CHINA 住房公积金汇缴专用凭证

NO. 0043890

2019 年 12 月 18 日

<table>
<tr><td rowspan="3">付款人</td><td>单位名称</td><td>昊天陶瓷公司</td><td rowspan="3">收款人</td><td>单位名称</td><td colspan="8">昊天陶瓷公司</td></tr>
<tr><td>账号</td><td>10001212133</td><td>账号</td><td colspan="8">20002213967</td></tr>
<tr><td>开户银行</td><td>中国银行联通路支行</td><td>开户银行</td><td colspan="8">中国工商银行西山支行</td></tr>
<tr><td rowspan="2" colspan="2">汇缴金额（大写）</td><td rowspan="2" colspan="3">伍万零伍佰柒拾玖元零肆分</td><td>十</td><td>万</td><td>千</td><td>百</td><td>十</td><td>元</td><td>角</td><td>分</td></tr>
<tr><td>¥</td><td>5</td><td>0</td><td>5</td><td>7</td><td>9</td><td>0</td><td>4</td></tr>
<tr><td colspan="2">汇缴单位</td><td>昊天陶瓷公司</td><td>单位公积金账号</td><td>20002213967</td><td colspan="8">汇缴：2019 年 12 月</td></tr>
</table>

<table>
<tr><td colspan="2">上月汇缴</td><td colspan="2">本月增加汇缴</td><td colspan="2">本月减少汇缴</td><td colspan="2">本月补缴</td><td colspan="4">本月总汇缴</td></tr>
<tr><td rowspan="2">人数</td><td rowspan="2">金额</td><td rowspan="2">人数</td><td rowspan="2">金额</td><td rowspan="2">人数</td><td rowspan="2">金额</td><td rowspan="2">人数</td><td rowspan="2">金额</td><td rowspan="2">人数</td><td colspan="3">金额</td></tr>
<tr><td>合计</td><td>个人</td><td>单位</td></tr>
<tr><td></td><td></td><td></td><td></td><td></td><td></td><td></td><td></td><td></td><td>50 579.04</td><td>25 283.52</td><td>25 283.52</td></tr>
<tr><td colspan="12">补缴清册 页
附：补缴清册 页
变更清册： 页
经办银行网点盖章 主管： 复核： 经办：</td></tr>
</table>

第四联：经办网点公积专柜给客户的汇缴回单

附表 27-3

中华人民共和国
税收电子转账专用完税证

(国) （201912）鲁国电

填发日期： 2019 年 12 月 18 日

<table>
<tr><td>税务登记代码</td><td colspan="2">210108200711018</td><td>征收机关</td><td colspan="2">国家税务总局张店区税务局城区分局</td></tr>
<tr><td>纳税人全称</td><td colspan="2">昊天陶瓷公司</td><td colspan="2">收款银行（邮局）</td><td>中国银行联通路支行</td></tr>
<tr><td colspan="2">税（费）种</td><td>所属日期</td><td colspan="3">实缴金额</td></tr>
<tr><td colspan="2">养老保险
医疗保险
失业保险
工伤保险
生育保险</td><td>2019年11月01日至2019年11月30日</td><td colspan="3">¥50 579.03
¥25 289.52
¥2 528.95
¥632.24
¥1 685.97</td></tr>
<tr><td>金额合计</td><td colspan="5">（大写）捌万零柒佰壹拾伍元柒角壹分</td></tr>
<tr><td>税务机关
（盖章）
国家税务总局淄博市税务局 征税专用章</td><td>收款银行（邮局）
（盖章）</td><td>经手人
（盖章）</td><td>备注</td><td colspan="2">淄博高张店国家税务局城区
[电子号码]：370005001924434382
[种类]正税</td></tr>
</table>

电脑打印 手工无效

此凭证仅作纳税人完税凭证 此外无效

【业务 28】

附表 28-1

付款申请书

2019 年 12 月 19 日

<table>
<tr><td colspan="3">用途及情况</td><td colspan="2">金额（元）</td><td colspan="4">收款单位（人）：淄博市福利院</td></tr>
<tr><td colspan="3" rowspan="2">向福利院捐款</td><td colspan="2" rowspan="2">50 000.00</td><td colspan="4">账号：76453020</td></tr>
<tr><td colspan="4">开户行：中国工商银行东文支行</td></tr>
<tr><td colspan="3">金额合计：（大写）</td><td colspan="2">伍万元整</td><td colspan="4">结算方式：转账支票</td></tr>
<tr><td rowspan="2">总经理：</td><td rowspan="2">宗大利</td><td rowspan="2">财务部门</td><td>经理</td><td>蔡祝明</td><td rowspan="2">业务部门</td><td>经理</td><td>肖文秀</td></tr>
<tr><td>会计</td><td>张丽环</td><td>经办人</td><td>刘志伟</td></tr>
</table>

附表 28-2

公益事业捐赠统一票据

国财

2019 年 12月 19日

捐赠人　昊天陶瓷公司　　　　NO. 1100179048

捐赠项目	实物（外币）种类	数量	金额（元）
筑巢行动	人民币		50 000.00
金额合计（小写）			
金额合计（大写）	伍万元整		

接受单位（盖章）：淄博市福利院 财务专用章　　复核人：　　开票人：王平

感谢您对公益事业的支持！

第二联收据

附表 28-3

<table>
<tr><td>中国银行
转账支票存根（鲁）
E0/02　13389874
附加信息

出票日期　年　月　日
收款人：
金　额：
用　途：
单位主管　　会计</td><td>中国银行　转账支票（鲁）　中行淄博分行　E0/02　13389874
出票日期（大写）　　年　月　日　付款行名称：010001
收款人：　　出票人账号：010001212133
本支票付款期限十天
人民币（大写）　亿 千 百 十 万 千 百 十 元 角 分
用途
上列款项请从
我账户内支付
出票人签章　　　复核　　记账</td></tr>
</table>

附表 28-4

<table>
<tr><td rowspan="2">附加信息：</td><td>被背书人：</td><td>被背书人：</td><td rowspan="2">（贴粘单处）</td></tr>
<tr><td>

背书人签章

年　月　日</td><td>

背书人签章

年　月　日</td></tr>
</table>

根据《中华人民共和国票据法》等法律法规的规定，签发空头支票由中国人民银行处以票面金额5%但不低于1 000元的罚款。

【业务 29】

附表 29-1

罚款通知单

2019 年12月18日

<table>
<tr><td colspan="2">受罚单位（人）</td><td colspan="4">周晓华</td></tr>
<tr><td colspan="2">工作内容</td><td colspan="4">陶瓷成型</td></tr>
<tr><td rowspan="3">处罚原因及金额</td><td colspan="5">根据《公司安全生产管理制度》规定，周晓华违反了第五十三条：“违反操作规程冒险作业”，现责令改正，于收到罚款通知单之日起三日内缴纳罚款800元。
（昊天陶瓷公司 财务专用章）</td></tr>
<tr><td>罚款金额（大写）</td><td colspan="3">人民币捌佰元整</td><td>¥800.00</td></tr>
<tr><td>验证人</td><td>贾　琪</td><td>批准</td><td colspan="2">宗大利</td></tr>
</table>

附表 29-2

收 款 收 据

2019年12月19日

<table>
<tr><td>交款单位</td><td>职工</td><td>交款方式</td><td colspan="9">现金</td></tr>
<tr><td rowspan="2">人民币</td><td colspan="2" rowspan="2">捌佰元整</td><td>百</td><td>十</td><td>万</td><td>千</td><td>百</td><td>十</td><td>元</td><td>角</td><td>分</td></tr>
<tr><td></td><td></td><td></td><td>¥</td><td>8</td><td>0</td><td>0</td><td>0</td><td>0</td></tr>
<tr><td>交款事由</td><td colspan="11">违章罚款</td></tr>
</table>

第二联收款收据

单位盖章：（昊天陶瓷公司 财务专用章）　会计主管：蔡祝明　会计：张丽环　出纳：王明光　经办：刘志伟

【业务 30】

附表 30-1

购销合同

供方：郑州万科有限公司（以下简称为甲方）

法定代表人：胡凯华

地址：郑州市紫金山区十里堡 10 号　电话：0371-11879856

需方：昊天陶瓷公司（以下简称为乙方）

法定代表人：李建强

地址：山东省淄博市联通路 53 号　电话：0533-6140452

为保护供需双方的合法权益，根据《中华人民共和国合同法》，经协商一致同意签订本合同。

一、

品名	单位	不含税单价	数量	金额
氧化铝粉	千克	12.00	5 000.00	60 000.00

合计人民币（大写）：陆万元整（￥60 000.00）

二、交货及验收

（一）交货实行送货制，即甲方应按订单所规定的时间(即 2019 年 12 月 19 日）将商品运至乙方所指定的交货地点交予乙方。

（二）甲方交货时，货到现场时商品从卸货到进入乙方仓库中所发生的搬运工作一律由甲方负责，货到现场时乙方收货人员仅点收箱数或件数，以后乙方开箱时如发现商品数量、质量等不符合本合同的约定，则由甲方负责。

三、结算方式

（1）双方约定的现金折扣条件为：2/10，1/20，n/30，现金折扣只针对货款，不包括增值税税额。

……

十二、1.合同正本一式二份，双方各执一份。2.本合同经双方签字盖章后生效。

有效期限自 2019 年 11 月 04 日起至 2019 年 12 月 25 日止。

郑州万科有限公司
合同专用章
华胡
印凯

甲方：郑州万科有限公司

法定代表人：胡凯华

开户行：中国银行郑州分行紫金山支行

账号：58726367

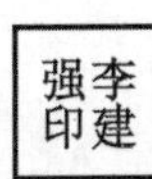

乙方：昊天陶瓷公司

法定代表人：李建强

开户行：中国工商银行天津湖北路支行

账号：6586129

附表 30-2

河南增值税专用发票

3700082141 抵扣联 No 01691347

开票日期：2019年12月19日

购买方	名称：昊天陶瓷公司 纳税人识别号：210108200711018 地址、电话：山东省淄博市联通路53号 0533-6140452 开户行及账号：中国工商银行西山支行 020002213456				密码区	803+<3845335*<5>/>5-> 加密版本：01 +*9>040/0/85-00517*-7 4-7*3899+600/4*/1<446 3700082140 95/7411684<>><4+5>>50 01690248		
货物或应税劳务、服务名称	规格型号	单位	数量	单价	金额		税率	税额
氧化铝粉		千克	5 000	12	60 000.00		13%	7 800.00
合计					¥60 000.00			¥7 800.00
价税合计（大写）	⊗陆万柒仟捌佰圆整				（小写）¥67 800.00			
销售方	名称：郑州万科有限公司 纳税人识别号：110567453698462 地址、电话：郑州市紫金山区十里堡10号 0371-11879856 开户行及账号：中国银行郑州分行紫金山支行 58726367				备注	郑州万科有限公司 税号：110567453698462 发票专用章		

复核： 开票人：刘志伟 单位：（章）

第二联抵扣联购买方扣税凭证

附表 30-3

河南增值税专用发票

3700082141 发票联 No 01691347

开票日期：2019年12月19日

购买方	名称：昊天陶瓷公司 纳税人识别号：210108200711018 地址、电话：山东省淄博市联通路53号 0533-6140452 开户行及账号：中国工商银行西山支行 020002213456				密码区	803+<3845335*<5>/>5-> 加密版本：01 +*9>040/0/85-00517*-7 4-7*3899+600/4*/1<446 3700082140 95/7411684<>><4+5>>50 01690248		
货物或应税劳务、服务名称	规格型号	单位	数量	单价	金额		税率	税额
氧化铝粉		千克	5 000	12	60 000.00		13%	7 800.00
合计					¥60 000.00			¥7 800.00
价税合计（大写）	⊗陆万柒仟捌佰圆整				（小写）¥67 800.00			
销售方	名称：郑州万科有限公司 纳税人识别号：110567453698462 地址、电话：郑州市紫金山区十里堡10号 0371-11879856 开户行及账号：中国银行郑州分行紫金山支行 58726367				备注	郑州万科有限公司 税号：110567453698462 发票专用章		

复核： 开票人：刘志伟 单位：（章）

附表 30-4

昊天陶瓷公司

收 料 单

No 0011547

2019 年 12 月 19 日

金额单位:元

名称	规格	单位	数量		单价	发票金额	运杂费	其他	合计	损耗
			应收	实收						
氧化铝粉		千克	5 000	5 000	12.00	60 000.00			60 000.00	
备注:										

第二联 财务

会计主管: 蔡祝明　会计: 张丽环　保管员: 陈亚群　经办人: 柴新新

【业务 31】

附表 31-1

山东增值税专用发票

3700023141　抵扣联　No 01633347

开票日期: 2019年12月20日

购买方	名称: 昊天陶瓷公司 纳税人识别号: 210108200711018 地址、电话: 山东省淄博市联通路53号 0533-6140452 开户行及账号: 中国工商银行西山支行 020002213456	密码区	803+<3845335*<5>/>5-> 加密版本: 01 +*9>040/0/85-00517*-7 4-7*3899+600/4*/1<446 3700082140 95/7411684<>><4+5>>50 01690248

货物或应税劳务、服务名称	规格型号	单位	数量	单价	金额	税率	税额
职工教育经费					5 200.00	6%	312.00
合计					¥5 200.00		¥312.00
价税合计（大写）	¤伍仟伍佰壹拾贰圆整				（小写）¥5 512.00		

销售方	名称: 山东继续教育学院 纳税人识别号: 110567453694562 地址、电话: 济南市历下区10号 0371-11889856 开户行及账号: 中国银行济南分行 58778367	备注	山东继续教育学院 税号: 110567453694562 发票专用章

复核:　开票人: 刘志伟　单位: （章）

第二联 抵扣联 购买方扣税凭证

附表 31-2

山东增值税专用发票

3700023141　　　　发　票　联　　　　No 01633347

开票日期：2019年12月20日

<table>
<tr><td rowspan="4">购买方</td><td colspan="4">名　　称：昊天陶瓷公司
纳税人识别号：210108200711018
地 址、电 话：山东省淄博市联通路53号　0533-6140452
开户行及账号：中国工商银行西山支行 020002213456</td><td>密码区</td><td colspan="3">803+<3845335*<5>/>5->　加密版本：01
+*9>040/0/85-00517*-7
4-7*3899+600/4*/1<446　3700082140
95/7411684<><4+5>>50　01690248</td></tr>
</table>

货物或应税劳务、服务名称	规格型号	单位	数量	单价	金额	税率	税额
职工教育经费					5 200.00	6%	312.00
合　计					¥5 200.00		¥312.00
价税合计（大写）	⊗伍仟伍佰壹拾贰圆整				（小写）¥5 512.00		

<table>
<tr><td>销售方</td><td>名　　称：山东继续教育学院
纳税人识别号：110567453694562
地 址、电 话：济南市历下区10号　0371-11889856
开户行及账号：中国银行济南分行 58778367</td><td>备注</td><td>山东继续教育学院
税号：110567453694562
发票专用章</td></tr>
</table>

第三联发票联购买方记账凭证

复核：　　　　开票人：刘志伟　　　　单位：（章）

附表 31-3

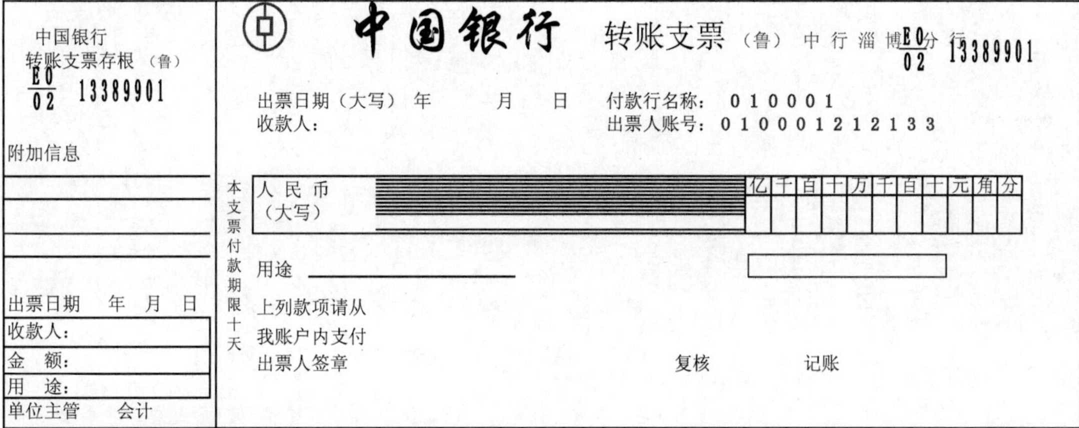

中国银行
转账支票存根（鲁）
$\frac{E0}{02}$ 13389901

附加信息

出票日期　年　月　日
收款人：
金　额：
用　途：
单位主管　　会计

中国银行　转账支票（鲁）中行淄博 $\frac{E0}{02}$ 分行　13389901

出票日期（大写）　年　　月　　日　　付款行名称：0 1 0 0 0 1
收款人：　　　　　　　　　　　　　　出票人账号：0 1 0 0 0 1 2 1 2 1 3 3

本支票付款期限十天

人民币（大写）	亿	千	百	十	万	千	百	十	元	角	分

用途

上列款项请从
我账户内支付
出票人签章　　　　　　复核　　　　记账

附表 31-4

附加信息：	被背书人：	被背书人：
	背书人签章 年　月　日	背书人签章 年　月　日

（贴粘单处）

根据《中华人民共和国票据法》等法律法规的规定，签发空头支票由中国人民银行处以票面金额5%但不低于1 000元的罚款。

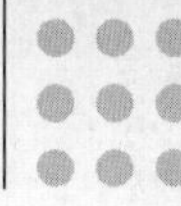

【业务 32】

附表 32-1

业务收费凭证

2019年12月23日　　　　流水号：3706361410166000001

单位：昊天陶瓷公司		账号：37001636141050013856	
工本费	手续费	电子汇划费	金额
0	46	0	46.00
金额(大写)人民币肆拾陆元整			¥46.00
付款方式	转账		
			中国银行联通路支行 2019.12.23 业务专用章

会计主管　　授权　　复核　　录入 马敬业

第二联　客户回单

附表 32-2

业务收费凭证

2019年12月23日　　　　流水号：3706361410166000258

单位：昊天陶瓷公司		账号：37001636141050013856	
工本费	手续费	电子汇划费	金额
0	53	0	53.00
金额(大写)人民币伍拾叁元整			¥53.00
付款方式	转账		
			中国工商银行西山支行 2019.12.23 业务专用章

会计主管　　授权　　复核　　录入 明景阳

第二联　客户回单

【业务 33】

附表 33-1

单位存款结息

机构代码：801010406　　交易时间：2019/12/20　　交易流水号：
授权柜员：　　打印时间：2019/12/23　　打印柜台：80100630

客户名称：昊天陶瓷公司
结息存款账户：20002213456　　存款种类：商业企业活期存款
收息存款账户：0100001212133

利息计息期间	存款基数	执行利率（%）	利息金额
2019/11/20—2019/12/20	3 131 090.58	0.350 00	21.72

中国工商银行西山支行
2019.12.23
回单机专用章

合计
利息金额（大写）贰拾壹元柒角贰分

打印次数：1　　业务验证码：5F8Here09765

附表 33-2

单位存款结息

机构代码：801010406　　交易时间：2019/12/20　　交易流水号：
授权柜员：　　打印时间：2019/12/23　　打印柜台：80100630

客户名称：昊天陶瓷公司
结息存款账户：0100001212133　　存款种类：商业企业活期存款
收息存款账户：0100001212133

利息计息期间	存款基数	执行利率（%）	利息金额
2019/11/20—2019/12/20	6 131 093.88	0.350 00	41.50

合计
利息金额（大写）肆拾壹元伍角整

打印次数：1　　业务验证码：8F8Here09799

【业务 34】

附表 34-1

天津增值税专用发票

3700082141

抵扣联

No 11690347

开票日期：2019年12月23日

购买方	名　　称：昊天陶瓷公司 纳税人识别号：210108200711018 地 址、电 话：山东省淄博市联通路53号　0533-6140452 开户行及账号：中国工商银行西山支行 020002213456	密码区	803+<3845335*<5>/>5->　加密版本：01 +*9>040/0/85-00517*-7 4-7*3899+600/4*/1<446　3700082140 95/7411684<>><4+5>>50　01690248

货物或应税劳务、服务名称	规格型号	单位	数量	单价	金额	税率	税额
氧化铝粉		千克	1 000	11	11 000.00	13%	1 430.00
铬粉		千克	200	27	5 400.00	13%	702.00
锰粉		千克	200	40	8 000.00	13%	1 040.00
合　计					¥24 400.00		¥3 172.00
价税合计（大写）	⊗贰万柒仟伍佰柒拾贰圆整				（小写）¥27 572.00		

销售方	名　　称：天津陶瓷公司 纳税人识别号：320888465372657 地 址、电 话：天津市湖北路10号 022-76590789 开户行及账号：建行西城支行　37001632241050150290	备注	天津陶瓷公司 税号：320888465372657 发票专用章

复核：　　开票人：刘志伟　　单位：（章）

第二联 抵扣联 购买方扣税凭证

附表 34-2

天津增值税专用发票

3700082141

抵扣联

No 11690347

开票日期：2019年12月23日

购买方	名　　称：昊天陶瓷公司 纳税人识别号：210108200711018 地 址、电 话：山东省淄博市联通路53号　0533-6140452 开户行及账号：中国工商银行西山支行 020002213456	密码区	803+<3845335*<5>/>5->　加密版本：01 +*9>040/0/85-00517*-7 4-7*3899+600/4*/1<446　3700082140 95/7411684<>><4+5>>50　01690248

货物或应税劳务、服务名称	规格型号	单位	数量	单价	金额	税率	税额
氧化铝粉		千克	1 000	11	11 000.00	13%	1 430.00
铬粉		千克	200	27	5 400.00	13%	702.00
锰粉		千克	200	40	8 000.00	13%	1 040.00
合　计					¥24 400.00		¥3 172.00
价税合计（大写）	⊗贰万柒仟伍佰柒拾贰圆整				（小写）¥27 572.00		

销售方	名　　称：天津陶瓷公司 纳税人识别号：320888465372657 地 址、电 话：天津市湖北路10号 022-76590789 开户行及账号：建行西城支行　37001632241050150290	备注	天津陶瓷公司 税号：320888465372657 发票专用章

复核：　　开票人：刘志伟　　单位：（章）

第二联 抵扣联 购买方扣税凭证

【业务 35】

附表 35-1

山东增值税专用发票

3700082140

No 22690248

开票日期：2019年12月23日

购买方	名称：淄博蓝天公司 纳税人识别号：125670943938561 地址、电话：淄博市太平路1号 0533-2345861 开户行及账号：工商银行淄博分行 83853654	密码区	803+<3845335*<5>/>5-> 加密版本：01 +*9>040/0/85-00517*-7 4-7*3899+600/4*/1<446 3700082140 95/7411684<>><4+5>>50 01690248

货物或应税劳务、服务名称	规格型号	单位	数量	单价	金额	税率	税额
瓷球		千克	50 000	120.00	6 000 000.00	13%	780 000.00
瓷砖		千克	20 000	150.00	3 000 000.00	13%	390 000.00
合计					¥ 9 000 000.00		¥1 170 000.00
价税合计（大写）	⊗壹仟零壹拾柒万圆整			（小写）	¥10 170 000.00		

销售方	名称：昊天陶瓷公司 纳税人识别号：210108200711018 地址、电话：山东省淄博市联通路53号 0533-6140452 开户行及账号：中国工商银行西山支行 020002213456	备注	昊天陶瓷公司 税号：210108200711018 发票专用章

收款人：王明光　　复核：肖文秀　　开票人：刘志伟　　销货单位：（章）

第一联 记账联 销售方记账凭证

附表 35-2

银行承兑汇票

出票日期（大写）贰零壹玖年壹拾贰月贰拾叁日　　2 DB/01 02496387

出票人全称	淄博蓝天公司	收款人	全称	昊天陶瓷公司
出票人账号	83853654		账号	20002213456
付款行全称	中国工商银行淄博分行		开户银行	中国工商银行西山支行
出票金额	人民币（大写）壹仟零壹拾柒万元整		亿千百十万千百十元角分	¥ 1 0 1 7 0 0 0 0 0 0
汇票到期日（大写）	贰零贰零年 陆月壹贰拾叁日	付款人	行号	83853654-X
承兑协议编号	2015鲁 078号		地址	淄博市太平路1号

淄博蓝天公司 财务专用章　洪王印天	本汇票已经承兑，到期日由本行付款。 43963 工商银行淄博分行 3065880001 汇票专用章 承兑行签章 承兑日期　年　月　日 备注：李露露　刘霞英	0073963090006 82051232 2263 复核　记账

此联收款人开户行随托收凭证寄付款行作借方凭证附件

附表 35-3

昊天陶瓷公司

产品出库单

2019 年 12 月 23 日　　第 06 号　　金额单位：元

名称	规格	单位	数量	单价	金额
瓷球		千克	50 000	120.00	600 000 0.00
瓷砖		千克	20 000	150.00	300 000 0.00
合　计					9 000 000.00

第二联　财务

会计主管：蔡祝明　会计：张丽环　保管员：陈亚群　经办人：刘志伟

【业务 36】

附表 36-1

昊天陶瓷公司

产品出库单

2019 年 12 月 24 日　　第 07 号　　金额单位：元

名称	规格	单位	数量	单价	金额
瓷球		千克	200	130.00	26 000 0.00
合　计					26 000.00

第二联　财务

会计主管：蔡祝明　会计：张丽环　保管员：陈亚群　经办人：刘志伟

附表 36-2

中国人民银行支付系统专用凭证　NO Q 000288398456

机构代码:801010656　　打印日期：2019年12月24日　　打印时间：11 ：43 ：37
打印柜员：20909903　　授权柜员：

汇划渠道：大额支付　　业务类型：普通汇兑　　业务种类：网银支付
汇款日期：2019/12/24　　报文标识号：2019122490878734　　明细标识号：2019122490876534
账务日期：2019/12/24　　业务顺序号：90767860
付款人账号：49879087
付款人名称：淄博博信公司
付款人地址：淄博市联通路5号
发起行行号：49879
发起行行名：中国工商银行西山支行
收款人账号：020002213456
收款人名称：昊天陶瓷公司
收款人地址：中国工商银行西山支行
接收行行号：010001
接收行行名：中国工商银行西山支行
汇划金额（大写）：人民币贰万玖仟叁佰捌拾元整
汇划金额（小写）：RMB29 380.00　　借贷别：贷记
凭证号码：
附　　言：

入账账号：010001212133
入账户名：昊天陶瓷公司
入账日期：2019/12/24　　入账方式：已自动处理
打印次数：01

第二联　作客户通知单　　会计　　复核　　记账　王敏

附表 36-3

山东增值税专用发票

3700082140

发　票　联

No 03690248
开票日期：2019年12月24日

购买方	名　　称：淄博博信公司 纳税人识别号：178906734690234 地 址、电 话：淄博市联通路5号　0533-9878909 开户行及账号：中国银行联通路支行 49879087	密码区	803+<3845335*<5>/>5->　加密版本：01 +*9>040/0/85-00517*-7 4-7*3899+600/4*/1<446　3700082140 95/7411684<>><4+5>>50　01690248

货物或应税劳务、服务名称	规格型号	单位	数　量	单　价	金　额	税率	税　额
瓷球		千克	200	130.00	26 000.00	13%	3 380.00
合　计					¥26 000.00		¥3 380.00
价税合计（大写）	⊗贰万玖仟叁佰捌拾圆整				（小写）　¥29 380.00		

销售方	名　　称：昊天陶瓷公司 纳税人识别号：210108200711018 地 址、电 话：山东省淄博市联通路53号 0533-6140452 开户行及账号：中国工商银行西山支行 020002213456	备注	昊天陶瓷公司 税号：210108200711018 发票专用章

收款人：王明光　　复核：肖文秀　　开票人：刘志伟　　销货单位：（章）

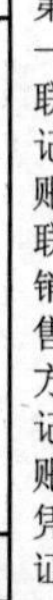

【业务 37】

附表 37-1

昊天陶瓷公司

收 料 单

No 0011548

2019 年 12 月 19 日　　金额单位：元

名称	规格	单位	数量		单价	发票金额	运杂费	其他	合计	损耗
			应收	实收						
氧化铝粉		千克	1 000	1 000	11.00	11 000.00			11 000.00	
铬粉		千克	200	200	27.00	5 400.00			5 400.00	
锰粉		千克	200	200	40.00	8 000.00			8 000.00	
备注：										

第二联　财务

会计主管：蔡祝明　会计：张丽环　保管员：陈亚群　经办人：柴新新

【业务 38】

附表 38-1

山东增值税专用发票

3700082140　　记账联　　No 02660248

购买方	名称：上海琅邦公司 纳税人识别号：310106548765432 地址、电话：上海市徐汇区天平路18号 021-98760589 开户行及账号：中国银行徐汇支行 36542234			密码区	803+<3845335*<5>/>5-> 加密版本：01 +*9>040/0/85-00517*-7 4-7*3899+600/4*/1<446 3700082140 95/7411684<>><4+5>>50 01690248		
货物或应税劳务、服务名称	规格型号	单位	数量	单价	金额	税率	税额
氧化铝粉		千克	1 000	20.00	20 000.00	13%	2 600.00
合计					¥ 20 000.00		¥2 600.00
价税合计（大写）	⊗贰万贰仟陆佰圆整				（小写） ¥22 600.00		
销售方	名称：昊天陶瓷公司 纳税人识别号：210108200711018 地址、电话：山东省淄博市联通路53号 0533-6140452 开户行及账号：中国工商银行西山支行 020002213456			备注	昊天陶瓷公司 税号：210108200711018 发票专用章		

第一联 记账联 销售方记账凭证

收款人：王明光　复核：肖文秀　开票人：刘志伟　销货单位：（章）

注：领料单见附表 69-6。

【业务 39】

附表 39-1

付 款 申 请 书

2019 年 12 月 26 日

用途及情况		金额（元）		收款单位（人）：天津陶瓷公司			
支付购货款		27 572.00		账号：6586129			
				开户行：中国工商银行天津湖北路支行			
金额合计：（大写）		贰万柒仟伍佰柒拾贰元整		结算方式：银行汇票			
总经理：	宗大利	财务部门	经理	蔡祝明	业务部门	经理	肖文秀
			会计	张丽环		经办人	刘志伟

附表 39-2

中国银行 汇票申请书

鲁中1103（三联）

申请日期：2019 年 12 月26 日　　NO：HP 0122843

申请人	昊天陶瓷公司	收款人	天津陶瓷公司
账号或住址	20002213456	账号或住址	6586129
用途	货款	代理付款行	中国工商银行天津湖北路支行
汇票金额	人民币 大写 贰万柒仟伍佰柒拾贰元整		亿 千 百 十 万 千 百 十 元 角 分 ¥ 2 7 5 7 2 0 0
备注		支付密码	974575437821376
申请人盖章		科目： 对方科目： 转账日期：2019 年 12 月 26 日 复核　　记账	

中国银行联通路支行 业务受理章

第一联：申请人留存

附表 39-3

中国银行 业务收费凭证

机构代码：801010406　交易时间：2019年12月26日10：33：37　流水号：0000045
授权柜员：　复核柜员：　录入柜员：20909823

交易代码：6811　交易名称：申请银行汇票
账号/卡号：010001212133
客户名称：昊天陶瓷公司
收款人地址：中国银行联通路支行
交易类别：转账　业务种类：银行汇票
手续费：26.50　工本费：0.00
其　他：0.00　币别：人民币
合计金额（小写）：CNY26.50　合计金额（大写）：贰拾陆元伍角整

账号	10001212133		户名	昊天陶瓷公司		
服务项目（凭证种类）			数量	手续费	工本费	小计金额
（上列款项请从我账户中支付。）					合计	
				备注：		

【业务 40】

附表 40-1

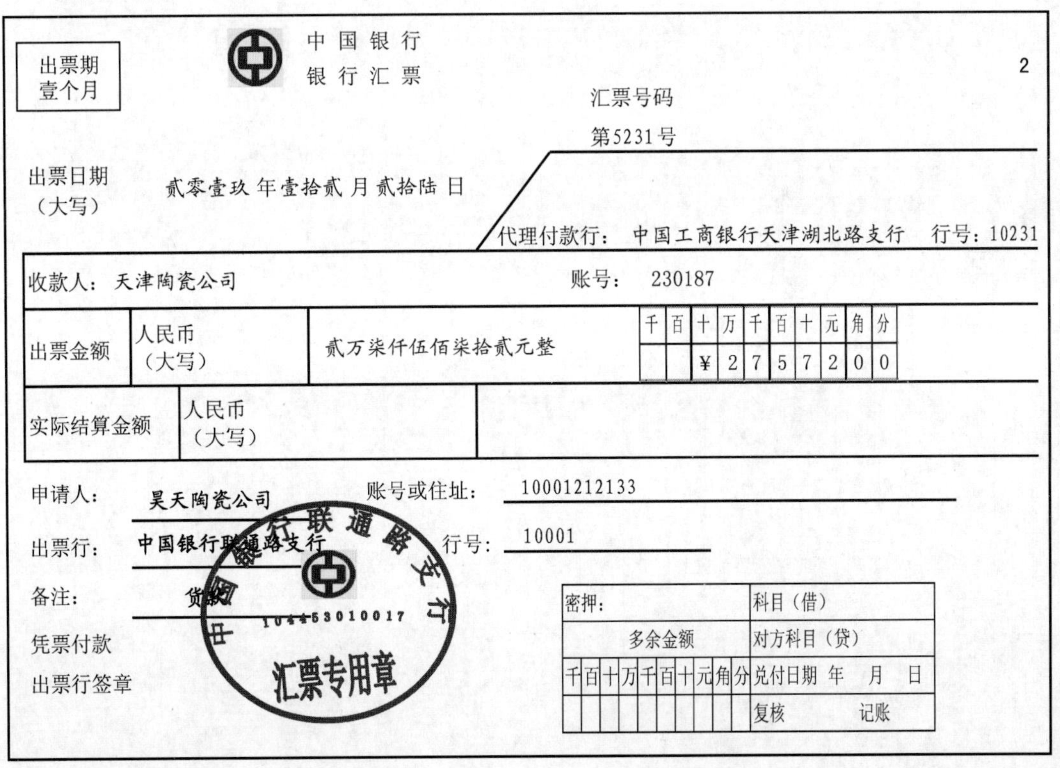

出票期 壹个月

中国银行
银行汇票　2

汇票号码
第5231号

出票日期（大写）　贰零壹玖 年 壹拾贰 月 贰拾陆 日

代理付款行：中国工商银行天津湖北路支行　行号：10231

收款人：天津陶瓷公司　账号：230187

出票金额	人民币（大写）	贰万柒仟伍佰柒拾贰元整	千	百	十	万	千	百	十	元	角	分
					¥	2	7	5	7	2	0	0
实际结算金额	人民币（大写）											

申请人：昊天陶瓷公司　账号或住址：10001212133

出票行：中国银行联通路支行　行号：10001

备注：货款

凭票付款

出票行签章

密押：									科目（借）
多余金额									对方科目（贷）
千	百	十	万	千	百	十	元	角	分	兑付日期　年　月　日
										复核　记账

此联代理付款行付款后作联行往账借方凭证附件

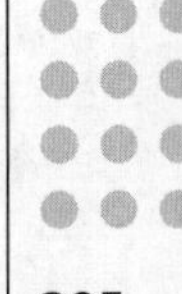

【业务 41】

附表 41-1

付款申请书

2019年 12月 26日

<table>
<tr><td colspan="2">用途及情况</td><td colspan="2">金额（元）</td><td colspan="4">收款单位（人）： 郑州万科有限公司</td></tr>
<tr><td colspan="2" rowspan="2">采购货物</td><td colspan="2" rowspan="2">9 000.00</td><td colspan="4">账号： 58726367</td></tr>
<tr><td colspan="4">开户行： 中国银行郑州分行紫金山支行</td></tr>
<tr><td colspan="2">金额合计：（大写）</td><td colspan="2">玖仟元整</td><td colspan="4">结算方式： 银行汇票</td></tr>
<tr><td rowspan="2">总经理：</td><td rowspan="2">宗大利</td><td rowspan="2">财务部门</td><td>经理</td><td>蔡祝明</td><td rowspan="2">业务部门</td><td>经理</td><td>肖文秀</td></tr>
<tr><td>会计</td><td>张丽环</td><td>经办人</td><td>刘志伟</td></tr>
</table>

附表 41-2

中国工商银行 汇票申请书

鲁中1103（三联）

申请日期： 2019年 12 月 26 日　　NO：HP 0 1 2 2 8 4 4

<table>
<tr><td>申请人</td><td>昊天陶瓷公司</td><td>收款人</td><td colspan="11">郑州万科有限公司</td></tr>
<tr><td>账号或
住　址</td><td>20002213456</td><td>账号或
住　址</td><td colspan="11">58726367</td></tr>
<tr><td>用　途</td><td>货款</td><td>代理付
款　行</td><td colspan="11">中国银行郑州分行紫金山支行</td></tr>
<tr><td rowspan="2">汇　票
金　额</td><td colspan="2" rowspan="2">人民币
大写 玖仟元整</td><td></td><td>亿</td><td>千</td><td>百</td><td>十</td><td>万</td><td>千</td><td>百</td><td>十</td><td>元</td><td>角</td><td>分</td></tr>
<tr><td></td><td></td><td></td><td></td><td></td><td>¥</td><td>9</td><td>0</td><td>0</td><td>0</td><td>0</td><td>0</td></tr>
<tr><td colspan="3" rowspan="2">上列款项请从我账户支付

昊天陶瓷公司 财务专用章
申请人盖章</td><td>支付密码</td><td colspan="11">974575437821376</td></tr>
<tr><td colspan="12">科　　目：
对方科目：
转账日期：　2019年12月26日
复核　　　　记账</td></tr>
</table>

第一联：申请人留存

附表 41-3

业务收费凭证

机构代码：801010406　交易时间：2019年12月26日10：33：37　流水号：0000046

授权柜员：　复核柜员：　录入柜员：20909824

交易代码：6812　交易名称：申请银行汇票

账号/卡号：010001212133

客户名称：昊天陶瓷公司

收款人地址：中国工商银行西山支行

交易类别：转账　业务种类：银行汇票

手续费：12.50　工本费：0.00

其　他：0.00　币别：人民币

合计金额（小写）：CNY12.50　合计金额（大写）：壹拾贰元伍角整

中国工商银行西山支行 2019.12.26 业务专用章

<table>
<tr><td>账号</td><td colspan="2">10001212133</td><td>户名</td><td colspan="4">昊天陶瓷公司</td></tr>
<tr><td colspan="3">服务项目（凭证种类）</td><td>数量</td><td>手续费</td><td>工本费</td><td colspan="2">小计金额</td></tr>
<tr><td></td><td></td><td></td><td></td><td></td><td></td><td colspan="2"></td></tr>
<tr><td></td><td></td><td></td><td></td><td></td><td></td><td colspan="2"></td></tr>
<tr><td colspan="5" rowspan="2">（上列款项请从我账户中支付。）</td><td>合计</td><td colspan="2"></td></tr>
<tr><td colspan="3">备注：</td></tr>
</table>

【业务 42】

附表 42-1

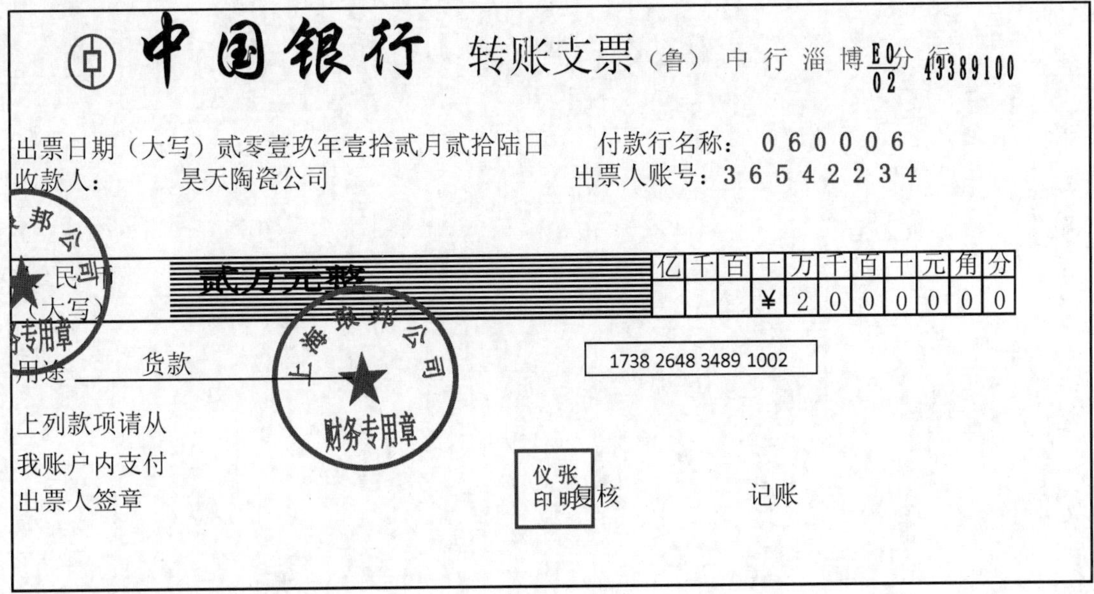

中国银行 转账支票（鲁）中行淄博 E0/02 分行 43389100

出票日期（大写）贰零壹玖年壹拾贰月贰拾陆日 付款行名称：060006

收款人： 昊天陶瓷公司 出票人账号：36542234

人民币（大写） 贰万元整

亿	千	百	十	万	千	百	十	元	角	分
			¥	2	0	0	0	0	0	0

1738 2648 3489 1002

用途 货款

上列款项请从
我账户内支付
出票人签章

仪张印明 复核 记账

说明：系预收货款。

附表 42-2

中国银行 进账单 1 鲁中1007（三联）

年 月 日

			收款人													
出票人	全称		收款人	全称												
	账号			账号												
	开户银行			开户银行												
金额	人民币：（大写）					亿	千	百	十	万	千	百	十	元	角	分
票据种类		票据张数														
票据号码																
复核：	记账：		受理银行签章													

此联收款人开户银行交给收款人的受理证明

淄博中苑金融安全印刷有限公司印制

附表 42-3

中国银行 进账单 2 鲁中1007（三联）

年 月 日

<table>
<tr><td rowspan="3">出票人</td><td>全称</td><td colspan="2"></td><td rowspan="3">收款人</td><td>全称</td><td colspan="11"></td></tr>
<tr><td>账号</td><td colspan="2"></td><td>账号</td><td colspan="11"></td></tr>
<tr><td>开户银行</td><td colspan="2"></td><td>开户银行</td><td colspan="11"></td></tr>
<tr><td rowspan="2">金额</td><td colspan="4" rowspan="2">人民币：
（大写）</td><td rowspan="2"></td><td>亿</td><td>千</td><td>百</td><td>十</td><td>万</td><td>千</td><td>百</td><td>十</td><td>元</td><td>角</td><td>分</td></tr>
<tr><td></td><td></td><td></td><td></td><td></td><td></td><td></td><td></td><td></td><td></td><td></td></tr>
<tr><td colspan="2">票据种类</td><td></td><td>票据张数</td><td colspan="13" rowspan="3"></td></tr>
<tr><td colspan="2">票据号码</td><td colspan="2"></td></tr>
<tr><td colspan="4">复核： 记账：</td></tr>
</table>

此联银行进账贷方凭证

淄博中苑金融安全印刷有限公司印制

附表 42-4

中国银行 进账单 3 鲁中1007（三联）

年 月 日

<table>
<tr><td rowspan="3">出票人</td><td>全称</td><td colspan="2"></td><td rowspan="3">收款人</td><td>全称</td><td colspan="11"></td></tr>
<tr><td>账号</td><td colspan="2"></td><td>账号</td><td colspan="11"></td></tr>
<tr><td>开户银行</td><td colspan="2"></td><td>开户银行</td><td colspan="11"></td></tr>
<tr><td rowspan="2">金额</td><td colspan="4" rowspan="2">人民币：
（大写）</td><td rowspan="2"></td><td>亿</td><td>千</td><td>百</td><td>十</td><td>万</td><td>千</td><td>百</td><td>十</td><td>元</td><td>角</td><td>分</td></tr>
<tr><td></td><td></td><td></td><td></td><td></td><td></td><td></td><td></td><td></td><td></td><td></td></tr>
<tr><td colspan="2">票据种类</td><td></td><td>票据张数</td><td colspan="13" rowspan="3">受理银行盖章</td></tr>
<tr><td colspan="2">票据号码</td><td colspan="2"></td></tr>
<tr><td colspan="4">复核： 记账：</td></tr>
</table>

此联收款人开户银行交给收款人的收账通知

淄博中苑金融安全印刷有限公司印制

【业务 43】

附表 43-1

昊天陶瓷公司

产品出库单

2019年12月27日　　第 08 号　　金额单位：元

名称	规格	单位	数量	单价	金额
瓷球		千克	500	120.00	60 000.00
合计					60 000.00

第二联　财务

会计主管：蔡祝明　　会计：张丽环　　保管员：陈亚群　　经办人：刘志伟

附表 43-2

山东增值税专用发票

3700082140　　No 02690248

记账联

购买方	名　称：上海琅邦公司 纳税人识别号：310106548765432 地 址、电 话：上海市徐汇区天平路18号 021-98760589 开户行及账号：中国银行徐汇支行 36542234			密码区	803+<3845335*<5>/>5-> +*9>040/0/85-00517*-7 4-7*3899+600/4*/1<446 95/7411684<>><4+5>>50	加密版本：01 3700082140 01690248	
货物或应税劳务、服务名称	规格型号	单位	数量	单价	金额	税率	税额
瓷球		千克	500	120.00	60 000.00	13%	7 800.00
合计					￥60 000.00		￥7 800.00
价税合计（大写）	⊗陆万柒仟捌佰圆整			（小写）￥67 800.00			
销售方	名　称：昊天陶瓷公司 纳税人识别号：210108200711018 地 址、电 话：山东省淄博市联通路53号 0533-6140452 开户行及账号：中国工商银行西山支行 020002213456			备注	昊天陶瓷公司 税号：210108200711018 发票专用章		

第一联 记账联 销售方记账凭证

收款人：王明光　　复核：肖文秀　　开票人：刘志伟　　销货单位：（章）

附表 43-3

中国人民银行　支付系统专用凭证　　NO Q 000288398456

C.N.A.P.S

机构代码：801010609　　打印日期：2019年12月27日　　打印时间：09：43：37
打印柜员：20909908　　授权柜员：

汇划渠道：大额支付　　业务类型：普通汇兑　　业务种类：网银支付
汇款日期：2019/12/27　　报文标识号：2019122790878739　　明细标识号：2019122790876598
账务日期：2019/12/27　　业务顺序号：90767900
付款人账号：36542234
付款人名称：上海琅邦公司
付款人地址：上海市徐汇区天平路18号
发起行行号：49879
发起行行名：中国银行徐汇支行
收款人账号：010001212133
收款人名称：昊天陶瓷公司
收款人地址：中国银行联通路支行
接收行行号：010001
接收行行名：中国银行联通路支行
汇划金额（大写）：人民币肆万柒仟捌佰元整
汇划金额（小写）：RMB47 800.00　　借贷别：贷记
凭证号码：
附　言：

入账账号：010001212133
入账户名：昊天陶瓷公司
入账日期：2019/12/27　　入账方式：已自动处理
打印次数：01

第二联 作客户通知单　会计　复核　记账 王敏

【业务 44】

附表 44-1

中国人民银行支付系统专用凭证　NO Q 000288399876

机构代码：801010658　　打印日期：2019年12月27日　　打印时间：09：43：37
打印柜员：20909909　　授权柜员：

汇划渠道：大额支付　　业务类型：普通汇兑　　业务种类：网银支付
汇款日期：2019/12/27　　报文标识号：2019122790878789　　明细标识号：2019122790876509
账务日期：2019/12/27　　业务顺序号：90767978
付款人账号：36542234
付款人名称：上海琅邦公司
付款人地址：上海市徐汇区天平路18号
发起行行号：49879
发起行行名：中国银行徐汇支行
收款人账号：010001212133
收款人名称：昊天陶瓷公司
收款人地址：中国工商银行西山支行
接收行行号：010001
接收行行名：中国工商银行西山支行
汇划金额（大写）：人民币贰万贰仟陆佰元整
汇划金额（小写）：RMB22 600.00　　借贷别：贷记
凭证号码：
附　言：

入账账号：010001212133
入账户名：昊天陶瓷公司
入账日期：2019/12/27　　入账方式：已自动处理
打印次数：01

第二联　作客户通知单　会计　复核　记账　王敏

【业务 45】

附表 45-1

固定资产处置申请单

2019年12月27日

固定资产名称	计算机	单位	台	型号	（略）	数量	1
固定资产编号	14	停用时间	2019.12	购建时间	2018.12	存放地点	采购部
已提折旧月数	12月	原值	3 600.00元	累计折旧	720.00元		
有效使用年限	5年	月折旧额	60.00元	净值	0元		
处置原因：显示器出现故障							
财务部门意见： 同意出售 蔡祝明 2019年12月27日				公司领导意见： 同意出售 宗大利 2019年12月27日			

编制人：张丽环　　　　使用部门负责人：柴新新

【业务 46】

附表 46-1

3700082140　　**山东增值税专用发票**　　No 02690248

记账联

购买方	名　　称：淄博蓝天公司 纳税人识别号：125670943938561 地 址、电 话：淄博市太平路1号 0533-2345861 开户行及账号：工商银行淄博分行 83853654-X			密码区	803+<3845335*<5>/>5->　加密版本：01 +*9>040/0/85-00517*-7 4-7*3899+600/4*/1<446　3700082140 95/7411684<>><4+5>>50　01690248		
货物或应税劳务、服务名称	规格型号	单位	数量	单价	金额	税率	税额
计算机		台	1	1 500.00	1 500.00	13%	195.00
合计					¥1 500.00		¥195.00
价税合计（大写）	¤壹仟陆佰玖拾伍圆整				（小写）　¥1 695.00		
销售方	名　　称：昊天陶瓷公司 纳税人识别号：210108200711018 地 址、电 话：山东省淄博市联通路53号 0533-6140452 开户行及账号：中国工商银行西山支行 020002213456			备注	昊天陶瓷公司 税号：210108200711018 发票专用章		

第一联 记账联 销售方记账凭证

收款人：王明光　　复核：肖文秀　　开票人：刘志伟　　销货单位：（章）

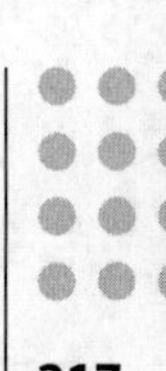

附表 46-2

收款收据

2019年12月27日

交款单位	淄博蓝天公司	交款方式	现金
人民币	壹仟陆佰玖拾伍元整		百 十 万 千 百 十 元 角 分 ¥ 1 6 9 5 0 0
交款事由	计算机		

第二联收款收据

单位盖章：（昊天陶瓷公司 财务专用章） 会计主管：蔡祝明 会计：张丽环 出纳：王明光 经办人：刘志伟

【业务 47】

附表 47-1

固定资产处置结果表

2019 年 12 月 27 日　　　　金额单位：元

固定资产名称	计算机	原价	3 600.00	已提折旧	720.00
净值	2 880.00	出售价格	1 500.00	清理费用	
出售净损益	-1 380				
财务部意见： 出售净损益转为营业外收(支) 蔡祝明 2019年12月27日			公司领导意见： 同意 宗大利 2019年12月27日		

编制人：张丽环　　　　使用部门负责人：柴新新

【业务 48】

附表 48-1

山东增值税专用发票

3700082141　　　　抵扣联　　　　No 01630345

开票日期：2019年12月28日

购买方	名　　称：昊天陶瓷公司 纳税人识别号：210108200711018 地 址、电 话：山东省淄博市联通路53号 0533-6140452 开户行及账号：中国银行联通路支行 010001212133			密码区	803+<3845335*<5>/>5-> +*9>040/0/85-00517*-7 4-7*3899+600/4*/1<446 95/7411684<>><4+5>>50	加密版本：01 3700082140 01690248	
货物或应税劳务、服务名称	规格型号	单位	数 量	单 价	金 额	税率	税 额
电费		千瓦	110 240	0.50	55 120.00	13%	7 165.60
合　　计					¥ 55 120.00		¥7 165.60
价税合计（大写）	⊗陆万贰仟贰佰捌拾伍圆陆角				（小写）¥62 285.60		
销售方	名　　称：淄博市供电公司 纳税人识别号：210108200546327 地 址、电 话：山东省淄博市昌博路23号 0533-5450321 开户行及账号：中国银行和平路支行 119119112110			备注	（淄博市供电公司 税号：210108200546327 发票专用章）		

复核：　　开票人：刘志伟　　单位：（章）

第二联抵扣联购买方扣税凭证

附表 48-2

山东增值税专用发票

3700082141　　[印章：全国统一发票监制章 山东 国家税务总局监制]　　发票联　　No 01630345

开票日期：2019年12月28日

购买方	名　　称：昊天陶瓷公司 纳税人识别号：210108200711018 地 址、电 话：山东省淄博市联通路53号　0533-6140452 开户行及账号：中国银行联通路支行 010001212133	密码区	803+<3845335*<5>/>5->　加密版本：01 +*9>040/0/85-00517*-7 4-7*3899+600/4*/1<446　3700082140 95/7411684<><4+5>>50　01690248

货物或应税劳务、服务名称	规格型号	单位	数　量	单　价	金　额	税率	税　额
电费		千瓦	110 240	0.50	55 120.00	13%	7 165.60
合　　计					¥ 55 120.00		¥7 165.60
价税合计（大写）	⊗陆万贰仟贰佰捌拾伍圆陆角				（小写）¥62 285.60		

销售方	名　　称：淄博市供电公司 纳税人识别号：210108200546327 地 址、电 话：山东省淄博市昌博路23号 0533-5450321 开户行及账号：中国银行和平路支行 119119112110	备注	[印章：淄博市供电公司 税号：210108200546327 发票专用章]

第三联 发票联 购买方记账凭证

附表 48-3

中国银行委托收款凭证（付款通知）　5

委托日期：2019 年 12 月 28 日　　NO.2340

业务类型	委托收款　（邮划　电划√）　托收承付　（邮划　电划）				
付款人	全称	昊天陶瓷公司	收款人	全称	淄博市供电公司
	账号	010001212133		账号	119119112110
	开户银行	中国银行联通路支行		开户银行	中国银行和平路支行

金额人民币（大写）	陆万贰仟贰佰捌拾伍元陆角	亿	千	百	十	万	千	百	十	元	角	分
					¥	6	2	2	8	5	6	0

款项内容	电费	托收凭证名称	发票	附寄单证张数	1
商品发运情况	已发运		合同名称编码	3721	
备注：	付款人注意： 1. 应于见票当日通知开户银行划款 2. 如需拒付，应在规定期限内，将拒付理由书并附债务证明退交开户银行 [印章：中国银行联通路支行 2019.12.28 转讫]				

此联付款人开户银行给付款人按期付款通知

附表 48-4

电费汇总分配表

2019年12月31日

部门	数量（度）	单价（元）	金额（元）
一车间	50 000		
二车间	50 000		
机修车间	10 000		
管理部门	200		
销售部门	40		
合计	110 240		

复核： 蔡祝明　　　　制单： 李文秀

【业务 49】

附表 49-1

中国银行委托收款凭证（付款通知）　5

委托日期：2019 年 12 月 28 日　　NO.2346

业务类型	委托收款 （邮划 电划 √） 托收承付 （邮划 电划）				
付款人	全称	昊天陶瓷公司	收款人	全称	淄博市自来水公司
	账号	010001212133		账号	119119112117
	开户银行	中国银行联通路支行		开户银行	中国银行和平路支行
金额人民币（大写）	壹万玖仟壹佰玖拾玖伍元零捌分			亿 千 百 十 万 千 百 十 元 角 分	¥ 1 9 1 9 5 0 8
款项内容	水费	托收凭证名称	发票	附寄单证张数	1
商品发运情况	已发运		合同名称编码		3721
备注：	付款人注意： 1. 应于见票当日通知开户银行划款 2. 如需拒付，应在规定期限内，将拒付理由书并附债务证明退交开户银行				中国银行联通路支行 2019. 12. 28 转讫

此联付款人开户银行给付款人按期付款通知

附表 49-2

山东增值税专用发票

3700082141　　　　（印章：全国统一发票监制章 山东 国家税务总局监制）　　　　No 01690349

抵扣联　　　　开票日期：2019年12月28日

购买方	名　　称：昊天陶瓷公司 纳税人识别号：210108200711018 地 址、电 话：山东省淄博市联通路53号　0533-6140452 开户行及账号：中国银行联通路支行 010001212133	密码区	803+<3845335*<5>/>5->　加密版本：01 +*9>040/0/85-00517*-7 4-7*3899+600/4*/1<446　3700082140 95/7411684<>><4+5>>50　01690248

货物或应税劳务、服务名称	规格型号	单位	数量	单价	金额	税率	税额
水费		吨	9 318	2.00	18 636.00	3%	559.08
合　　计					¥ 18 636.00		¥ 559.08
价税合计（大写）	⊗ 壹万玖仟壹佰玖拾伍圆零捌分					（小写）¥ 19 195.08	

销售方	名　　称：淄博市自来水公司 纳税人识别号：210108201711034 地 址、电 话：山东省淄博市联通路66号　0533-7645699 开户行及账号：中国银行和平路支行 119119112117	备注	（印章：淄博市自来水公司 税号：210108201711034 发票专用章）

复核：　　　　开票人：刘志伟　　　　单位：（章）

第二联 抵扣联 购买方扣税凭证

附表 49-3

山东增值税专用发票

3700082141　　　　（印章：全国统一发票监制章 山东 国家税务总局监制）　　　　No 01690349

发票联　　　　开票日期：2019年12月28日

购买方	名　　称：昊天陶瓷公司 纳税人识别号：210108200711018 地 址、电 话：山东省淄博市联通路53号　0533-6140452 开户行及账号：中国银行联通路支行 010001212133	密码区	803+<3845335*<5>/>5->　加密版本：01 +*9>040/0/85-00517*-7 4-7*3899+600/4*/1<446　3700082140 95/7411684<>><4+5>>50　01690248

货物或应税劳务、服务名称	规格型号	单位	数量	单价	金额	税率	税额
水费		吨	9 318	2.00	18 636.00	3%	559.08
合　　计					¥ 18 636.00		¥ 559.08
价税合计（大写）	⊗壹万玖仟壹佰玖拾伍圆零捌分					（小写）¥ 19 195.08	

销售方	名　　称：淄博市自来水公司 纳税人识别号：210108201711034 地 址、电 话：山东省淄博市联通路66号　0533-7645699 开户行及账号：中国银行和平路支行 119119112117	备注	（印章：淄博市自来水公司 税号：210108201711034 发票专用章）

复核：　　　　开票人：刘志伟　　　　单位：（章）

第三联 发票联 购买方记账凭证

附表 49-4

水费汇总分配表

2019年12月31日

部门	数量（吨）	分配率	金额（元）
一车间	3 600		
二车间	5 400		
机修车间	300		
管理部门	15		
销售部门	3		
合计	9 318		

制单：蔡祝明　　　　复核：李文秀

【业务 50】

附表 50-1

中国银行委托收款凭证（付款通知）　5

委托日期：2019 年 12 月 28 日　　　　NO.2380

<table>
<tr><td colspan="2">业务类型</td><td colspan="16">委托收款　（邮划　电划√）　托收承付　（邮划　电划）</td></tr>
<tr><td rowspan="3">付款人</td><td>全称</td><td colspan="2">昊天陶瓷公司</td><td rowspan="3">收款人</td><td>全称</td><td colspan="12">淄博市天然气公司</td></tr>
<tr><td>账号</td><td colspan="2">010001212133</td><td>账号</td><td colspan="12">119119112139</td></tr>
<tr><td>开户银行</td><td colspan="2">中国银行联通路支行</td><td>开户银行</td><td colspan="12">中国银行和平路支行</td></tr>
<tr><td colspan="2" rowspan="2">金额人民币（大写）</td><td colspan="5" rowspan="2">陆佰陆拾陆万玖仟陆佰贰拾贰元捌角整</td><td>亿</td><td>千</td><td>百</td><td>十</td><td>万</td><td>千</td><td>百</td><td>十</td><td>元</td><td>角</td><td>分</td></tr>
<tr><td></td><td>¥</td><td>6</td><td>6</td><td>6</td><td>9</td><td>6</td><td>2</td><td>2</td><td>8</td><td>0</td></tr>
<tr><td colspan="2">款项内容</td><td>天然气费</td><td>托收凭证名称</td><td>发票</td><td colspan="4">附寄单证张数</td><td colspan="9">1</td></tr>
<tr><td colspan="2">商品发运情况</td><td colspan="3">已发运</td><td colspan="6">合同名称编码</td><td colspan="7">3728</td></tr>
<tr><td colspan="2">备注：</td><td colspan="16">付款人注意：
1. 应于见票当日通知开户银行划款
2. 如需拒付，应在规定期限内，将拒付理由书并附债务证明退交开户银行
（印章：中国银行联通路支行 2019.12.28 转讫）</td></tr>
</table>

此联付款人开户银行给付款人按期付款通知

附表 50-2

天然气费分配表

2019 年 12 月 31 日

车间	品名	数量（立方米）	单价（元）	分配金额（元）
一车间	瓷球	461 356.13	2.50	
	瓷砖	294 343.87		
	小计	755 700.00		
二车间	瓷球	1 032 882.72		
	瓷砖	658 985.28		
	小计	1 691 868.00		
合计		2 447 568.00		

制单：蔡祝明　　复核：李文秀

附表 50-3

山东增值税专用发票

3700082141　　抵扣联　　No 01690359

开票日期：2019年12月28日

购买方	名　　称：昊天陶瓷公司 纳税人识别号：210108200711018 地 址、电 话：山东省淄博市联通路53号　0533-6140452 开户行及账号：中国银行联通路支行 010001212133	密码区	803+<3845335*<5>/>5->　加密版本：01 +*9>040/0/85-00517*-7 4-7*3899+600/4*/1<446　3700082140 95/7411684<><4+5>>50　01690248

货物或应税劳务、服务名称	规格型号	单位	数量	单价	金额	税率	税额
天然气费		立方米	2 447 568	2.50	6 118 920.00	9%	550 702.80
合　　计					¥6 118 920.00		¥550 702.80
价税合计（大写）	⊗陆佰陆拾陆万玖仟陆佰贰拾贰圆捌角					（小写）¥6 669 622.80	

销售方	名　　称：淄博市天然气公司 纳税人识别号：210104200751217 地 址、电 话：山东省淄博市联通路19号　0533-6144556 开户行及账号：中国银行和平路支行 119119112139	备注	

复核：　　开票人：刘志伟　　单位：（章）

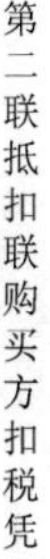

附表 50-4

山东增值税专用发票

3700082141　　　　No 01690359

发票联　　　　开票日期：2019年12月28日

购买方	名　　称：昊天陶瓷公司 纳税人识别号：210108200711018 地 址、电 话：山东省淄博市联通路53号　0533-6140452 开户行及账号：中国银行联通路支行 010001212133	密码区	803+<3845335*<5>/>5->　加密版本：01 +*9>040/0/85-00517*-7 4-7*3899+600/4*/1<446　3700082140 95/7411684<>><4+5>>50　01690248

货物或应税劳务、服务名称	规格型号	单位	数量	单价	金额	税率	税额
天然气费		立方米	2 447 568	2.50	6 118 920.00	9%	550 702.80
合　　计					¥ 6 118 920.00		¥ 550 702.80
价税合计（大写）	⊗陆佰陆拾陆万玖仟陆佰贰拾贰圆捌角				（小写）¥ 6 669 622.80		

销售方	名　　称：淄博市天然气公司 纳税人识别号：210104200751217 地 址、电 话：山东省淄博市联通路19号　0533-6144556 开户行及账号：中国银行和平路支行 119119112139	备注	淄博市天然气公司 税号：210104200751217 发票专用章

复核：　　　　开票人：刘志伟　　　　单位：（章）

第三联 发票联 购买方记账凭证

【业务 51】

附表 51-1

银行承兑汇票

出票日期（大写）贰零壹玖年 陆月贰拾捌日　　2　　DB/01 02496388

出票人全称	上海琅邦公司	收款人	全　称	昊天陶瓷公司
出票人账号	36542234		账　号	010001212133
付款行全称	中国银行徐汇支行		开户银行	中国银行联通路支行
出票金额	人民币（大写）捌拾叁万伍仟元整		亿千百十万千百十元角分	¥ 8 3 5 0 0 0 0 0
汇票到期日（大写）	贰零壹玖年 壹拾贰月贰拾捌日	付款人	行　号	36542234
承兑协议编号	2019沪　056号		地　址	上海市徐汇区天平路18号

上海琅邦公司 财务专用章　　仪张印明

本汇票已经承兑，到期日由本行付款。

47563

中国银行徐汇支行 3065665003 汇票专用章

承兑行签章

承兑日期　　年　　月　　日

0073963090003
82051674
3962

复印件与原件核对无误

备注：李苔姣　季银英

复核　　　记账

此联收款人开户行随托收凭证寄付款行作借方凭证附件

附表 51-2

中国银行托收凭证 1

委托日期：2019 年 12 月 29 日

<table>
<tr><td colspan="2">业务类型</td><td colspan="6">委托收款 （邮划 电划） 托收承付 （邮划 电划）</td></tr>
<tr><td rowspan="3">付款人</td><td>全称</td><td colspan="2">上海琅邦公司</td><td rowspan="3">收款人</td><td>全称</td><td colspan="2">昊天陶瓷公司</td></tr>
<tr><td>账号</td><td colspan="2">36542234</td><td>账号</td><td colspan="2">010001212133</td></tr>
<tr><td>开户银行</td><td colspan="2">中国银行徐汇支行</td><td>开户银行</td><td colspan="2">中国银行联通路支行</td></tr>
<tr><td colspan="2">金额人民币（大写）</td><td colspan="4">捌拾叁万伍仟元整</td><td colspan="2">亿 千 百 十 万 千 百 十 元 角 分
¥ 8 3 5 0 0 0 0 0</td></tr>
<tr><td colspan="2">款项内容</td><td>货款</td><td>托收凭证名称</td><td>发票</td><td colspan="2">附寄单证张数</td><td>1</td></tr>
<tr><td colspan="2">商品发运情况</td><td colspan="3">已发运</td><td colspan="2">合同名称编码</td><td>3721</td></tr>
<tr><td colspan="2">备注：</td><td colspan="3">上述款项随附有关债务证明，请予办理。

收款人签章</td><td colspan="3">中国银行联通路支行 2019.12.28 业务受理章
收款人开户银行结算章
2019年12月28日</td></tr>
</table>

此联收款人开户银行给付款人的回单

附表 51-3

中国银行托收凭证 4

委托日期：2019 年 12 月 29 日

<table>
<tr><td colspan="2">业务类型</td><td colspan="6">委托收款 （邮划 电划） 托收承付 （邮划 电划）</td></tr>
<tr><td rowspan="3">付款人</td><td>全称</td><td colspan="2">上海琅邦公司</td><td rowspan="3">收款人</td><td>全称</td><td colspan="2">昊天陶瓷公司</td></tr>
<tr><td>账号</td><td colspan="2">36542234</td><td>账号</td><td colspan="2">010001212133</td></tr>
<tr><td>开户银行</td><td colspan="2">中国银行徐汇支行</td><td>开户银行</td><td colspan="2">中国银行联通路支行</td></tr>
<tr><td colspan="2">金额人民币（大写）</td><td colspan="4">捌拾叁万伍仟元整</td><td colspan="2">亿 千 百 十 万 千 百 十 元 角 分
¥ 8 3 5 0 0 0 0 0</td></tr>
<tr><td colspan="2">款项内容</td><td>货款</td><td>托收凭证名称</td><td>发票</td><td colspan="2">附寄单证张数</td><td>1</td></tr>
<tr><td colspan="2">商品发运情况</td><td colspan="3">已发运</td><td colspan="2">合同名称编码</td><td>3721</td></tr>
<tr><td colspan="2">备注：</td><td colspan="3">上述款项随附有关债务证明，请予办理。

收款人签章</td><td colspan="3">中国银行联通路支行 2019.12.29 转讫
收款人开户银行结算章
2019年12月29日</td></tr>
</table>

此联为收账通知

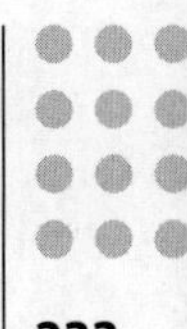

【业务 52】

附表 52-1

中国工商银行托收凭证　4

委托日期：2019 年 12 月 29 日

业务类型		委托收款（邮划　电划）　托收承付（邮划　电划）				
付款人	全称	淄博蓝天公司	收款人	全称	昊天陶瓷公司	
	账号	8385365		账号	20002213456	
	开户银行	工商银行淄博分行		开户银行	中国工商银行西山支行	
金额人民币（大写）		肆拾万元整			亿千百十万千百十元角分 ¥ 4 0 0 0 0 0 0 0	
款项内容		货款	托收凭证名称	发票	附寄单证张数	1
商品发运情况		已发运		合同名称编码	3789	
备注：		上述款项随附有关债务证明，请予办理。 收款人签章			中国工商银行西山支行 2019.12.29 转讫 收款人开户银行结算章 2019年12月29日	

此联为收账通知

【业务 53】

附表 53-1

出票期壹个月

中国工商银行
银行汇票　2

汇票号码
第5231号

出票日期（大写）：贰零壹玖年壹拾贰月贰拾玖日

代理付款行：工商银行西山支行　行号：020002

收款人：昊天陶瓷公司　账号：020002213456

出票金额	人民币（大写）	玖仟元整
实际结算金额	人民币（大写）	千 百 十 万 千 百 十 元 角 分

申请人：昊天陶瓷公司　账号或住址：20002213456

出票行：工商银行西山支行　行号：20002

备注：货款

凭票付款

出票行签章　（中国工商银行西山支行 汇票专用章）

密押：										科目（借）
多余金额										对方科目（贷）
千	百	十	万	千	百	十	元	角	分	兑付日期　年　月　日
										复核　记账

此联代理付款行付款后作联行往账借方凭证附件

附表 53-2

附加信息：	被背书人：	被背书人：
	背书人签章 年 月 日	背书人签章 年 月 日

（贴粘单处）

根据《中华人民共和国票据法》等法律法规的规定，签发空头支票由中国人民银行处以票面金额5%但不低于1 000元的罚款。

附表 53-3

出票期壹个月

中国工商银行
银 行 汇 票（解讫通知）　　3

汇票号码
第5231号

出票日期（大写）　贰零壹玖年壹拾贰月贰拾玖日

代理付款行：工商银行西山支行　行号：020002

收款人：昊天陶瓷公司		账号：20002213456										
出票金额	人民币（大写）	玖仟元整										
实际结算金额	人民币（大写）		千	百	十	万	千	百	十	元	角	分

申请人：昊天陶瓷公司　　账号或住址：20002213456

出票行：工商银行西山支行　　行号：20002

备注：

凭票付款

出票行签章

（印章：工商银行西山支行 汇票专用章）

密押：										科目（借）
多余金额										对方科目（贷）
千	百	十	万	千	百	十	元	角	分	兑付日期 年 月 日
										复核 记账

此联兑付行兑付后随报单寄签发行，由签发行作多余款收入传票

附表 53-4

附加信息：	被背书人：	被背书人：
	背书人签章 年 月 日	背书人签章 年 月 日

（贴粘单处）

根据《中华人民共和国票据法》等法律法规的规定，签发空头支票由中国人民银行处以票面金额5%但不低于1 000元的罚款。

附表 53-5

河南增值税专用发票

3700082141　　　　　　　　　　　　　　　　No 01690350

抵扣联　　　　　　　　　　　　　　　　开票日期：2019年12月29日

购买方	名　　称：昊天陶瓷公司 纳税人识别号：210108200711018 地 址、电 话：山东省淄博市联通路53号　0533-6140452 开户行及账号：中国工商银行西山支行 020002213456	密码区	803+<3845335*<5>/>5->　加密版本：01 +*9>040/0/85-00517*-7 4-7*3899+600/4*/1<446　3700082140 95/7411684<><4+5>>50　01690248

货物或应税劳务、服务名称	规格型号	单位	数量	单价	金额	税率	税额
氧化铝粉		千克	500	9.50	4 750.00	13%	617.50
铬粉		千克	100	23.00	2 300.00	13%	299.00
合　计					¥ 7 050.00		¥ 916.50
价税合计（大写）	⊗柒仟玖佰陆拾陆圆伍角						（小写）¥ 7 966.50

销售方	名　　称：郑州万科有限公司 纳税人识别号：110567453698462 地 址、电 话：郑州市紫金山区十里堡10号 0371-11879856 开户行及账号：中国银行郑州分行紫金山支行　58726367	备注	（印章：郑州万科有限公司 税号：110567453698462 发票专用章）

复核：　　　　开票人：刘志伟　　　　单位：（章）

第二联　抵扣联　购买方扣税凭证

附表 53-6

河南增值税专用发票

3700082141　　　　　　　　　　　　　　　　No 01690350

发票联　　　　　　　　　　　　　　　　开票日期：2019年12月29日

购买方	名　　称：昊天陶瓷公司 纳税人识别号：210108200711018 地 址、电 话：山东省淄博市联通路53号　0533-6140452 开户行及账号：中国工商银行西山支行 020002213456	密码区	803+<3845335*<5>/>5->　加密版本：01 +*9>040/0/85-00517*-7 4-7*3899+600/4*/1<446　3700082140 95/7411684<><4+5>>50　01690248

货物或应税劳务、服务名称	规格型号	单位	数量	单价	金额	税率	税额
氧化铝粉		千克	500	9.50	4 750.00	13%	617.50
铬粉		千克	100	23.00	2 300.00	13%	299.00
合　计					¥ 7 050.00		¥ 916.50
价税合计（大写）	⊗柒仟玖佰陆拾陆圆伍角						（小写）¥ 7 966.50

销售方	名　　称：郑州万科有限公司 纳税人识别号：110567453698462 地 址、电 话：郑州市紫金山区十里堡10号 0371-11879856 开户行及账号：中国银行郑州分行紫金山支行　58726367	备注	（印章：郑州万科有限公司 税号：110567453698462 发票专用章）

复核：　　　　开票人：刘志伟　　　　单位：（章）

第三联　发票联　购买方记账凭证

附表 53-7

昊天陶瓷公司

收料单

No 0011540

2019 年 12 月 29 日

金额单位：元

名称	规格	单位	数量		单价	发票金额	运杂费	其他	合计	损耗
			应收	实收						
氧化铝粉		千克	500	500	9.50	4 750.00			4 750.00	
铬粉		千克	100	100	23.00	2 300.00			2 300.00	
备注：										

第二联 财务

会计主管：蔡祝明　会计：张丽环　保管员：陈亚群　经办人：柴新新

【业务 54】

附表 54-1

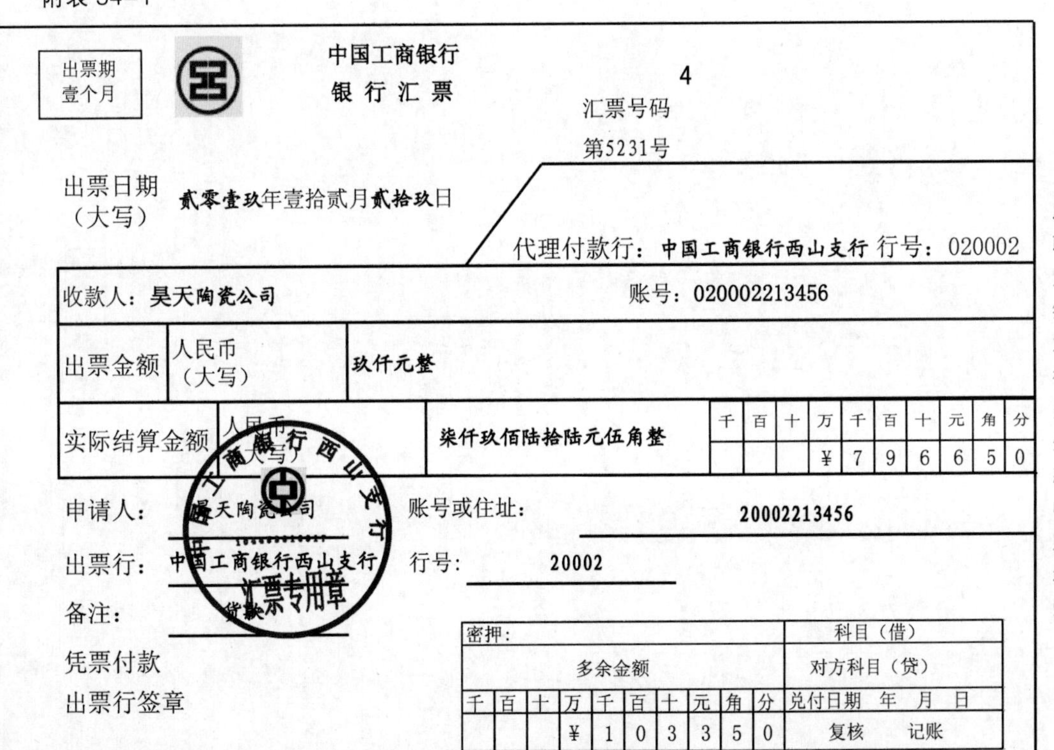

出票期壹个月

中国工商银行
银行汇票

4

汇票号码 第5231号

出票日期（大写） 贰零壹玖年壹拾贰月贰拾玖日

代理付款行：中国工商银行西山支行 行号：020002

收款人：昊天陶瓷公司　账号：020002213456

出票金额 人民币（大写） 玖仟元整

实际结算金额 人民币（大写） 柒仟玖佰陆拾陆元伍角整

千	百	十	万	千	百	十	元	角	分
			¥	7	9	6	6	5	0

申请人：昊天陶瓷公司　账号或住址：20002213456

出票行：中国工商银行西山支行　行号：20002

备注：

凭票付款

出票行签章

密押：

多余金额

千	百	十	万	千	百	十	元	角	分
			¥	1	0	3	3	5	0

科目（借）

对方科目（贷）

兑付日期 年 月 日

复核　记账

此联为签发行多余款收账通知

【业务 55】

附表 55-1

付款申请书

2019 年 12 月 29 日

用途及情况	金额（元）	收款单位（人）：郑州万科有限公司				
支付前欠货款	66 600.00	账号：58726367				
		开户行：中国银行郑州分行紫金山支行				
金额合计：（大写）	陆万陆仟陆佰元整	结算方式：转账支票				
总经理：宗大利	财务部门	经理	蔡祝明	业务部门	经理	肖文秀
		会计	张丽环		经办人	刘志伟

附表 55-2

现金折扣计算表

编制单位：　　2019 年 12 月 17 日　　金额单位：元

品名	金额	税额	折扣率	折扣额	合计
货款	60 000.00	7 800.00	0.02	1 200.00	66 600.00

审核：蔡祝明　　制表：张丽环

附表 55-3

中国工商银行
转账支票存根（鲁）
E0/02 13389903
附加信息

出票日期　年　月　日
收款人：
金　额：
用　途：
单位主管　会计

中国工商银行 转账支票（鲁）中行淄博分行
E0/02 13389903

出票日期（大写）　年　月　日　付款行名称：
收款人：　出票人账号：

本支票付款期限十天

人民币（大写）		亿	千	百	十	万	千	百	十	元	角	分

用途 ____________

上列款项请从
我账户内支付
出票人签章　　复核　　记账

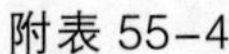
附表 55-4

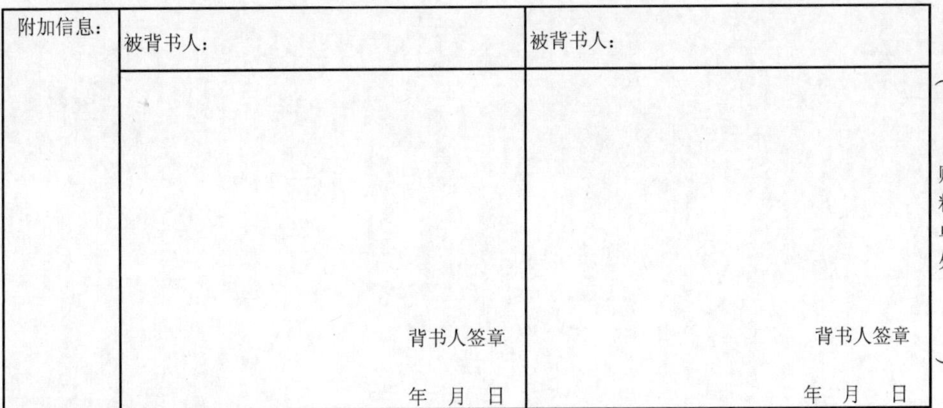

附加信息：	被背书人：	被背书人：
	背书人签章 年　月　日	背书人签章 年　月　日

（贴粘单处）

根据《中华人民共和国票据法》等法律法规的规定，签发空头支票由中国人民银行处以票面金额5%但不低于1 000元的罚款。

【业务 56】

附表 56-1

借款合同

中国银行联通路支行（以下简称贷款方）与昊天陶瓷公司（以下简称借款方）充分协商，签订本合同，共同遵守。

一、由贷款方提供贷款人民币壹佰万元整（￥1000 000.00）给借款方，贷款期限自 2019 年 12 月 29 日至 2020 年 08 月 28 日。

二、贷款方应按期、按额向借款方提供贷款，否则，按违约数额和延期天数，付给借款方违约金。违约金数额的计算，与逾期贷款罚息同，即为 7.25‰。

三、借款利率为银行同期年利率 6%，按季度支付利息，到期还本付息。

四、借款方应按协议使用贷款，不得转移用途。否则，贷款方有权停止发放新贷款，直至收回已发放的贷款。

五、借款方保证按借款契约所订期限归还贷款本息。如需延期，借款方最迟在贷款到期前七天，提出延期申请，经贷款方同意，办理延期手续，但延期最长不得超过原订期限的一半。贷款方未同意延期或未办理延期手续的逾期贷款，加收罚息。

六、贷款到期后一个月，如借款方不归还贷款，贷款方有权依照法律程序处理借款方作为贷款抵押的物资和财产，抵还借款本息。

七、本协议书一式二份，借贷款双方各执正本一份。自双方签字起即生效。

……

十一、合同争议的解决方式：本合同在履行过程中发生的争议，由甲乙双方协商解决；协商不成的依法向人民法院提起诉讼。

贷款方：中国银行联通路支行　马杰印明

法定代表人：马杰明

签订日期：2019 年 12 月 29 日

借款方：昊天陶瓷公司

法定代表人：李建强

签订日期：20 19 年 12 月 29 日

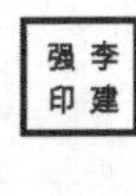

附表 56-2

中国银行公司贷款凭证　3

填写日期：2019年12月29日　　　　NO：28974958

借款人	昊天陶瓷公司			批文号	淄中银复（2019）180号	
借款账号	10001212133			存款账号	10001212133	
金额	人民币：壹佰万元整（大写）			亿 千 百 十 万 千 百 十 元 角 分 ¥ 1 0 0 0 0 0 0 0 0		
借款日期	2019年12月29日	借款到期日	2020年8月28日	借款期限	8个月	利率 6.00%
借款用途	购买设备					
中国银行联通路支行 2019.12.29 转讫 (14) 银行转讫章				会计分录： （借） （贷） 复核：　记账：		

此联放贷款通知和借款人收账通知

【业务 57】

附表 57-1

付款申请书

2019 年 12 月 29 日

用途及情况		金额（元）		收款单位（人）：　广州生产设备公司		
购买设备		45 2000		账号：6511508		
				开户行：中国工商银行		
金额合计：（大写）		肆拾伍万贰仟元整		结算方式：银行承兑汇票		
总经理：	宗大利	财务部门	经理	蔡祝明	业务部门	经理 肖文秀
			会计	张丽环		经办人 刘志伟

附表 57-2

固定资产卡片

单位名称：昊天陶瓷公司　　　　打印日期：2019年12月29日

资产编号：372	资产名称：球磨机	变动日期：2019年12月29日
资产类别：生产设备	变动方式：购入	经济用途：生产产品
计量单位：台	数量：1	存放地点：成型车间
原值：400 000.00	累计折旧：	预计净残值：20 000.00
规格型号：	已使用周数：0	开始使用日期：2019年12月29日
固定资产科目：固定资产——生产设备	累计折旧科目：累计折旧——生产设备	
使用部门：成型车间	使用状态：正常使用	
费用分配科目：制造费用——折旧费		
折旧方法：平均年限法	工作量计量单位：	

制单人：张丽环　　使用部门：贾琪　　管理部门：蔡祝明

附表 57-3

河南增值税专用发票

3700082141　　抵扣联　　No 01690351

开票日期：2019年12月29日

购买方	名　　称：昊天陶瓷公司 纳税人识别号：210108200711018 地 址、电 话：山东省淄博市联通路53号　0533-6140452 开户行及账号：中国工商银行西山支行 020002213456				密码区	803+<3845335*<5>/>5->　加密版本：01 +*9>040/0/85-00517*-7 4-7*3899+600/4*/1<446　3700082140 95/7411684<>><4+5>>50　01690248		
货物或应税劳务、服务名称	规格型号	单位	数量	单价	金额	税率	税额	
球磨机		台	1	400 000	400 000.00	13%	52 000.00	
合　　计					¥ 400 000.00		¥520 00.00	
价税合计（大写）	⊗肆拾伍万贰仟圆整					（小写）¥452 000.00		
销售方	名　　称：广州生产设备公司 纳税人识别号：120303678431013 地 址、电 话：广州市东华西路103号　020-86358565 开户行及账号：建行广州分行 6511508				备注	广州生产设备公司 税号：120303678431013 发票专用章		

第二联　抵扣联　购买方扣税凭证

复核：　　开票人：刘晓　　单位：（章）

附表 57-4

广州增值税专用发票

3700082141　　（发票联）　　No 01690351

开票日期：2019年12月29日

购买方	名　　称：昊天陶瓷公司 纳税人识别号：210108200711018 地 址、电 话：山东省淄博市联通路53号　0533-6140452 开户行及账号：中国工商银行西山支行 020002213456	密码区	803+<3845335*<5>/>5->　加密版本：01 +*9>040/0/85-00517*-7 4-7*3899+600/4*/1<446　3700082140 95/7411684<>><4+5>>50　01690248

货物或应税劳务、服务名称	规格型号	单位	数量	单价	金额	税率	税额
球磨机		台	1	400 000	400 000.00	13%	52 000.00
合　　计					¥ 400 000.00		¥52 000.00
价税合计（大写）	⊗肆拾伍万贰仟圆整					（小写）¥452 000.00	

销售方	名　　称：广州生产设备公司 纳税人识别号：120303678431013 地 址、电 话：广州市东华西路103号　020-86358565 开户行及账号：建行广州分行 6511508	备注	广州生产设备公司 税号：120303678431013 发票专用章

复核：　　开票人：刘志伟　　单位：（章）

第三联 发票联 购买方扣税凭证

附表 57-5

银行承兑汇票

出票日期（大写）　贰零壹玖年　壹拾贰月贰拾玖日　　2　$\frac{DB}{01}$ 02496343

出票人全称	昊天陶瓷公司	收款人	全　称	广州生产设备公司
出票人账号	20002213456		账　号	6511508
付款行全称	中国工商银行西山支行		开户银行	中国建设银行广州分行
出票金额	人民币（大写）肆拾伍万贰仟元整		亿千百十万千百十元角分	¥45200000
汇票到期日（大写）	贰零壹玖年 零壹月贰拾玖日	付款人	行号	20002213456
承兑协议编号	2019鲁　087号		地址	中国工商银行西山支行
昊天陶瓷公司 财务专用章　李建 强印	本汇票已经承兑，到期日由本行付款。43873 承兑行签章 承兑日期　年　月　日		中国工商银行西山支行 306573400125 汇票专用章	0073963090003 82051765 4422
复印件与原件核对无误	备注：王娇姣　张雨银			复核　记账

此联收款人开户行随托收凭证寄付款行作借方凭证附件

【业务 58】

附表 58-1

付款申请书

2019年 12 月 30 日

<table>
<tr><td colspan="2">用途及情况</td><td colspan="2">金额（元）</td><td colspan="4">收款单位（人）：重庆联大公司</td></tr>
<tr><td colspan="2" rowspan="2">预付采购款</td><td colspan="2" rowspan="2">10 000.00</td><td colspan="4">账号：86473294</td></tr>
<tr><td colspan="4">开户行：中国银行重庆市分行</td></tr>
<tr><td colspan="2">金额合计：（大写）</td><td colspan="2">壹万元整</td><td colspan="4">结算方式：转账</td></tr>
<tr><td rowspan="2">总经理：</td><td rowspan="2">宗大利</td><td rowspan="2">财务部门</td><td>经理</td><td>蔡祝明</td><td rowspan="2">业务部门</td><td>经理</td><td>肖文秀</td></tr>
<tr><td>会计</td><td>张丽环</td><td>经办人</td><td>刘志伟</td></tr>
</table>

附表 58-2

中国人民银行支付系统专用凭证　NO Q 000288398409

C.N.A.P.S

机构代码:801010406　打印日期：2019年12月30日　打印时间：10 : 33 : 37
打印柜员：20909823　授权柜员：

汇划渠道：大额支付　业务类型：普通汇兑　业务种类：网银支付
汇款日期：2019/12/30　报文标识号：2017120190876534　明细标识号：2017120190876534
账务日期：2019/12/30　业务顺序号：90767867
付款人账号：49879087
付款人名称：昊天陶瓷公司
付款人地址：山东省淄博市联通路53号
发起行行号：49879
发起行行名：中国银行联通路支行
收款人账号：86473294
收款人名称：重庆联大公司
收款人地址：重庆市渝成区开拓路308号
接收行行号：010001
接收行行名：中国银行重庆市分行
汇划金额（大写）：人民币壹万元整
汇划金额（小写）：RMB10 000.00　借贷别：贷记
凭证号码：
附　　言：

入账账号：86473294
入账户名：重庆联大公司
入账日期：2019/12/30　入账方式：已自动处理
打印次数：01

第二联　作客户通知单　会计　复核　记账　王敏

【业务 59】

附表 59-1

报 销 单

填报日期：2019 年 12 月 30 日　　　　单据及附件共 1 张

姓名	赵阳	所属部门	办公室	报销形式	转账支票	
				支票号码	13389905	
报销项目		摘要		金额	备注：	
生活用品费		报销春节购买福利物品费		17 191.20		
合　计				¥17 191.20		
金额大写：壹万柒仟壹佰玖拾玖壹元贰角				原借款：　元	应退（补）款：　元	

总经理：宗大利　财务经理：蔡祝明　部门经理：宗大利　会计：赵书燕　出纳：王明光

附表 59-2

山东增值税普通发票

3700082141　　　发票联　　　No 01690352

开票日期：2019年12月30日

购买方	名　　称：昊天陶瓷公司 纳税人识别号：210108200711018 地 址、电 话：山东省淄博市联通路53号 0533-6140452 开户行及账号：中国工商银行西山支行 020002213456	密码区	803+<3845335*<5>/>5->　加密版本：01 +*9>040/0/85-00517*-7 4-7*3899+600/4*/1<446　3700082140 95/7411684<><4+5>>50　01690248

货物或应税劳务、服务名称	规格型号	单位	数量	单价	金额	税率	税额
花生油		桶	156	106.990 3	16 690.49	3%	500.71
合　计					¥16 690.49		¥500.71
价税合计（大写）	⊗壹万柒仟壹佰玖拾壹圆贰角						（小写）¥17 191.20

销售方	名　　称：金润商场 纳税人识别号：410103695431012 地 址、电 话：淄博市南京路51号 0533-4456787 开户行及账号：中国工商银行南京路支行 6511508	备注	金润商场 税号：410103695431012 发票专用章

复核：　　开票人：马明　　单位：（章）

第二联发票联购买方记账凭证

附表 59-3

中国银行
转账支票存根（鲁）
$\frac{E0}{02}$ 13389875
附加信息

出票日期2019年12月30日
收款人：金润商场
金　额：¥17 191.20
用　途：购货款
单位主管　　会计

附表 59-4

职工福利发放汇总表

2019年12月30日

部门名称	金额（元）	领款人签字	备注
办公室	444.60		
财务部	1 111.50		
销售部	444.60		
采购部	444.60		
一车间	4 446.00		
二车间	8 892.00		
机修车间	889.20		
仓储部	222.30		
人力资源部	222.30		
质检部	74.10		
合计	17 191.20		

复核：蔡祝明　　　　制单：李文秀

【业务 60】

附表 60-1

付款申请书

2019 年 12 月 30 日

<table>
<tr><td colspan="2">用途及情况</td><td colspan="2">金额（元）</td><td colspan="4">收款单位（人）：南京信贸公司</td></tr>
<tr><td colspan="2" rowspan="2">购买材料</td><td colspan="2" rowspan="2">12 995.00</td><td colspan="4">账号：6511508</td></tr>
<tr><td colspan="4">开户行：中国工商银行中山支行</td></tr>
<tr><td colspan="2">金额合计：（大写）</td><td colspan="2">壹万贰仟玖佰玖拾伍元整</td><td colspan="4">结算方式：汇兑</td></tr>
<tr><td rowspan="2">总经理：</td><td rowspan="2">宗大利</td><td rowspan="2">财务部门</td><td>经理</td><td>蔡祝明</td><td rowspan="2">业务部门</td><td>经理</td><td>肖文秀</td></tr>
<tr><td>会计</td><td>张丽环</td><td>经办人</td><td>刘志伟</td></tr>
</table>

附表 60-2

河南增值税专用发票

3700082141　　　　抵扣联　　　　No 01690350

开票日期：2019年12月30日

<table>
<tr><td>购买方</td><td colspan="5">名　　称：昊天陶瓷公司
纳税人识别号：210108200711018
地 址、电 话：山东省淄博市联通路53号　0533-6140452
开户行及账号：中国工商银行西山支行 020002213456</td><td>密码区</td><td colspan="3">803+<3845335*<5>/>5->　加密版本：01
+*9>040/0/85-00517*-7
4-7*3899+600/4*/1<446　3700082140
95/7411684<>><4+5>>50　01690248</td></tr>
<tr><td colspan="2">货物或应税劳务、服务名称</td><td>规格型号</td><td>单位</td><td>数 量</td><td>单 价</td><td colspan="2">金 额</td><td>税率</td><td>税 额</td></tr>
<tr><td colspan="2">氧化铝粉</td><td></td><td>千克</td><td>500</td><td>10.00</td><td colspan="2">5 000.00</td><td>13%</td><td>650.00</td></tr>
<tr><td colspan="2">铬粉</td><td></td><td>千克</td><td>100</td><td>25.00</td><td colspan="2">2 500.00</td><td>13%</td><td>325.00</td></tr>
<tr><td colspan="2">锰粉</td><td></td><td>千克</td><td>100</td><td>40.00</td><td colspan="2">4 000.00</td><td>13%</td><td>520.00</td></tr>
<tr><td colspan="2">合　　计</td><td></td><td></td><td></td><td></td><td colspan="2">¥ 11 500.00</td><td></td><td>¥1 495.00</td></tr>
<tr><td colspan="2">价税合计（大写）</td><td colspan="6">⊗壹万贰仟玖佰玖拾伍圆整</td><td colspan="2">（小写）¥12 995.00</td></tr>
<tr><td>销售方</td><td colspan="5">名　　称：郑州万科有限公司
纳税人识别号：110567453698462
地 址、电 话：郑州市紫金山区十里堡10号 0371-11879856
开户行及账号：中国银行郑州分行紫金山支行　58726367</td><td>备注</td><td colspan="3">郑州万科有限公司
税号：110567453698462
发票专用章</td></tr>
</table>

第二联 抵扣联 购买方扣税凭证

复核：　　　　开票人：陈文明　　　　单位：（章）

附表 60-3

河南增值税专用发票

3700082141　　　　发票联　　　　No 01690350

开票日期：2019年12月30日

购买方	名　　称：昊天陶瓷公司 纳税人识别号：210108200711018 地 址、电 话：山东省淄博市联通路53号　0533-6140452 开户行及账号：中国工商银行西山支行 020002213456	密码区	803+<3845335*<5>/>5->　加密版本：01 +*9>040/0/85-00517*-7 4-7*3899+600/4*/1<446　3700082140 95/7411684<><4+5>>50　01690248

货物或应税劳务、服务名称	规格型号	单位	数量	单价	金额	税率	税额
氧化铝粉		千克	500	10.00	5 000.00	13%	650.00
铬粉		千克	100	25.00	2 500.00	13%	325.00
锰粉		千克	100	40.00	4 000.00	13%	520.00
合　　计					¥ 11 500.00		¥1 495.00
价税合计（大写）	⊗壹万贰仟玖佰玖拾伍圆整				（小写）¥12 995.00		

销售方	名　　称：郑州万科有限公司 纳税人识别号：110567453698462 地 址、电 话：郑州市紫金山区十里堡10号 0371-11879856 开户行及账号：中国银行郑州分行紫金山支行　58726367	备注	郑州万科有限公司 税号：110567453698462 发票专用章

复核：　　　开票人：陈文明　　　单位：（章）

第三联 发票联 购买方记账凭证

附表 60-4

昊天陶瓷公司

收 料 单

No 0011553

2019 年 12 月 30 日　　　　金额单位：元

名 称	规格	单位	数量		单价	发票金额	运杂费	其他	合计	损耗
			应收	实收						
氧化铝粉		千克	500	500	10.00	5 000.00			5 000.00	
铬		千克	100	100	25.00	2 500.00			2 500.00	
锰		千克	100	100	40.00	4 000.00			4 000.00	
备注：										

第二联 财务

会计主管：蔡祝明　　会计：张丽环　　保管员：陈亚群　　经办人：柴新新

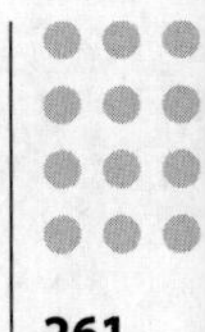

附表 60-5

中国人民银行支付系统专用凭证 NO Q 000288398482

机构代码:801010406　　打印日期：2019年12月30日　　打印时间：10：33：37
打印柜员：20909823　　授权柜员：

汇划渠道：大额支付　　业务类型：普通汇兑　　业务种类：网银支付
汇款日期：2019/12/30　　报文标识号：2017120190876534　　明细标识号：201921230876534
账务日期：2019/12/30　　业务顺序号：90767867
付款人账号：49879087
付款人名称：昊天陶瓷公司
付款人地址：淄博联通路5号
发起行行号：49879
发起行行名：中国银行联通路支行
收款人账号：010001212133
收款人名称：昊天陶瓷公司
收款人地址：中国银行联通路支行
接收行行号：010001
接收行行名：中国银行联通路支行
汇划金额（大写）：人民币壹万贰仟玖佰玖拾伍元整
汇划金额（小写）：RMB12 995.00　　借贷别：贷记
凭证号码：
附　　言：

入账账号：010001212133
入账户名：郑州万科有限公司
入账日期：2019/12/30　　入账方式：已自动处理
打印次数：01

第二联　作客户通知单　　会计　　复核　　记账　王敏

【业务 61】

附表 61-1

客户贷款利息支出通知单

交易日期：2019年12月30日

交易机构：10790　　交易流水号：142555782
客户号：29089889
客户名称：昊天陶瓷公司
贷款账号：010001212133
本金：CNY：5 000 000.00
计息期限：2019.11.30-2019.12.30
年利率：7.2%
还息金额：CNY：30 000.00
（大写）CNY：叁万元整
还款账号：020002213456
摘要：支付利息
提示：第1次下载

中国工商银行客户回单　　银行盖章

【业务 62】

附表 62-1

库存现金盘点表

2019 年 12 月 31 日

金额单位：元

票面额	张数	金额	票面额	张数	金额
壹佰元	26	2 600.00	伍角	6	3.00
伍拾元	38	1 900.00	贰角	0	0.00
贰拾元	22	440.00	壹角	10	1.00
拾元	18	180.00	伍分	0	0.00
伍元	7	35.00	贰分	0	0.00
贰元	0	0.00	壹分	0	0.00
壹元	12	12.00	合计		¥ 5 171.00
现金日记账账面余额：¥ 5 185.00					
差额：¥ 14.00					
处理意见： 经审查确认现金短缺14元系出纳员王明光工作失职所致，根据公司财务制度规定，由出纳员补足盘亏金额。					

审批人（签章）：宗大利　　监盘人（签章）：蔡祝明　　盘点人（签章）：赵　阳

附表 62-2

收款收据

2019 年 12 月 30 日

交款单位	王明光	交款方式	现金								
人民币	壹拾肆元整		百	十	万	千	百	十	元	角	分
							¥	1	4	0	0
交款事由	现金短缺赔款										

第二联收款收据

昊天陶瓷公司 财务专用章

单位盖章：　　会计主管：蔡祝明　　会计：赵书燕　　出纳：王明光　　经办人：张丽环

【业务63】

附表63-1

昊天陶瓷公司

差旅费报销单

2019年12月31日

部门	采购部	姓名	柴新新	职务	业务员	年龄	
出差事由	洽谈业务			出差时间	2019年12月8日	领导批示	
到达地点	上海						
报销项目	金额	报销项目	金额	报销项目	金额	补助项目	金额
火车		市内交通				信勤补助	180.00
长途汽车		出租车费	30.00			路途补助	
轮船						夜车补助	
飞机	1 940.00			其他			
住宿费	260.00					补助合计	180.00
合计金额(大写) 贰仟肆佰壹拾元整							

昊天自制04号凭证

附表63-2

上海增值税专用发票

3700082141　　抵扣联　　No 01690352

开票日期：2019年12月30日

购买方	名称：昊天陶瓷公司 纳税人识别号：210108200711018 地址、电话：山东省淄博市联通路53号 0533-6140452 开户行及账号：中国工商银行西山支行 020002213456			密码区	803+<3845335*<5>/>5-> 加密版本：01 +*9>040/0/85-00517*-7 4-7*3899+600/4*/1<446 3700082140 95/7411684<><4+5>>50 01690248			
货物或应税劳务、服务名称	规格型号	单位	数量	单价	金额	税率	税额	
生活服务*住宿费			1	245.283 0	245.283 0	6%	14.717 0	
合计					¥245.283 0		¥14.717 0	
价税合计（大写）	⊗贰佰陆拾圆整				（小写）¥260.00			
销售方	名称：上海大富豪大酒店 纳税人识别号：410103695431012 地址、电话：淄博市南京路51号 0533-4456787 开户行及账号：中国工商银行南京路支行 6511508			备注	上海大富豪大酒店 税号：410103695431012 发票专用章			

复核：　　开票人：马明　　单位：（章）

第二联 抵扣联 购买方扣税凭证

附表 63-3

上海增值税专用发票

3700082141　　　　抵扣联　　　　No 01690352

开票日期：2019年12月30日

购买方	名　　称：昊天陶瓷公司 纳税人识别号：210108200711018 地 址、电 话：山东省淄博市联通路53号　0533-6140452 开户行及账号：中国工商银行西山支行 020002213456	密码区	803+<3845335*<5>/>5->　加密版本：01 +*9>040/0/85-00517*-7 4-7*3899+600/4*/1<446　3700082140 95/7411684<>><4+5>>50　01690248

货物或应税劳务、服务名称	规格型号	单位	数 量	单 价	金 额	税率	税 额
生活服务*住宿费			1	245.283 0	245.283 0	6%	14.717 0
合　　计					¥245.283 0		¥14.717 0
价税合计（大写）	⊗贰佰陆拾圆整					（小写）¥260.00	

销售方	名　　称：上海大富豪大酒店 纳税人识别号：410103695431012 地 址、电 话：淄博市南京路51号　0533-4456787 开户行及账号：中国工商银行南京路支行 6511508	备注	上海大富豪大酒店 税号：410103695431012 发票专用章

复核：　　　　开票人：马明　　　　单位：（章）

第三联 发票联 购买方记账凭证

附表 63-4

航空运输电子客票行程单

ININERAXY/RECEIPT OF ETICKET FOR ALR TRANSPORT　　　印刷序号：SERAL NUMBER：1000488700　1

旅客姓名 NAME OF PASSENGER 柴新新	有效身份证件号码 ID. NO. 370303197505319682					签注ENDORSEMENTS/RESTERICTIONS (CARBON)			
	承运人 CARRIER	航班号 FLIGHT	座位等级 CLASS	日期 DATE	时间 TIME	客票级别/客票类别 FARE BASLS	客票生效日期 NOT VALID BEFORE	有效截止日期 NOT VALID AFTER	免费行李 ALLOW
FROM 济南 SYX TO 上海 TNA TO VOID TO TO	SC	1178 VOID	Z	108 DEC	1340	Z			
	票价FARE CNY 860		ALRPORT TAX 50	燃油附加费 SURCHARGE 40		其他税费 OTHER TAXES	合计TOTAL CNY 950		
电子客票号码 TICKET NO. 342310750953	验证码	提示信息						保险费 INSURANCE	
销售单位代号 GENT CODE SDH8880 8613345	填开单位 ISSUED BY		填开日期 2019-12-08						

付款凭证 RECEIPT　IWVAIL IN HANDWRITING 手写无效

验真网址：WWW.TRAYELSKY.COM　服务热线：400-815-8888　短信验真：发送JP至10669018　请旅客乘机前认真阅读《旅客须知》及承运人的运输总备件内容 The Important Notice and the general

附表 63-5

航空运输电子客票行程单

ININERAXY/RECEIPT OF ETICKET FOR ALR TRANSPORT　　　印刷序号：SERAL NUMBER：1000488700　1

旅客姓名 NAME OF PASSENGER 柴新新	有效身份证件号码 ID. NO. 370303197505319682					签注ENDORSEMENTS/RESTERICTIONS (CARBON)			
	承运人 CARRIER	航班号 FLIGHT	座位等级 CLASS	日期 DATE	时间 TIME	客票级别/客票类别 FARE BASLS	客票生效日期 NOT VALID BEFORE	有效截止日期 NOT VALID AFTER	免费行李 ALLOW
FROM 上海SYX TO 济南 TNA TO VOID TO TO	SC	1279 VOID	Z	10-Dec	1340	Z			
	票价FARE CNY 860		ALRPORT TAX 50	燃油附加费 SURCHARGE 40		其他税费 OTHER TAXES	合计TOTAL CNY 950		
电子客票号码 TICKET NO. 342310750953	验证码	提示信息						保险费 INSURANCE	
销售单位代号 GENT CODE SDH8880 8613345	填开单位 ISSUED BY		填开日期 2019-12-08						

付款凭证 RECEIPT　IWVAIL IN HANDWRITING 手写无效

验真网址：WWW.TRAYELSKY.COM　服务热线：400-815-8888　短信验真：发送JP至10669018　请旅客乘机前认真阅读《旅客须知》及承运人的运输总备件内容 The Important Notice and the general

附表 63-6

人寿保险股份有限公司

INO LIFE INSUR NCE CO.,LTD.

在山东地区销售有效

本保险单在2019年内签单有效

山东分公司“一路泰康”出行保障计划之“一路畅通”保险单

NO. **201901258582**

姓名： 柴新新 身份证号： 370303197505319682 电话号码：

意外保险金额人民币伍拾万元整 ¥500 000

轮船意外保险人民币叁拾万元整 ¥300 000

长途公共汽车意外保险金额人民币贰万元整 ¥20 000

18岁以下的被保险人保额以保险监管部门的规定为限，具体保险内容以本保险单附后之简介为准

大写：人民币贰拾元整 ¥20

天数：共计7天 自 2019-12-08 AM 起至 2019-12-08 AM

受益人： 法定继承人

受益人签字： 签单日期： 2019-12-08 12：54

（印章：人寿保险股份有限公司 保险合同专用章）

附表 63-7

人寿保险股份有限公司

INO LIFE INSUR NCE CO.,LTD.

在山东地区销售有效

本保险单在2019年内签单有效

山东分公司“一路泰康”出行保障计划之“一路畅通”保险单

NO. **201901258609**

姓名： 柴新新 身份证号： 370303197505319682 电话号码：

意外保险金额人民币伍拾万元整 ¥500 000

轮船意外保险人民币叁拾万元整 ¥300 000

长途公共汽车意外保险金额人民币贰万元整 ¥20 000

18岁以下的被保险人保额以保险监管部门的规定为限，具体保险内容以本保险单附后之简介为准

大写：人民币贰拾元整 ¥20

天数：共计7天 自 2019-12-10 AM 起至 2019-12-10 AM

受益人： 法定继承人

受益人签字： 签单日期： 2019-12-10 08：24

（印章：人寿保险股份有限公司 保险合同专用章）

附表 63-8

上海市出租汽车专用发票

发票联

29980635472
27654356

单位 2466754
电话 80732456
车号 沪B-T3240
证号 B-T3240

上海市出租汽车专用章

机打发票手写无效

日期 Date	2019-12-08
时间 Time	12:52-13:21
单价 Unit Price	11.90
里程 Mileage	
等候 Wait	0.04:09
状态 State	
金额 Sum	¥30.00
卡号 Card No.	
卡原额 Card Original Sum	
卡余额 Card Balance Sum	

密码

粤国税发票字[2019]0085号卷数63万份×200份×（76×152）

*广东神州票证印刷有限公司2019年1月印

【业务 64】

附表 64-1

电子银行转账凭证回单

2019 年 12 月 31 日　　　　流水号：0124529863198076

付款人	全称	中国工商银行西山支行	收款人	全称	中国银行联通路支行
	账号	20002213456		账号	20002213456
	开户行	中国工商银行西山支行		开户行	中国工商银行西山支行
金额	（大写）人民币叁万元整				
用途	投资				
备注：	汇划日期：2019年12月31日 汇出行行号：020002 原凭证号码： 汇款人地址： 收款人地址： 实际收款人账号：020002213456 实际收款人名称：中国工商银行西山支行			汇划流水号：0124529863198076 原凭证种类：0675 原凭证金额：¥30 000.00 （印章：中国工商银行西山支行 2019.12.31 转讫）	

【业务 65】

附表 65-1

工资结算表

2019 年 12 月 31 日　　　　单位：元

职工姓名	所属部门	职务	月标准工资	请假扣款	应发工资	养老保险 8%	医疗保险 2%	失业保险 0.2%	住房公积金 12%	个人所得税	代扣工资小计	实发工资
宗大利	办公室	总经理	9 580.00		9 580.00	766.40	191.60	19.16	1 149.60	27.00	2 153.76	7 426.24
赵阳	办公室	科员	4 500.00		4 500.00	360.00	90.00	9.00	540.00		999.00	3 501.00
办公室小计			14 080.00		14 080.00	1 126.40	281.60	28.16	1 689.60	27.00	3 152.76	10 927.24
蔡祝明	财务部	会计主管	9 230.00		9 230.00	738.40	184.60	18.46	1 107.60	5.43	2 054.49	7 175.51
王明光	财务部	出纳	4 500.00		4 500.00	360.00	90.00	9.00	540.00		999.00	3 501.00
张丽环	财务部	会计	4 100.00		4 100.00	328.00	82.00	8.20	492.00		910.20	3 189.80
李文秀	财务部	会计	4 100.00		4 100.00	328.00	82.00	8.20	492.00		910.20	3 189.80
赵书燕	财务部	会计	4 100.00		4 100.00	328.00	82.00	8.20	492.00		910.20	3 189.80
冯洁	财务部	会计	4 800.00		4 800.00	384.00	96.00	9.60	576.00		1 065.60	3 734.40
财务部小计			30 830.00		30 830.00	2 466.40	616.60	61.66	3 699.60	5.43	6 849.69	23 980.31
柴新新	采购部	主管	8 268.00		8 268.00	661.44	165.36	16.54	992.16		1 835.50	6 432.50
苏丽	采购部	业务员	4 200.00		4 200.00	336.00	84.00	8.40	504.00		932.40	3 267.60
采购部小计			12 468.00		12 468.00	997.44	249.36	24.94	1 496.16		2 767.90	9 700.10
陈亚群	仓储部	仓库主管	4 908.00		4 908.00	392.64	98.16	9.82	588.96		1 089.58	3 818.42

续表

职工姓名	所属部门	职务	月标准工资	请假扣款	应发工资	养老保险 8%	医疗保险 2%	失业保险 0.2%	住房公积金 12%	个人所得税	代扣工资小计	实发工资
贾谊	仓储部	仓管员	3 980.00		3 980.00	318.40	79.60	7.96	477.60		883.56	3 096.44
马明	人力资源部	主任	7 690.00		7 690.00	615.20	153.80	15.38	922.80		1 707.18	5 982.82
蔡强	质检部	主任	7 850.00		7 850.00	628.00	157.00	15.70	942.00		1 742.70	6 107.30
肖文秀	销售部	主管	8 940.00		8 940.00	715.20	178.80	17.88	1 072.80		1 984.68	6 955.32
刘志伟	销售部	业务员	4 200.00	25.00	4 175.00	336.00	84.00	8.40	504.00		932.40	3 242.60
销售部小计			13 140.00	25.00	13 115.00	1 051.20	262.80	26.28	1 576.80		2 917.08	10 197.92
车强	原料车间	车间主任	5 500.00		5 500.00	440.00	110.00	11.00	660.00		1 221.00	4 279.00
张港	原料车间	生产工人	4 300.00		4 300.00	344.00	86.00	8.60	516.00		954.60	3 345.40
…		生产工人										
原料车间生产工人小计		生产工人	25 000.00		25 000.00	2 000.00	500.00	50.00	3 000.00		5 550.00	19 450.00
贾琪	成型车间	车间主任	5 700.00		5 700.00	456.00	114.00	11.40	684.00		1 265.40	4 434.60
周晓华	成型车间	生产工人	4 200.00		4 200.00	336.00	84.00	8.40	504.00		932.40	3 267.60
…		生产工人										
成型车间生产工人小计		生产工人	47 000.00		47 000.00	3 760.00	940.00	94.00	5 640.00		10 434.00	36 566.00
李民秀	机修车间	车间主任	5 800.00	50.00	5 750.00	464.00	116.00	11.60	696.00		1 287.60	4 462.40
朱力伟	机修车间	生产工人	4 180.00		4 180.00	334.40	83.60	8.36	501.60		927.96	3 252.04
…		生产工人										
机修车间工人小计			26 800.00	50.00	26 750.00	2 144.00	536.00	53.60	3 216.00		5 949.60	20 800.40
合计			210 746.00	125.00	210 621.00	16 859.68	4 214.92	421.49	25 289.52	32.43	46 818.04	163 802.96

审核：蔡祝明　　　　制单：李文秀

附表 65-2

工资结算汇总表

编制单位：昊天陶瓷公司　　　　2019 年 12 月 31 日　　　　金额单位：元

部门			工资标准	代扣工资						实发金额
				养老保险 8%	医疗保险 2%	失业保险 0.2%	住房公积金 12%	个人所得税	小计	
基本生产车间	一车间	管理人员								
		生产人员								
	二车间	管理人员								
		生产人员								
管理部门										
销售部门										
辅助生产车间										
合计										

审核：蔡祝明　　　　制单：李文秀

说明：本业务只计提工资，不编制代扣工资的记账凭证。

附表 65-3

职工薪酬分配表

编制单位：昊天陶瓷公司　　2019 年 12 月 31 日　　金额单位：元

应借账户		成本项目	分配标准	分配金额
生产成本——基本生产成本	一车间	瓷球	65%	
		瓷砖	35%	
		小计		
	二车间	瓷球	65%	
		瓷砖	35%	
		小计		
制造费用	一车间			
	二车间			
生产成本——辅助生产成本				
销售费用				
管理费用				
合 计				

审核：蔡祝明　　制单：李文秀

【业务 66】

附表 66-1

企业负担的五险一金计算表

编制单位：昊天陶瓷公司　　2019 年 12 月 31 日　　金额单位：元

部 门			工资标准	代扣工资						
				养老保险	医疗保险	失业保险	工伤保险	生育保险	住房公积金	合 计
				16%	10%	1%	0.3%	1%	12%	
基本生产车间	一车间	管理人员								
		生产人员								
	二车间	管理人员								
		生产人员								
管理部门										
销售部门										
辅助生产车间										
合 计										

审核：蔡祝明　　制单：李文秀

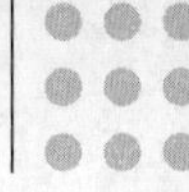

附表 66-2

职工薪酬分配表

编制单位：昊天陶瓷公司　　2019 年 12 月 31 日　　金额单位：元

<table>
<tr><th colspan="3">应借账户</th><th>成本项目</th><th>分配标准</th><th>分配金额</th></tr>
<tr><td rowspan="6">生产成本——基本生产成本</td><td rowspan="3">一车间</td><td>瓷球</td><td>直接人工</td><td>65%</td><td></td></tr>
<tr><td>瓷砖</td><td>直接人工</td><td>35%</td><td></td></tr>
<tr><td>小计</td><td></td><td></td><td></td></tr>
<tr><td rowspan="3">二车间</td><td>瓷球</td><td>直接人工</td><td>65%</td><td></td></tr>
<tr><td>瓷砖</td><td>直接人工</td><td>35%</td><td></td></tr>
<tr><td>小计</td><td></td><td></td><td></td></tr>
<tr><td rowspan="2">制造费用</td><td colspan="2">一车间</td><td>五险一金</td><td></td><td></td></tr>
<tr><td colspan="2">二车间</td><td>五险一金</td><td></td><td></td></tr>
<tr><td colspan="3">生产成本——辅助生产成本</td><td>五险一金</td><td></td><td></td></tr>
<tr><td colspan="3">销售费用</td><td>五险一金</td><td></td><td></td></tr>
<tr><td colspan="3">管理费用</td><td>五险一金</td><td></td><td></td></tr>
<tr><td colspan="3">合 计</td><td></td><td></td><td></td></tr>
</table>

审核：蔡祝明　　制单：李文秀

【业务 67】

附表 67-1

无形资产摊销表

2019 年 12 月 31 日　　金额单位：元

项目	使用日期	原值	摊销年限	月摊销额

审核：蔡祝明　　制表：张丽环

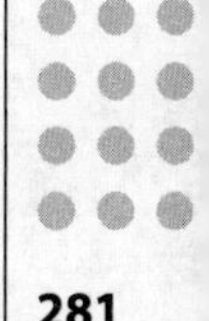

【业务 68】

附表 68-1

收款收据

2019 年 12 月 31 日

交款单位	苏丽	交款方式	现金								
人民币	贰仟元整		百	十	万	千	百	十	元	角	分
					¥	2	0	0	0	0	0
交款事由	偿还所借出差借款										

第二联收款收据

（印章：昊天陶瓷公司 财务专用章）

单位盖章： 会计主管：蔡祝明 会计：张丽环 出纳：王明光 经办人：王明光

附表 68-2

坏账准备计提表

2019 年 12 月 31 日　　金额单位：元

项目	账面余额	计提比例	坏账准备计提前余额	坏账准备实际计提额
应收账款				
其他应收账款				

审核：蔡祝明　　制表：张丽环

【业务 69】

附表 69-1

领 料 单

领料部门：一车间
用途：生产瓷球　　2019 年 12 月 5 日　　金额单位：元

材料名称	单位	数量		成本	
		请领	实领	单价	总价
氧化铝粉	千克	18 000	18 000		
铬粉	千克	1 000	1 000		
锰粉	千克	500	500		

第二联：记账联

保管：陈亚群　　领料：张 港

附表 69-2

领料单

领料部门：一车间
用途：生产瓷砖　　2019 年 12 月 10 日　　金额单位：元

材料名称	单位	数量		成本	
		请领	实领	单价	总价
氧化铝粉	千克	12 000	12 000		
铬粉	千克	600	600		
锰粉	千克	200	200		

第二联：记账联

保管：陈亚群　　领料：张　港

附表 69-3

领料单

领料部门：一车间
用途：生产瓷球　　2019 年 12 月 15 日　　金额单位：元

材料名称	单位	数量		成本	
		请领	实领	单价	总价
氧化铝粉	千克	18 000	18 000		
铬粉	千克	1 000	1 000		
锰粉	千克	500	500		

第二联：记账联

保管：陈亚群　　领料：张　港

附表 69-4

领料单

领料部门：一车间
用途：生产瓷砖　　2019 年 12 月 15 日　　金额单位：元

材料名称	单位	数量		成本	
		请领	实领	单价	总价
氧化铝粉	千克	12 000	12 000		
铬粉	千克	600	600		
锰粉	千克	200	200		

第二联：记账联

保管：陈亚群　　领料：张　港

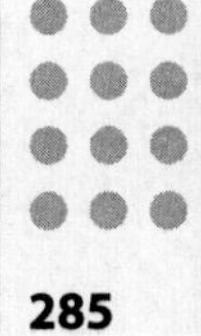

附表 69-5

领料单

领料部门：一车间

用途：生产瓷砖　　　　2019 年 12 月 25 日　　　　金额单位：元

材料名称	单位	数量		成本	
		请领	实领	单价	总价
氧化铝粉	千克	12 000	12 000		
铬粉	千克	400	400		
锰粉	千克	200	200		

第二联：记账联

保管：陈亚群　　　　领料：张 港

附表 69-6

领料单

领料部门：销售部

用途：销售　　　　2019 年 12 月 15 日　　　　金额单位：元

材料名称	单位	数量		成本	
		请领	实领	单价	总价
氧化铝粉	千克	1 000	1 000		

第二联：记账联

保管：陈亚群　　　　领料：张 港

附表 69-7

主要材料、辅助材料发料汇总表

2019 年 12 月 31 日　　　　数量单位：千克　金额单位：元

材料名称/产品名称	氧化铝粉		铬粉		锰粉		合计	
	数量	金额	数量	金额	数量	金额	数量	金额
瓷球								
瓷砖								
销售材料								
合计								

审核：蔡祝明　　　　制单：李文秀

【业务 70】

附表 70-1

固定资产折旧计算表

编制单位：昊天陶瓷公司　　2019 年 12 月 31 日　　单位：元

使用部门	类　别	原 值	月 折 旧 额
一车间	生产设备		
	房屋建筑物		
	小计		
二车间	生产设备		
	房屋建筑物		
	小计		
机修车间	房屋建筑物		
管理部门	房屋建筑物		
	运输设备		
	管理用具		
	小 计		
销售部门	运输设备		
	管理用具		
	小计		
合 计			

审核：蔡祝明　　制单：李文秀

【业务 71】

附表 71-1

存货盘点报告表

金额单位：元

企业名称：昊天陶瓷公司			2019 年 12 月 31 日							
存货类别	存货名称	计量单位	单价	数量		盘盈		盘亏		盈亏原因
				账存	实存	数量	金额	数量	金额	
氧化铝粉		千克	10.133 6	38 190	37 180			1 010	10 234.9	
铬粉		千克	25.293 3	3 700	3 700					
锰粉		千克	40.606 1	1 650	1 650					
包装袋		只	20	2 230	2 230					
纸箱		个	5	1 280	1 280					
财务部门建议处理意见：	经审查确认存货短缺系仓管员陈亚群工作失职所致，根据公司财务制度规定，由仓管员赔偿损失金额的10%，其余计入管理费用。 蔡祝明									
单位主管部门批复处理意见：	同意。 宗大利									

审核人：宗大利　　监盘人：蔡祝明　　盘点人：赵　阳

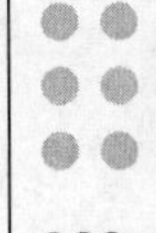

附表 71-2

收款收据

2019 年 12 月 31 日

<table>
<tr><td>交款单位</td><td>陈亚群</td><td>交款方式</td><td colspan="9">现金</td></tr>
<tr><td rowspan="2">人民币</td><td colspan="2" rowspan="2">壹仟壹佰伍拾陆元伍角伍分</td><td>百</td><td>十</td><td>万</td><td>千</td><td>百</td><td>十</td><td>元</td><td>角</td><td>分</td></tr>
<tr><td></td><td></td><td>¥</td><td>1</td><td>1</td><td>5</td><td>6</td><td>5</td><td>5</td></tr>
<tr><td>交款事由</td><td colspan="11">存货盘方赔款 （印章：昊天陶瓷公司 财务专用章）</td></tr>
</table>

第二联收款收据

单位盖章： 会计主管： 蔡祝明 会计： 张丽环 出纳： 王明光 经办人： 王明光

【业务 72】

附表 72-1

辅助生产车间劳务量统计表

2019 年 12 月 31 日

单位：小时

车间	工时
一车间	6 400
二车间	8 000
合计	14 400

复核： 蔡祝明 制单： 李文秀

附表 72-2

辅助生产成本计算表

2019 年 12 月 31 日

单位：元

办公费	电费	水费	福利费	工资	五险一金	折旧费	合 计

复核： 蔡祝明 制单： 李文秀

附表 72-3

辅助生产成本分配表

2019 年 12 月 31 日

车间	分配标准（小时)	分配率	分配金额（元）
一车间			
二车间			
合计			

制单： 蔡祝明　　　　复核： 李文秀

【业务 73】

附表 73-1

基本生产车间原料及产量汇总表

2019 年 12 月 31 日　　　　数量单位：千克

项　目	一车间		二车间	
	瓷球	瓷砖	瓷球	瓷砖
月初在产品数量	190	82	200	80
本月投入产品数量	40 100	25 600	40 140	25 632
本月完工产品数量	40 140	25 632	40 120	25 622
月末在产品数量	150	50	220	90
月末在产品完工程度	50%	50%	50%	50%

复核： 蔡祝明　　　　制单： 李文秀

附表 73-2

制造费用计算表

2019 年 12 月 31 日　　　　单位：元

费用分类 车间	办公费	电费	水费	福利费	工资	五险一金	折旧费	机修费	合 计
一车间									
二车间									

审核： 蔡祝明　　　　制单： 李文秀

附表 73-3

制造费用分配表

2019 年 12 月 31 日

车间名称	产品类别	分配标准（千克）	分配率	分配金额（元）
一车间	瓷球			
	瓷砖			
	小计			
二车间	瓷球			
	瓷砖			
	小计			
合计				

审核：蔡祝明　　制单：李文秀

【业务 74】

附表 74-1

一车间生产成本计算单

产品名称：瓷球　　2019 年 12 月 31 日　　金额单位：元

摘要	直接材料	直接人工	燃料和动力	制造费用	合计
月初在产品成本					
本月生产费用					
生产费用合计					
月末在产品数量					
完工程度					
在产品约当产量					
完工产品产量					
约当总产量					
分配率（单位成本）					
完工产品成本					
月末在产品成本					

审核：蔡祝明　　制单：李文秀

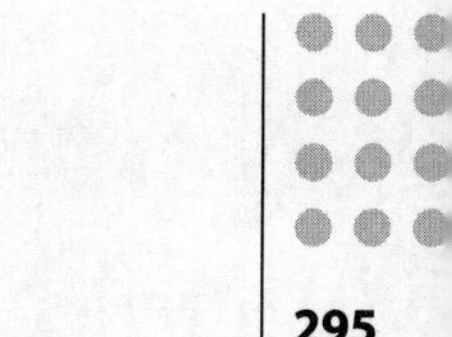

附表 74-2

一车间生产成本计算单

产品名称：瓷砖　　　　2019 年 12 月 31 日　　　　金额单位：元

摘要	直接材料	直接人工	燃料和动力	制造费用	合计
月初在产品成本					
本月生产费用					
生产费用合计					
月末在产品数量					
完工程度					
在产品约当产量					
完工产品产量					
约当总产量					
分配率（单位成本）					
完工产品成本					
月末在产品成本					

审核：蔡祝明　　　　制单：李文秀

附表 74-3

包装材料发料汇总表

2019 年 12 月 31 日　　　　数量单位：千克　金额单位：元

包装材料 / 包装内容	包装袋		纸箱		合计	
	数量	金额	数量	金额		
瓷球	1 500.00		750			
瓷砖	500		250			
合计	2 000.00		1 000.00			

制单：蔡祝明　　　　复核：李文秀

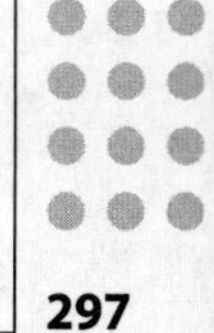

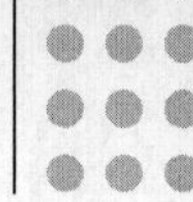

附表 74-4

二车间生产成本计算单

产品名称：瓷球　　2019 年 12 月 31 日　　金额单位：元

摘要	直接材料	直接人工	燃料和动力	制造费用	合计
月初在产品成本					
本月生产费用					
生产费用合计					
月末在产品数量					
完工程度					
在产品约当产量					
完工产品产量					
约当总产量					
分配率（单位成本）					
完工产品成本					
月末在产品成本					

审核：蔡祝明　　制单：李文秀

说明：需要将所领用包装材料的成本加入本月生产费用。

附表 74-5

二车间生产成本计算单

产品名称：瓷砖　　2019 年 12 月 31 日　　金额单位：元

摘要	直接材料	直接人工	燃料和动力	制造费用	合计
月初在产品成本					
本月生产费用					
生产费用合计					
月末在产品数量					
完工程度					
在产品约当产量					
完工产品产量					
约当总产量					
分配率（单位成本）					
完工产品成本					
月末在产品成本					

审核：蔡祝明　　制单：李文秀

说明：需要将所领用包装材料的成本加入本月生产费用。

【业务 75】

附表 75-1

产品出库汇总表

2017 年 12 月 31 日　　　　数量单位：千克　金额单位：元

产品	期初结存数量	本期完工产品数量	本期销售数量	期末结存数量	期初结存成本	完工产品成本	单位成本（加权平均）	销售成本	期末存货成本
瓷球									
瓷砖									

复核：蔡祝明　　　　制单：李文秀

【业务 76】

附表 76-1

未交增值税计算表

2019 年 12 月 31 日　　　　单位：元

项目	进项税额	进项税额转出	销项税额	已交税金	本月未交增值税
增值税					
合计					

审核：蔡祝明　　　　制单：冯　洁

附表 76-2

多种税计算表

2019 年 12 月 31 日

税种	计税依据	税率	应纳税额（元）
城建税			
教育费附加			
地方教育费附加			
水利建设基金			

审核：蔡祝明　　　　制单：冯　洁

附表 76-3

印花税计提明细表

编制单位：　　　　金额单位：元

税种	项目名称	所属时间	计税金额	计税比例	税额	备注
印花税	购销合同	2019年12月	0.3‰			
合计						

审核：蔡祝明　　　　制单：冯　洁

附表 76-4

土地使用税计算表

2019 年 12 月 31 日

计提月份	计提总值（平方米）	税率	应缴金额（元）

审核： 蔡祝明　　　　制单： 冯　洁

【业务 77】

附表 77-1

企业车辆使用情况表

编制单位：昊天陶瓷公司　　2019 年 12 月 31 日

项目	计量单位	单位税额（元）	数量
乘用车（1.6～2.0升，含1.6升和2.0升）	辆	300	1
商用车（货车）	吨	60	1

审核： 蔡祝明　　　　制单： 冯　洁

附表 77-2

应交财产税计算表

编制单位：昊天陶瓷公司　　2019年12月31日　　金额单位：元

<table>
<tr><td>税种</td><td colspan="9">应纳税额计算</td></tr>
<tr><td rowspan="3">房产税</td><td>征收方式</td><td colspan="4">从价计征</td><td colspan="3">从租计征</td><td rowspan="2">月应纳房产税税额</td></tr>
<tr><td>项目</td><td>房产原值</td><td>房产余值</td><td>税率</td><td>月应纳税额</td><td>租金收入</td><td>税率</td><td>应纳税额</td></tr>
<tr><td>金额</td><td>11 700 000</td><td>8 190 000</td><td>1.20%</td><td></td><td></td><td></td><td></td><td></td></tr>
<tr><td rowspan="3">车船税</td><td colspan="2">税目</td><td colspan="2">计税单位</td><td>单位税额</td><td>数量（辆/吨）</td><td colspan="2">税额</td><td>月应纳车船税税额</td></tr>
<tr><td colspan="2">微型客车</td><td colspan="2">每辆</td><td></td><td></td><td colspan="2"></td><td rowspan="2"></td></tr>
<tr><td colspan="2">载货汽车</td><td colspan="2">按自重每吨</td><td></td><td></td><td colspan="2"></td></tr>
<tr><td rowspan="2">土地使用税</td><td colspan="4">应税面积（平方米）</td><td colspan="4">税率（元/平方米）</td><td>月应纳土地使用税税额</td></tr>
<tr><td colspan="4">5 220.5</td><td colspan="4">7</td><td></td></tr>
<tr><td colspan="9">本月应交财产税总额</td><td></td></tr>
</table>

审核： 蔡祝明　　　　制单： 冯　洁

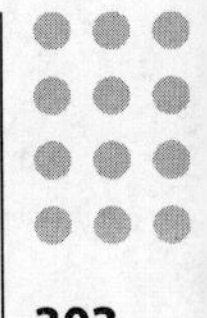

【业务 78】

附表 78-1

中华人民共和国
税收完税证明

NO 337035595955584449

税务机关：国家税务总局张店区税务局第一税务所（办税服务厅）

填发日期：2019 年 12 月 31日

纳税人识别号	210108200711018		纳税人名称	昊天陶瓷公司
原凭证号	税种	税款所属日期	(退)库日期	实缴（退）金额
33703619010006900	企业所得税	2019年12月01日至2019年12月31日	2019-12-31	¥585 481.64
金额合计	（大写）伍拾捌万伍仟肆佰捌拾壹元陆角肆分			¥585 481.64
税务机关（盖章） 国家税务总局淄博市税务局 11号 征税专用	填票人 马丽	备注：课税数量、计算依据：861538.46税率0.13主管税务机关（科、分局）：国家税务总局淄博高新技术产业开发区税务局税源管理科		

收据联 交纳税人完税凭证

妥善保管

【业务 79】

附表 79-1

损益类账户结转表

2019 年 12 月 31 日

单位：元

科目名称	借方发生额	贷方发生额	科目名称	借方发生额	贷方发生额
主营业务收入			销售费用		
其他业务收入			管理费用		
营业外收入			财务费用		
主营业务成本			信用减值损失		
其他业务成本			营业外支出		
税金及附加					

审核：蔡祝明　　　　制单：张丽环

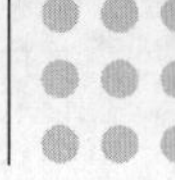

【业务 80】

附表 80-1

应交所得税计算表

编制单位：昊天陶瓷公司　　　　2019 年 12 月 31 日　　　　单位：元

<table>
<tr><td>项 目</td><td>账面价值</td><td>计税基础</td><td colspan="2">可抵扣暂时性差异</td><td>应纳税暂时性差异</td><td>纳税调整增减额</td></tr>
<tr><td>应收账款</td><td></td><td></td><td colspan="2"></td><td></td><td></td></tr>
<tr><td>其他应收款</td><td></td><td></td><td></td><td></td><td></td><td></td></tr>
<tr><td>月利润总额</td><td>应纳税所得额</td><td>应交所得税额</td><td colspan="2">递延所得税资产</td><td colspan="2">递延所得税负债</td></tr>
<tr><td rowspan="2"></td><td rowspan="2"></td><td rowspan="2"></td><td>期初</td><td>期末</td><td>期初</td><td>期末</td></tr>
<tr><td></td><td></td><td></td><td></td></tr>
<tr><td colspan="2">所得税费用</td><td colspan="5"></td></tr>
</table>

审核：蔡祝明　　　　制单：冯　洁

说明：①除计提的坏账准备外，无其他纳税调整项目；②计提所得税费用后将其转入本年利润。

【业务 81】

无附表，将本年利润转入未分配利润。

【业务 82】

附表 82-1

提取盈余公积金计算表

企业名称：昊天陶瓷公司　　　　2019 年度　　　　单位：元

项目	金额（保留小数点后2位）
计提基数	
应提法定盈余公积（10%）	

审核：蔡祝明　　　　制单：张丽环

附表 82-2

利润分配计算表

企业名称：昊天陶瓷公司　　　　2019 年度　　　　单位：元

项目	金额（保留小数点后2位）
年初未分配利润	
加：本年净利润	
减：提取的法定盈余公积金	
可供分配的利润	
应分配的利润（10%）	

审核：蔡祝明　　　　制单：张丽环

【业务 83】

无附表，结转利润分配有关明细账户余额。

【业务 84】

中国银行基本存款户银行存款日记账与银行对账。

附表 2 中国银行客户存款对账单

中国银行客户存款对账单

网点号： 币种：人民币（本位币） 单位：元 2019 年

账号： 户名： 上页余额：8 683 845.00

日期	交易类型	凭证种类	凭证号	对方户名	摘要	借方发生额	贷方发生额	余额
12-01	转账	000000109	00000000030840904	4	转账收入		158 200.00	8 842 045.00
12-01	转账	000000110	00000000030840908	6	转账收入		60 000.00	8 902 045.00
12-01	转账	000000108	00000000000000000	7	转账支取	812 000.00		8 090 045.00
12-02	转账	000000108	00000000030840905	9	转账支付	1 796.70		8 088 248.30
12-04	转账	000000107	00000000000000000	11	话费	1 326.04		8 086 922.26
12-07	现金	000000010	00000000000000000	14	备用金	5 000.00		8 081 922.26
12-07	转账	000000100	00000000030840907	16	运费	3 270.00		8 078 652.26
12-08	转账	000000000	00000000000000000	17	税款	112 000.00		7 966 652.26
12-08	转账	000000000	00000000000000000	18	税款	13 000.00		7 953 652.26
12-08	转账	000000000	00000000000000000	18	税款	32.43		7 953 619.83
12-09	转账	000000108	00000000030840908	18	转账支取	7 950.00		7 945 669.83
12-14	转账	000000010	00000000000000000	25	工资	163 802.96		7 781 866.87
12-18	转账	000000011	00000000000000000	26	住房公积金	80 715.72		7 701 151.15
12-19	转账	000000107	00000000030840908	31	捐赠支出	50 000.00		7 651 151.15
12-20	转账	000000108	00000000030840908	33	职工教育经费	5 512.00		7 645 639.15
12-23	转账	000000002	00000000000000000	38	手续费	46.00		7 645 593.15
12-23	转账	000000003	00000000000000000	39	结息		41.50	7 645 634.65
12-26	转账	000000004	00000000000000000	42	银行汇票	27 598.50		7 618 036.15
12-26	转账	000000109	00000000000000000	63	转账存入		20 000.00	7 638 036.15
12-27	转账	000000003	00000000030840908	63	转账存入		47 800.00	7 685 836.15
12-31	转账	000000108	00000000000000000	55	电费	62 285.60		7 623 550.55
12-31	转账	000000108	00000000000000000	56	水费	19 195.08		7 604 355.47
12-31	转账	000000108	00000000000000000	57	天然气	6 669 622.80		934 732.67
12-28	转账	0000002000	10000091	58	票据到期		835 000.00	1 769 732.67
12-29	转账	000000109	00000000000000000	63	转账存入		1 000 000.00	2 769 732.67
12-30	转账	000000108	00000000000000000	66	转账支取	10 000.00		2 759 732.67
12-30	转账	000000108	00000000030840910	67	转账支取	17 191.20		2 742 541.47
12-31	转账	000000109	00000000025325212		交税	585 481.64		2 157 059.83

截至 2019 年 12 月 31 日，账户余额：2 157 059.83，保留余额：0.00，透支余额：0.00，可用余额：2 157 059.83

附表 3 会计报表

附表 1-1 资产负债表

会企 01 表

编制单位： 年 月 日 单位：元

资产	期末余额	期初余额	负债和所有者权益（或股东权益）	期末余额	期初余额
流动资产：			流动负债：		
货币资金			短期借款		
以公允价值计量且其变动计入当期损益的金融资产			以公允价值计量且其变动计入当期损益的金融负债		
衍生金融资产			衍生金融负债		
应收票据及应收账款			应付票据及应付账款		
预付款项			预收账款		
其他应收款			应付职工薪酬		
存货			应交税费		
持有待售资产			其他应付款		
一年内到期的非流动资产			持有待售负债		
其他流动资产			一年内到期的非流动负债		
流动资产合计			其他流动负债		
非流动资产：			流动负债合计		
可供出售金融资产			非流动负债：		
持有至到期投资			长期借款		
长期应收款			应付债券		
长期股权投资			其中：优先股		
投资性房地产			永续债		
固定资产			长期应付款		
在建工程			预计负债		
生产性生物资产			递延收益		
油气资产			递延所得税负债		
无形资产			其他非流动负债		
开发支出			非流动负债合计		
商誉			负债合计		
长期待摊费用			所有者权益（或股东权益）：		
递延所得税资产			实收资本（或股本）		
其他非流动资产			其他权益工具		
非流动资产合计			其中：优先股		
			永续债		

续表

资产	期末余额	期初余额	负债和所有者权益（或股东权益）	期末余额	期初余额
			资本公积		
			减：库存股		
			其他综合收益		
			盈余公积		
			未分配利润		
			所有者权益（或股东权益）合计		
资产总计			负债和所有者权益（或股东权益）总计		

附表 1-2　　利润表

会企 02 表

编制单位：　　　　年　　月　　　　单位：元

项目	本期金额	上期金额
一、营业收入		
减：营业成本		
税金及附加		
销售费用		
管理费用		
研发费用		
财务费用		
其中：利息费用		
利息收入		
资产减值损失		
信用减值损失		
加：其他收益		
投资收益（损失以“-”号填列）		
其中：对联营企业和合营企业的投资收益		
净敞口套期收益（损失以“-”号填列）		
公允价值变动收益（损失以“-”号填列）		
资产处置收益（损失以“-”号填列）		
二、营业利润（亏损以“-”号填列）		
加：营业外收入		
减：营业外支出		
三、利润总额（亏损总额以“-”号填列）		
减：所得税费用		
四、净利润（净亏损以“-”号填列）		
（一）持续经营净利润（净亏损以“-”号填列）		

续表

项目	本期金额	上期金额
（二）终止经营净利润（净亏损以“-”号填列）		
五、其他综合收益的税后净额		
（一）不能重分类进损益的其他综合收益		
1. 重新计量设定受益计划变动额		
2. 权益法下不能转损益的其他综合收益		
3. 其他权益工具投资公允价值变动		
4. 企业自身信用风险公允价值变动		
……		
（二）将重分类进损益的其他综合收益		
1. 权益法下可转损益的其他综合收益		
2. 其他债权投资公允价值变动		
3. 金融资产重分类计入其他综合收益的金额		
4. 其他债权投资信用减值准备		
5. 现金流量套期储备		
6. 外币财务报表折算差额		
六、综合收益总额		
七、每股收益：		
（一）基本每股收益		
（二）稀释每股收益		

附表 1-3　　增值税纳税申报表

（一般纳税人适用）

根据国家税收法律法规及增值税相关规定制定本表。纳税人不论有无销售额，均应按税务机关核定的纳税期限填写本表，并向当地税务机关申报。

税款所属时间：自　　年　　月　　日至　　年　　月　　日

填表日期：　　年　　月　　日　　　　金额单位：元至角分

<table>
<tr><td>纳税人识别号</td><td></td><td></td><td></td><td></td><td></td><td></td><td></td><td></td><td></td><td></td><td></td><td></td><td></td><td></td><td></td><td></td><td></td><td></td><td colspan="2">所属行业：</td></tr>
<tr><td>纳税人名称</td><td colspan="4">（公章）</td><td colspan="5">法定代表人姓名</td><td colspan="2"></td><td colspan="2">注册地址</td><td colspan="2"></td><td colspan="3">生产经营地址</td><td colspan="2"></td></tr>
<tr><td>开户银行及账号</td><td colspan="10"></td><td>登记注册类型</td><td colspan="7"></td><td>电话号码</td><td></td></tr>
</table>

<table>
<tr><th colspan="2" rowspan="2">项目</th><th rowspan="2">栏次</th><th colspan="2">一般项目</th><th colspan="2">即征即退项目</th></tr>
<tr><th>本月数</th><th>本年累计</th><th>本月数</th><th>本年累计</th></tr>
<tr><td rowspan="3">销售额</td><td>（一）按适用税率计税销售额</td><td>1</td><td></td><td></td><td></td><td></td></tr>
<tr><td>其中：应税货物销售额</td><td>2</td><td></td><td></td><td></td><td></td></tr>
<tr><td>应税劳务销售额</td><td>3</td><td></td><td></td><td></td><td></td></tr>
</table>

续表

项目		栏次	一般项目		即征即退项目	
			本月数	本年累计	本月数	本年累计
销售额	纳税检查调整的销售额	4				
	（二）按简易办法计税销售额	5				
	其中：纳税检查调整的销售额	6				
	（三）免、抵、退办法出口销售额	7			—	—
	（四）免税销售额	8			—	—
	其中：免税货物销售额	9			—	—
	免税劳务销售额	10			—	—
税款计算	销项税额	11				
	进项税额	12				
	上期留抵税额	13				—
	进项税额转出	14				
	免、抵、退应退税额	15			—	—
	按适用税率计算的纳税检查应补缴税额	16			—	—
	应抵扣税额合计	17=12+13−14−15+16		—		—
	实际抵扣税额	18（如 17<11，则为 17，否则为 11）				
	应纳税额	19=11−18				
	期末留抵税额	20=17−18				—
	按简易计税办法计算的应纳税额	21				
	按简易计税办法计算的纳税检查应补缴税额	22			—	—
	应纳税额减征额	23				
	应纳税额合计	24=19+21−23				
税款缴纳	期初未缴税额（多缴为负数）	25				
	实收出口开具专用缴款书退税额	26			—	—
	本期已缴税额	27=28+29+30+31				
	① 分次预缴税额	28		—		—
	② 出口开具专用缴款书预缴税额	29		—	—	—
	③ 本期缴纳上期应纳税额	30				

续表

<table>
<tr><th colspan="2" rowspan="2">项目</th><th rowspan="2">栏次</th><th colspan="2">一般项目</th><th colspan="2">即征即退项目</th></tr>
<tr><th>本月数</th><th>本年累计</th><th>本月数</th><th>本年累计</th></tr>
<tr><td rowspan="8">税款缴纳</td><td>④ 本期缴纳欠缴税额</td><td>31</td><td></td><td></td><td></td><td></td></tr>
<tr><td>期末未缴税额（多缴为负数）</td><td>32=24+25+26-27</td><td></td><td></td><td></td><td></td></tr>
<tr><td>其中：欠缴税额（≥0）</td><td>33=25+26-27</td><td></td><td>—</td><td></td><td>—</td></tr>
<tr><td>本期应补（退）税额</td><td>34 = 24-28-29</td><td></td><td>—</td><td></td><td>—</td></tr>
<tr><td>即征即退实际退税额</td><td>35</td><td>—</td><td>—</td><td></td><td></td></tr>
<tr><td>期初未缴查补税额</td><td>36</td><td></td><td></td><td>—</td><td>—</td></tr>
<tr><td>本期入库查补税额</td><td>37</td><td></td><td></td><td>—</td><td>—</td></tr>
<tr><td>期末未缴查补税额</td><td>38=16+22+36-37</td><td></td><td></td><td>—</td><td>—</td></tr>
<tr><td>授权声明</td><td colspan="2">如果你已委托代理人申报，请填写下列资料：
为代理一切税务事宜，现授权
（地址）
为本纳税人的代理申报人，任何与本申报表有关的往来文件，都可寄予此人。

授权人签字：</td><td>申报人声明</td><td colspan="3">本纳税申报表是根据国家税收法律法规及相关规定填报的，我确定它是真实的、可靠的、完整的。

声明人签字：</td></tr>
</table>

主管税务机关：　　　　接收人：　　　　接收日期：

附表 1-4

增值税纳税申报表附列资料（一）

（本期销售情况明细）

税款所属时间：　　年　　月　　日至　　年　　月　　日

纳税人名称：（公章）　　　　　　　　　　　　　　　　金额单位：元至角分

项目及栏次				开具增值税专用发票		开具其他发票		未开具发票		纳税检查调整		合计			服务、不动产和无形资产扣除项目本期实际扣除金额	扣除后	
				销售额	销项（应纳）税额	销售额	销项（应纳）税额	销售额	销项（应纳）税额	销售额	销项（应纳）税额	销售额	销项（应纳）税额	价税合计		含税（免税）销售额	销项（应纳）税额
				1	2	3	4	5	6	7	8	9=1+3+5+7	10=2+4+6+8	11=9+10	12	13=11-12	14=13÷（100%+税率或征收率）×税率或征收率
一、一般计税方法计税	全部征税项目	13%税率的货物及加工修理修配劳务	1											—	—	—	—
		13%税率的服务、不动产和无形资产	2														
		9%税率的货物及加工修理修配劳务	3											—	—	—	—
		9%税率的服务、不动产和无形资产	4														
		6%税率	5														
	其中：即征即退项目	即征即退货物及加工修理修配劳务	6	—	—	—	—	—	—	—	—			—	—	—	—
		即征即退服务、不动产和无形资产	7	—	—	—	—	—	—	—	—						
二、简易计税方法计税	全部征税项目	6%征收率	8							—	—			—	—	—	—
		5%征收率的货物及加工修理修配劳务	9a							—	—			—	—	—	—
		5%征收率的服务、不动产和无形资产	9b							—	—						
		4%征收率	10							—	—			—	—	—	—

续表

项目及栏次				开具增值税专用发票		开具其他发票		未开具发票		纳税检查调整		合计			服务、不动产和无形资产扣除项目本期实际扣除金额	扣除后	
				销售额	销项（应纳）税额	销售额	销项（应纳）税额	销售额	销项（应纳）税额	销售额	销项（应纳）税额	销售额	销项（应纳）税额	价税合计		含税（免税）销售额	销项（应纳）税额
				1	2	3	4	5	6	7	8	9=1+3+5+7	10=2+4+6+8	11=9+10	12	13=11-12	14=13÷（100%+税率或征收率）×税率或征收率
二、简易计税方法计税	全部征税项目	3%征收率的货物及加工修理修配劳务	11							—	—			—	—	—	—
		3%征收率的服务、不动产和无形资产	12							—	—						
		预征率 %	13a							—	—						
		预征率 %	13b							—	—						
		预征率 %	13c							—	—						
	其中：即征即退项目	即征即退货物及加工修理修配劳务	14	—	—	—	—	—	—	—	—			—	—	—	—
		即征即退服务、不动产和无形资产	15	—	—	—	—	—	—	—	—						
三、免抵退税	货物及加工修理修配劳务		16	—	—		—		—	—	—		—	—	—	—	—
	服务、不动产和无形资产		17	—	—		—		—	—	—		—				—
四、免税	货物及加工修理修配劳务		18				—		—	—	—		—	—	—	—	—
	服务、不动产和无形资产		19	—	—		—		—	—	—		—				—

附表 1-5

增值税纳税申报表附列资料（二）

（本期进项税额明细）

税款所属时间：　　年　　月　　日至　　年　　月　　日

纳税人名称：（公章）　　　　　　　　　　　　　　　　　　金额单位：元至角分

一、申报抵扣的进项税额

项目	栏次	份数	金额	税额
（一）认证相符的增值税专用发票	1=2+3			
其中：本期认证相符且本期申报抵扣	2			
前期认证相符且本期申报抵扣	3			
（二）其他扣税凭证	4=5+6+7+8a+8b			
其中：海关进口增值税专用缴款书	5			
农产品收购发票或者销售发票	6			
代扣代缴税收缴款凭证	7		—	
加计扣除农产品进项税额	8a	—	—	
其他	8b			
（三）本期用于购建不动产的扣税凭证	9			
（四）本期用于抵扣的旅客运输服务扣税凭证	10	—	—	
（五）外贸企业进项税额抵扣证明	11	—	—	
当期申报抵扣进项税额合计	12=1+4+11			

二、进项税额转出额

项目	栏次	税额
本期进项税额转出额	13=14 至 23 之和	
其中：免税项目用	14	
集体福利、个人消费	15	
非正常损失	16	
简易计税方法征税项目用	17	
免抵退税办法不得抵扣的进项税额	18	
纳税检查调减进项税额	19	
红字专用发票信息表注明的进项税额	20	
上期留抵税额抵减欠税	21	
上期留抵税额退税	22	
其他应做进项税额转出的情形	23	

三、待抵扣进项税额

项目	栏次	份数	金额	税额
（一）认证相符的增值税专用发票	24	—	—	—
期初已认证相符但未申报抵扣	25			
本期认证相符且本期未申报抵扣	26			
期末已认证相符但未申报抵扣	27			
其中：按照税法规定不允许抵扣	28			
（二）其他扣税凭证	29=30 至 33 之和			

续表

项目	栏次	份数	金额	税额
其中：海关进口增值税专用缴款书	30			
农产品收购发票或者销售发票	31			
代扣代缴税收缴款凭证	32		—	
其他	33			
	34			

四、其他

项目	栏次	份数	金额	税额
本期认证相符的增值税专用发票	35			
代扣代缴税额	36	—	—	

附表 1-6　　企业所得税月（季度）预缴纳税申报表 A 类

税款所属时期：　　年　　月　　至　　年　　月

纳税人识别号：

纳税人名称：　　　　金额单位：人民币元（列至角分）

行次	项目		本期金额	累计金额
1	一、据实预缴			
2	营业收入			
3	营业成本			
4	利润总额			
5	税率（25%）			
6	应纳所得税额（4 行×5 行）			
7	减免所得税额			
8	实际已缴所得税额			
9	应补（退）的所得税额（6 行-7 行-8 行）			
10	二、按照上一纳税年度应纳税所得额的平均额预缴			
11	上一纳税年度应纳税所得额			
12	本季应纳税所得额（11 行÷12 或 11 行÷4）			
13	税率（25%）			
14	本季应纳所得税额（12 行×13 行）			
15	三、按照税务机关确定的其他方法预缴			
16	本季确定预缴的所得税额			
17	总分机构纳税人			
该纳税人是否为跨地区税收转移企业总机构？				
18	总机构	总机构应分摊的所得税额（9 行或 14 行或 16 行×25%）		
19	总机构	中央财政集中分配的所得税额（9 行或 14 行或 16 行×25%）		
20	分支机构分摊的所得税额（9 行或 14 行或 16 行×50%）			
该纳税人是否为跨地区税收转移企业分支机构？				
21	分支机构	分配比例		
22	分支机构	分配的所得税额（20 行×21 行）		

谨声明此纳税申报表是根据国家有关税收法律法规及相关规定填报的，是真实的、可靠的、完整的。

法定代表人（签字）：　　　　年　　月　　日

纳税人公章： 会计主管： 填表日期：　年　月　日	代理申报中介机构公章： 经办人： 经办人执业证件号码： 代理申报日期：　年　月　日	主管税务机关受理专用章： 受理人： 受理日期：　年　月　日

附表 1-7　城市维护建设税、教育费附加、地方教育附加税（费）申报表

纳税人识别号：　所属时期起：　所属时期止：

<table>
<tr><td colspan="2" rowspan="3">纳税人信息</td><td>名称</td><td colspan="3"></td><td></td><td colspan="2">登记类型</td><td>单位</td><td></td><td></td><td></td></tr>
<tr><td>登记注册类型</td><td colspan="2">所属行业</td><td></td><td></td><td colspan="2">身份证件类型</td><td colspan="2">居民身份证</td><td></td><td></td></tr>
<tr><td>身份证件号码</td><td colspan="3"></td><td></td><td colspan="2">联系方式</td><td></td><td></td><td></td><td></td></tr>
<tr><td rowspan="4">征收项目</td><td rowspan="4">征收品目</td><td colspan="5">计税（费）依据</td><td rowspan="3">税率（征收率）</td><td rowspan="3">本期应纳税（费）额</td><td colspan="2">本期减免税（费）额</td><td rowspan="3">本期已缴税（费）额</td><td rowspan="3">本期应补（退）税（费）额</td></tr>
<tr><td colspan="2">增值税</td><td rowspan="2">消费税</td><td rowspan="2">营业税</td><td rowspan="2">合计</td><td rowspan="2">减免性质代码</td><td rowspan="2">减免额</td></tr>
<tr><td>一般增值税</td><td>免抵税额</td></tr>
<tr><td>1</td><td>2</td><td>3</td><td>4</td><td>5=1+2+3+4</td><td>6</td><td>7=5×6</td><td>8</td><td>9</td><td>10</td><td>11</td></tr>
<tr><td>城市维护建设税</td><td>市区（增值税附征）</td><td></td><td></td><td></td><td></td><td></td><td></td><td></td><td></td><td></td><td></td><td></td></tr>
<tr><td>教育费附加</td><td>增值税教育费附加</td><td></td><td></td><td></td><td></td><td></td><td></td><td></td><td></td><td></td><td></td><td></td></tr>
<tr><td>地方教育附加</td><td>增值税地方教育附加</td><td></td><td></td><td></td><td></td><td></td><td></td><td></td><td></td><td></td><td></td><td></td></tr>
<tr><td>水利建设专项收入</td><td>地方水利建设基金（增值税附征）</td><td></td><td></td><td></td><td></td><td></td><td></td><td></td><td></td><td></td><td></td><td></td></tr>
<tr><td colspan="2">合计</td><td colspan="4">—</td><td></td><td>—</td><td></td><td>—</td><td></td><td></td><td></td></tr>
</table>

温馨提示：

根据《财政部 国家税务总局关于扩大有关政府性基金免征范围的通知》(财税〔2016〕12 号）规定，从 2016 年 2 月 1 日起，月纳税营业额或销售额不超 10 万元（季纳税营业额或销售额不超过 30 万元）的缴纳义务人，免征教育费附加、地方教育附加。由于营业税、增值税存在不同税率，无法根据当期税额自动计算申报表中“计税（费）依据”部分的内容，因此，在本申报表中申报“营业税教育费附加”“营业税地方教育附加”“增值税教育费附加”和“增值税地方教育费附加”时需手动选择减免。具体操作方式为：在“减免性质代码”列选择“其他”，并在第 9 列录入减免金额。

附表 1-8　房产税纳税申报表

税款所属期：自　年　月　日至　年　月　日

填表日期：　年　月　日　金额单位：元至角分；面积单位：平方米

<table>
<tr><td colspan="2">纳税人识别号</td><td colspan="4"></td></tr>
<tr><td rowspan="4">纳税人信息</td><td>名称</td><td></td><td>纳税人分类</td><td>单位□　个人□</td></tr>
<tr><td>登记注册类型</td><td>*</td><td>所属行业</td><td>*</td></tr>
<tr><td>身份证件类型</td><td>身份证□　护照□　其他□____</td><td>身份证件号码</td><td></td></tr>
<tr><td>联系人</td><td></td><td>联系方式</td><td></td></tr>
</table>

续表

一、从价计征房产税

	房产编号	房产原值	其中：出租房产原值	计税比例	税率	所属期起	所属期止	本期应纳税额	本期减免税额	本期已缴税额	本期应补（退）税额
1	*										
2	*										
3	*										
4	*										
5	*										
6	*										
7	*										
8	*										
9	*										
10	*										
合计	*	*	*	*	*	*	*				

二、从租计征房产税

	本期申报租金收入	税率	本期应纳税额	本期减免税额	本期已缴税额	本期应补（退）税额
1						
2						
3						
合计		*				

以下由纳税人填写：

纳税人声明	此纳税申报表是根据《中华人民共和国房产税暂行条例》和国家有关税收规定填报的，是真实的、可靠的、完整的。				
纳税人签章		代理人签章		代理人身份证号	

以下由税务机关填写：

受理人		受理日期	年　月　日	受理税务机关签章	

本表一式两份，一份纳税人留存，一份税务机关留存。

附表 1-9　　　　印花税纳税申报表

纳税人识别号			纳税人名称				申报日期		
税款所属期起			税款所属期止				申报类型		
纳税人类型			登记注册类型				所属行业		
身份证件类型			身份证件号码				联系方式		
应税凭证名称	计税金额或件数	核定征收		适用税率	本期应纳税额	本期已缴税额	本期减免税额		本期应补（退）税额
		核定计税依据	核定比例				减免性质代码	减免税额	
	1	2	3	4	5=1×4+2×3×4	6	7	8	9=5-6-8
购销合同									
财产租赁合同									
权利许可证照									
资金账簿									
其他营业账簿									
合计		—	—	—			—		

附表 1-10　　　　城镇土地使用税纳税申报表

税款所属期：自　　年　　月　　日至　　年　　月　　日

填表日期：　　年　　月　　日　　　　　　　　金额单位：元至角分；面积单位：平方米

纳税人识别号											
纳税人信息	名称						纳税人分类		单位□　个人□		
	登记注册类型			*			所属行业		*		
	身份证件类型			身份证□　护照□　其他□______			身份证件号码				
	联系人						联系方式				
申报纳税信息	土地编号	宗地的地号	土地等级	税额标准	土地总面积	所属期起	所属期止	本期应纳税额	本期减免税额	本期已缴税额	本期应补（退）税额
	*										
	*										
	*										
	*										
	*										
	*										
	*										
	*										
	*										
	*										
	合计			*		*	*				

以下由纳税人填写：					
纳税人声明	此纳税申报表是根据《中华人民共和国城镇土地使用税暂行条例》和国家有关税收规定填报的，是真实的、可靠的、完整的。				
纳税人签章		代理人签章		代理人身份证号	
以下由税务机关填写：					
受理人		受理日期	年　月　日	受理税务机关签章	

本表一式两份，一份纳税人留存，一份税务机关留存。

附表 4　成本报表相关表格

附表 1-1　　各产品生产成本表

年　月

项目	瓷球	瓷砖
单位产品成本（元）		
生产量（千克）		
销售量（千克）		
月末结存（千克）		

附表 1-2　　各产品生产成本表（按成本项目）

年　月　　　　单位：元

项目		瓷球	瓷砖
生产费用	材料费用		
	人工费用		
	燃料动力		
	制造费用		
	合计		
加：在产品期初余额			
减：在产品期末余额			
产品成本合计			

说明：由于一车间完工后转入二车间继续生产，为了不重复计算，二车间材料费用只包含包装材料，不包括一车间转入的成本。

附表 1-3　　各产品单位成本表

年　月　　　　金额单位：元

项目			瓷球		瓷砖	
生产量（千克）						
销售量（千克）						
销售单价						
单位生产成本	车间		一车间	二车间	一车间	二车间
	直接材料					
	直接人工					
	燃料动力					
	制造费用					
	小计					
	合计					
主要指标	主要材料消耗（千克）	氧化铝粉				
		铬粉				
		锰粉				

附表 1-4

制造费用明细表

年　月

单位：元

项目	一车间	二车间
工资		
福利费		
五险一金		
折旧费		
机修费		
电费		
水费		
办公费		
合计		

附表 1-5

成本分析指标表

单位：%

	瓷球	瓷砖
成本利润率		
销售成本率		
直接材料成本比率		
直接人工成本比率		
制造费用比率		
燃料动力比率		

附表 5　会计报表分析指标表

附表 1-1　　会计报表分析指标表　　单位：%

偿债能力指标		营运能力指标		盈利能力指标	
流动比率		存货周转率		营业利润率	
速动比率		应收账款周转率		成本费用利润率	
资产负债率		流动资产周转率		总资产收益率	
利息保障倍数		总资产周转率		净资产收益率	

说明：请以 2019 年 12 月份的资产负债表和利润表为基础计算。

附表 6 管理会计相关表格

附表 1-1　　昊天陶瓷公司 2020 年度瓷球销售预算　　金额单位：元

项目	第一季度	第二季度	第三季度	第四季度	全年合计
预计销售量（件）	210 000				
销售单价	140.00	140.00	140.00	140.00	140.00
预计销售收入					
增值税销项税额					
含税销售收入					
年初应收账款余额	40 000.00				
第一季度销售现金收入					
第二季度销售现金收入					
第三季度销售现金收入					
第四季度销售现金收入					
销售现金收入合计					

说明：瓷球不含税售价为 140 元/件，瓷砖不含税售价为 170 元/件，增值税税率为 13%，根据销货合同和市场预测的 2020 年产品瓷球销量为预计第一季度 210 000 件，瓷砖销量为 86 000 件，前 2 季度销量增长 10%，后 2 季度销量增长 20%。该公司销售系用赊销与现销两种方式，每季度现销 80%，赊销 20%，赊销款于下一季度全部收回。2019 年应收账款余额 40 000 元，全部为瓷球销售款，将于预算年度一季度全额收回现金。

附表 1-2　　昊天陶瓷公司 2020 年度瓷砖销售预算　　金额单位：元

项目	第一季度	第二季度	第三季度	第四季度	全年合计
预计销售量（件）	86 000				
销售单价	170.00	170.00	170.00	170.00	170.00
预计销售收入					
增值税销项税额					
含税销售收入					
年初应收账款余额	0.00				
第一季度销售现金收入					
第二季度销售现金收入					
第三季度销售现金收入					
第四季度销售现金收入					
销售现金收入合计					

附表 2-1　　昊天陶瓷公司 2020 年度瓷球生产预算　　单位：千克

项目	第一季度	第二季度	第三季度	第四季度	全年合计
预计销售量					
加：预计期末存货量				100 000	
减：预计期初存货量	86 770				
预计生产量					

说明：昊天陶瓷公司 2020 年年初有瓷球存货 86 770 千克，预计年末留存 100 000 千克；瓷砖期初存货 37 922 千克，预计年末留存 33 800 千克。其他各期期末存货按下期预计销售量的 10%确定。编制 2020 年度的生产预算。

附表 2-2　　昊天陶瓷公司 2020 年度瓷砖生产预算　　单位：千克

项目	第一季度	第二季度	第三季度	第四季度	全年合计
预计销售量					
加：预计期末存货量				33 800	
减：预计期初存货量	37 922				
预计生产量					

附表 3-1　　瓷球耗用氧化铝粉预算

项目	第一季度	第二季度	第三季度	第四季度	全年合计
预计生产量（千克）					
单位产品材料耗用量（千克）	1.2	1.2	1.2	1.2	1.2
生产需要量（千克）					
加：预计期末材料存量（千克）				41 000.00	
减：预计期初材料存量（千克）	18 000.00				
预计采购量（千克）					
单价（元）	11	11	11	11	11
预计材料采购成本（元）					
增值税进项税额（元）					
预计采购金额（元）					
年初应付款项余额（元）	1 300 000.00				
第一季度采购现金支出（元）					
第二季度采购现金支出（元）					
第三季度采购现金支出（元）					
第四季度采购现金支出（元）					
现金支出合计（元）					

说明：2020 年年初氧化铝粉存量为 37 180 千克，其中 18 000 千克用于生产瓷球，19 180 千克用于生产瓷砖。预计年末存量为 84 000 千克，其中 41 000 千克用于生产瓷球，43 000 千克用于生产瓷砖。其余各期期末材料存量为下期生产需要量的 10%。瓷球单位产品消耗氧化铝粉定额为 1.2 千克，瓷砖单位产品消耗氧化铝粉定额为 1.4 千克，氧化铝粉计划单价为 11 元。预计各期采购材料的货款当期支付 70%，其余 30%在下季度付清；2019 年应付票据余额为 2 800 000 元，其中 1 300 000 元用于生产瓷球，150 000 元用于生产瓷砖，于预算年度第一季度支付，增值税税率为 13%。

附表 3-2　　瓷砖耗用氧化铝粉预算

项目	第一季度	第二季度	第三季度	第四季度	全年合计
预计生产量（千克）					
单位产品材料耗用量（千克）	1.4	1.4	1.4	1.4	1.4
生产需要量（千克）					
加：预计期末材料存量（千克）				43 000.00	
减：预计期初材料存量（千克）	19 180.00				
预计采购量（千克）					

续表

项目	第一季度	第二季度	第三季度	第四季度	全年合计
单价（元）	11	11	11	11	11
预计材料采购成本（元）					
增值税进项税额（元）					
预计采购金额（元）					
年初应付款项余额（元）	1 500 000.00				
第一季度采购现金支出（元）					
第二季度采购现金支出（元）					
第三季度采购现金支出（元）					
第四季度采购现金支出（元）					
现金支出合计（元）					

附表 4-1　　瓷球耗用铬粉预算

项目	第一季度	第二季度	第三季度	第四季度	全年合计
预计生产量（千克）					
单位产品材料耗用量（千克）	0.05	0.05	0.05	0.05	0.05
生产需要量（千克）					
加：预计期末材料存量（千克）				2 000.00	
减：预计期初材料存量（千克）	50.00				
预计采购量（千克）					
单价（元）	28	28	28	28	28
预计材料采购成本（元）					
增值税进项税额（元）					
预计采购金额（元）					
年初应付款项余额（元）					
第一季度采购现金支出（元）					
第二季度采购现金支出（元）					
第三季度采购现金支出（元）					
第四季度采购现金支出（元）					
现金支出合计（元）					

说明：2020 年年初铬粉存量为 100 千克，其中 50 千克用于生产瓷球，50 千克用于生产瓷砖。预计年末存量为 4 000 千克，其中 2 000 千克用于生产瓷球，2 000 千克用于生产瓷砖。其余各期期末材料存量为下期生产需要量的 10%。瓷球单位产品消耗氧化铝粉定额为 0.05 千克，瓷砖单位产品消耗氧化铝粉定额为 0.07 千克，铬粉计划单价为 28 元。预计各期采购材料的货款当期支付 70%，其余 30%在下季度付清；2019 年应付款项无余额。增值税税率为 13%。

附表 4-2　　瓷砖耗用铬粉预算

项目	第一季度	第二季度	第三季度	第四季度	全年合计
预计生产量（千克）					
单位产品材料耗用量（千克）	0.07	0.07	0.07	0.07	0.07

续表

项目	第一季度	第二季度	第三季度	第四季度	全年合计
生产需要量（千克）					
加：预计期末材料存量（千克）				2 000.00	
减：预计期初材料存量（千克）	50.00				
预计采购量（千克）					
单价（元）	28	28	28	28	28
预计材料采购成本（元）					
增值税进项税额（元）					
预计采购金额（元）					
年初应付款项余额（元）					
第一季度采购现金支出（元）					
第二季度采购现金支出（元）					
第三季度采购现金支出（元）					
第四季度采购现金支出（元）					
现金支出合计（元）					

附表 5-1　　瓷球耗用锰粉预算

项目	第一季度	第二季度	第三季度	第四季度	全年合计
预计生产量（千克）					
单位产品材料耗用量（千克）	0.02	0.02	0.02	0.02	0.02
生产需要量（千克）					
加：预计期末材料存量（千克）				1 400.00	
减：预计期初材料存量（千克）	50.00				
预计采购量（千克）					
单价（元）	45	45	45	45	45
预计材料采购成本（元）					
增值税进项税额（元）					
预计采购金额（元）					
年初应付款项余额（元）					
第一季度采购现金支出（元）					
第二季度采购现金支出（元）					
第三季度采购现金支出（元）					
第四季度采购现金支出（元）					
现金支出合计（元）					

说明：2020 年年初锰粉存量为 100 千克，其中 50 千克用于生产瓷球，50 千克用于生产瓷砖。预计年末存量为 3 000 千克，其中 1 400 千克用于生产瓷球，1 600 千克用于生产瓷砖。其余各期期末材料存量为下期生产需要量的 10%。瓷球单位产品消耗氧化铝粉定额为 0.02 千克，瓷砖单位产品消耗氧化铝粉定额为 0.03 千克，铬粉计划单价为 45 元。预计各期采购材料的货款当期支付 70%，其余 30%在下季度付清；2019 年应付款项无余额。增值税税率为 13%。

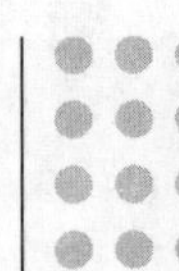

附表 5-2　　瓷球耗用锰粉预算

项目	第一季度	第二季度	第三季度	第四季度	全年合计
预计生产量（千克）					
单位产品材料耗用量（千克）	0.03	0.03	0.03	0.03	0.03
生产需要量（千克）					
加：预计期末材料存量（千克）				1 600.00	
减：预计期初材料存量（千克）	50.00				
预计采购量（千克）					
单价（元）	45	45	45	45	45
预计材料采购成本（元）					
增值税进项税额（元）					
预计采购金额（元）					
年初应付款项余额（元）					
第一季度采购现金支出（元）					
第二季度采购现金支出（元）					
第三季度采购现金支出（元）					
第四季度采购现金支出（元）					
现金支出合计（元）					

附表 6-1　　2020 年年初、年末包装材料存货量表　　单位：个

时间 包装材料	年初		年末	
	瓷球	瓷砖	瓷球	瓷砖
包装袋	80	10	10	10
纸箱	100	180	140	160

说明：生产的产品每 2 000 千克用一个包装袋，剩余的 2 000 千克以下材料用纸箱包装，每 50 千克用一个纸箱。包装袋和纸箱除第一季度外的各期期末材料存量为下期生产需要量的 10%，不足 1 个的以 1 个计算。预计每季度生产瓷砖、瓷球分别使用纸箱 600 个。包装袋计划单价为 20 元，纸箱计划单价为 5 元。预计各期采购材料的货款当期支付 70%，其余 30%在下季度付清；2019 年应付款项无余额。增值税税率为 13%。

附表 6-2　　瓷球耗用包装袋预算

项目	第一季度	第二季度	第三季度	第四季度	全年合计
预计生产量（千克）					
生产需要量（个）					
加：预计期末材料存量（个）				10	
减：预计期初材料存量（个）	80.00				
预计采购量（个）					
单价（元）	20	20	20	20	20
预计材料采购成本（元）					
增值税进项税额（元）					
预计采购金额（元）					

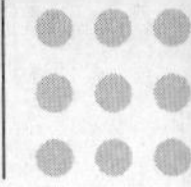

续表

项目	第一季度	第二季度	第三季度	第四季度	全年合计
年初应付款项余额（元）					
第一季度采购现金支出(元)					
第二季度采购现金支出(元)					
第三季度采购现金支出(元)					
第四季度采购现金支出(元)					
现金支出合计（元）					

附表 6-3　　瓷砖耗用包装袋预算

项目	第一季度	第二季度	第三季度	第四季度	全年合计
预计生产量（千克）					
生产需要量（个）					
加：预计期末材料存量（个）				10	
减：预计期初材料存量（个）	10.00				
预计采购量（个）					
单价（元）	20	20	20	20	20
预计材料采购成本（元）					
增值税进项税额（元）					
预计采购金额（元）					
年初应付款项余额（元）					
第一季度采购现金支出(元)					
第二季度采购现金支出(元)					
第三季度采购现金支出(元)					
第四季度采购现金支出(元)					
现金支出合计（元）					

附表 7-1　　瓷球耗用纸箱预算

项目	第一季度	第二季度	第三季度	第四季度	全年合计
生产需要量（个）	600	600	600	600	2 400
加：预计期末材料存量（个）				140	
减：预计期初材料存量（个）	100.00				
预计采购量（个）					
单价（元）	5	5	5	5	5
预计材料采购成本（元）					
增值税进项税额（元）					
预计采购金额（元）					
年初应付款项余额（元）					
第一季度采购现金支出（元）					
第二季度采购现金支出（元）					

续表

项目	第一季度	第二季度	第三季度	第四季度	全年合计
第三季度采购现金支出（元）					
第四季度采购现金支出（元）					
现金支出合计（元）					

附表 7-2　　　　瓷砖耗用纸箱预算

项目	第一季度	第二季度	第三季度	第四季度	全年合计
生产需要量（个）	600	600	600	600	2 400
加：预计期末材料存量（个）				160	
减：预计期初材料存量（个）	180				
预计采购量（个）					
单价（元）	5	5	5	5	5
预计材料采购成本（元）					
增值税进项税额（元）					
预计采购金额（元）					
年初应付款项余额（元）					
第一季度采购现金支出（元）					
第二季度采购现金支出（元）					
第三季度采购现金支出（元）					
第四季度采购现金支出（元）					
现金支出合计（元）					

附表 8-1　　　　耗用材料数量预算表

项目	第一季度			第二季度			第三季度			第四季度			全年		
	瓷球	瓷砖	合计	瓷球	瓷砖	合计	瓷球	瓷砖	合计	瓷球	瓷砖	合计	瓷球	瓷砖	合计
氧化铝粉预计采购量（千克）															
铬粉预计采购量（千克）															
锰粉预计采购量（千克）															
包装袋预计采购量（个）															
纸箱预计采购量（个）															

附表 8-2　　　　采购材料现金支出预算表　　　　单位：元

项目	第一季度			第二季度			第三季度			第四季度			全年		
	瓷球	瓷砖	合计	瓷球	瓷砖	合计	瓷球	瓷砖	合计	瓷球	瓷砖	合计	瓷球	瓷砖	合计
氧化铝粉预计采购支出															
铬粉预计采购支出															
锰粉预计采购支出															
包装袋预计采购支出															
纸箱预计采购量支出															
合计															

附表 9-1　　瓷球直接人工预算表

项目	第一季度	第二季度	第三季度	第四季度	全年合计
预计生产量（千克）					
一车间工时（小时）	0.015	0.015	0.015	0.015	0.015
二车间工时（小时）	0.010	0.010	0.010	0.010	0.010
单位产品工时（小时/千克）					
人工总工时（小时）					
每小时人工成本（元）	28.00	28.00	28.00	28.00	28.00
人工总成本（元）					
现金支出合计（元）					

说明：直接人工的工种只有一种，2020 年生产的瓷球每千克在一车间需要加工 0.015 小时，在二车间需要加工 0.010 小时；瓷砖每千克需要在一车间加工 0.012 小时，在二车间需要加工 0.011 小时。每小时人工成本为 28 元。职工薪酬在当季全部支付。

附表 9-2　　瓷砖直接人工预算表

项目	第一季度	第二季度	第三季度	第四季度	全年合计
预计生产量（千克）					
一车间工时（小时）	0.012	0.012	0.012	0.012	0.012
二车间工时（小时）	0.011	0.011	0.011	0.011	0.011
单位产品工时（小时/千克）					
人工总工时（小时）					
每小时人工成本（元）	28.00	28.00	28.00	28.00	28.00
人工总成本（元）					
现金支出合计（元）					

附表 10-1　　各车间每吨产品耗用燃料量表

单位：立方米

产品 / 车间	瓷球	瓷砖
一车间	14.45	16.20
二车间	9.20	10.20

说明：2020 年企业引进先进技术，大幅度减少了燃料用量，节省了成本。燃料每立方米 2.5 元。燃料费在当季全部支付。

附表 10-2　　瓷球燃料动力预算表

项目	第一季度	第二季度	第三季度	第四季度	全年合计
预计生产量（千克）					
一车间每千克产品使用燃料量（立方米）	14.45	14.45	14.45	14.45	14.45
二车间每千克产品使用燃料量（立方米）	9.20	9.20	9.20	9.20	9.20
单位产品用量（立方米/千克）					
燃料总用量（立方米）					
单位燃料成本（元）	2.50	2.50	2.50	2.50	2.50
燃料总成本（元）					
现金支出合计（元）					

附表 10-3　　瓷球燃料动力预算表

项目	第一季度	第二季度	第三季度	第四季度	全年合计
预计生产量（千克）					
一车间每吨产品使用燃料量（立方米）	16.20	16.20	16.20	16.20	16.20
二车间每吨产品使用燃料量（立方米）	10.20	10.20	10.20	10.20	10.20
单位产品用量（立方米/千克）					
燃料总用量（立方米）					
单位燃料成本（元）	2.50	2.50	2.50	2.50	2.50
燃料总成本（元）					
现金支出合计（元）					

附表 11-1　　2020 年度瓷球制造费用预算　　金额单位：元

项目	变动制造费用分配率（%）	第一季度	第二季度	第三季度	第四季度	全年合计
生产瓷球人工工时（小时）						
变动性制造费用：						
间接人工	1.8					
水电费	3					
修理费	1.6					
小计	6.4					
固定性制造费用：						
管理人员工资						
折旧费						
办公费						
水电费						
小计						
制造费用合计						
减：折旧						
现金支出费用						

附表 11-2　　2020 年度瓷砖制造费用预算　　金额单位：元

项目	变动制造费用分配率（%）	第一季度	第二季度	第三季度	第四季度	全年合计
生产瓷砖人工工时（小时）						
变动性制造费用：						
间接人工	1.8					
水电费	3					
修理费	1.6					
小计	6.4					

续表

项目	变动制造费用分配率（%）	第一季度	第二季度	第三季度	第四季度	全年合计
固定性制造费用：						
管理人员工资						
折旧费						
办公费						
水电费						
小计						
制造费用合计						
减：折旧						
现金支出费用						

说明：为简化计算，将一车间、二车间合并预算。2020 年变动性制造费用预算数按预计直接人工工时和预计变动费用分配率计算，不考虑间接材料。变动制造费用标准分配率分别为人工费 1.8 元/小时、水电费 3 元/小时、修理费 1.6 元/小时。固定性制造费用与产量无关，每季度管理人员工资 48 520 元、折旧费 42 400 元、办公费 1 800 元、水电费 5 440 元。根据以往的工作经验，瓷球占固定费用的 65%，瓷砖占固定费用的 35%。除折旧费外，其余均以现金支付并于当季付款。

附表 12-1　　2020 年度瓷球变动生产成本预算

成本项目		全年生产量			
		单价（元）	单耗（千克或小时）	单位成本（元）	总成本（元）
直接材料	氧化铝粉				
	铬粉				
	锰粉				
	包装袋				
直接人工					
燃料动力					
变动制造费用					
合计					
产成品存货		数量（千克）	单位成本（元）	总成本（元）	
年初存货		86 770	88.570 9	7 685 296.99	
年末存货					
本年销售					

说明：① 单耗是指单位产品耗用的材料数量或工时。单耗及单位成本请保留 4 位小数，变动制造费用的单耗是指每千克产品耗用的工时。根据一贯性原则，库存商品销售发出单位成本按照加权平均法计算。年初存货成本即 2019 年 12 月 31 日结存存货成本，瓷球单位成本为 88.570 9 元，期初数量为 86 770 千克，总成本为 7 685 298.57 元；瓷砖单位成本为 106.272 4 元，期初数量为 37 922 千克，总成本为 4 030 061.95 元。

② 直接材料中每个季度耗用纸箱 600 个，为固定费用。

附表 12-2　　2020 年度瓷砖变动生产成本预算

成本项目		全年生产量			
		单价（元）	单耗（小时）	单位成本（元）	总成本（元）
直接材料	氧化铝粉				
	铬粉				
	锰粉				
	包装袋				

续表

成本项目	全年生产量			
	单价（元）	单耗（小时）	单位成本（元）	总成本（元）
直接人工				
燃料动力				
变动制造费用				
合计				
产成品存货	数量（千克）	单位成本（元）	总成本（元）	
年初存货	37 922	106.272 4	4 030 061.95	
年末存货				
本年销售				

附表 13-1　　2020 年销售费用预算　　金额单位：元

项目	变动销售费用率（%）	第一季度	第二季度	第三季度	第四季度	全年合计
预计瓷球销售收入（不含税）						
预计瓷砖销售收入（不含税）						
预计销售收入合计（不含税）						
变动销售费用：						
销售佣金	1.6					
销售运杂费	1.2					
其他	1					
小计	3.8					
固定销售费用：						
管理人员薪酬福利						
折旧						
专设销售机构办公费						
广告宣传费						
其他						
小计						
销售费用合计						
减：折旧						
现金支出费用						

说明：变动销售费用率为 3.8%，其中，销售佣金 1.6%、销售运杂费 1.2%、其他 1%，每个季度固定性销售管理人员薪酬福利 56 565 元、折旧 1 980 元、专设销售机构办公费 1 800 元、广告宣传费 19 500 元、除折旧以外的其他销售费用 21 600 元。销售费用均以现金并于当月支付。

附表 14-1　　2020 年管理费用预算　　单位：元

项目	第一季度	第二季度	第三季度	第四季度	全年合计
管理人员薪酬福利					
差旅费					
折旧					
办公费					

续表

项目	第一季度	第二季度	第三季度	第四季度	全年合计
无形资产摊销					
其他					
管理费用合计					
减：折旧					
无形资产摊销					
现金支出费用					

说明：2020 年预计管理费用预算中全部都是固定费用，无变动费用。其中，管理人员薪酬福利 117 293.2 元、差旅费 19 000 元、折旧 39 440 元、办公费 7 144 元、无形资产摊销 13 000 元、其他 26 500 元。除折旧和无形资产摊销以外的各种管理费用均以现金并于当季度支付。

附表 15-1　　2020 年度现金预算　　单位：元

项目	第一季度	第二季度	第三季度	第四季度	全年合计
期初现金余额	5 391 694.73				
加：销货现金收入（见附表 1-1、附表 1-2）					
可供使用现金					
减：各项现金支出					
直接材料（见附表 8-1、附表 8-2）					
直接人工（见附表 9-1、附表 9-2）					
燃料动力（见附表 10-1～附表 10-3）					
制造费用（见附表 11-1～附表 11-2）					
销售费用（见附表 13-1）					
管理费用（见附表 14-1）					
缴纳增值税	2 500 000.00	2 750 000.00	3 025 000.00	3 327 500.00	11 602 500.00
预交所得税	2 300 000.00	2 530 000.00	2 780 000.00	3 060 000.00	10 670 000.00
现金股利	479 380.99				
机器设备					
支出合计					
现金多余（不足）					
短期借款					
偿还短期借款					
支付短期借款利息（年利率 5.4%）					
期末现金余额					

说明：各季度现金收支资料分别参见前面各表，预算年初现金余额为 5 391 694.73 元。该公司政策规定，企业每季度现金余额不得低于 6 000 000 元，若资金不足，可以以“万元”为单位向银行取整借款。短期借款年利率为 5.4%，第二季度末借入，借款期限为 6 个月，借款利息于偿还本金时一起支付。另外，公司在 2020 年第二季度准备投资 38 000 000 元购置机器设备，第二季度支付 20%，第三季度支付 40%，第四季度支付 40%。每季度预交所得税依次为：第一季度 2 300 000 元、第二季度 2 530 000 元、第三季度 2 780 000 元、第四季度 3 060 000 元，每季度预计缴纳增值税依次为：第一季度 2 500 000 元、第二季度 2 750 000 元、第三季度 3 025 000 元、第四季度 3 327 500 元。预算在第一季度发放现金股利 479 380.99 元。

附表 16-1　　2020 年度预计利润表　　单位：元

项目	第一季度	第二季度	第三季度	第四季度	全年合计
销售收入					
减：变动成本					
瓷球变动生产成本					
瓷砖变动生产成本					
变动销售费用					
变动成本总额					
边际贡献					
减：固定成本					
瓷球固定制造费用					
瓷砖固定制造费用					
固定管理费用					
固定销售费用					
利息支出					
固定成本总额					
税前利润					
减：所得税					
税后利润					

附表 17-1　　2020 年度预计资产负债表（部分）　　单位：元

资产	年初数	期末数	负债及所有者权益	年初数	期末数
流动资产			流动负债		
现金			应付账款		
应收账款			应交所得税		
原材料			短期借款		
产成品			流动负债合计		
流动资产合计			长期负债		
固定资产原值			长期借款		
减：累计折旧			所有者权益		
固定资产净值			股本		
无形资产			留存收益		
资产合计			负债及权益合计		